muita alegria,
pouca diversão

jennifer senior

muita alegria, pouca diversão

O PARADOXO DA VIDA COM FILHOS

Tradução de Alyda Sauer

BICICLETA AMARELA
ROCCO

Título original
ALL JOY AND NO FUN
The Paradox of Modern Parenthood

Copyright © 2014 *by* Jennifer Senior

O direito moral da autora foi assegurado.

Todos os direitos reservados incluindo o de reprodução no todo ou em parte sob qualquer forma.

BICICLETA AMARELA
O selo de bem-estar da Editora Rocco Ltda.

Direitos para a língua portuguesa reservados
com exclusividade para o Brasil à
EDITORA ROCCO LTDA.
Av. Presidente Wilson, 231 – 8º andar
20030-021 – Rio de Janeiro, RJ
Tel.: (21) 3525-2000 – Fax: (21) 3525-2001
rocco@rocco.com.br
www.rocco.com.br

Printed in Brazil/Impresso no Brasil

preparação de originais
ANA ISSA

CIP-Brasil. Catalogação na fonte.
Sindicato Nacional dos Editores de Livros, RJ.

S48m Senior, Jennifer
   Muita alegria, pouca diversão: o paradoxo da vida com filhos / Jennifer Senior; tradução de Alyda Sauer. – 1ª ed.
   – Rio de Janeiro: Bicicleta Amarela, 2015.

   Tradução de: All joy and no fun: the paradox of modern parenthood
   ISBN 978-85-68696-07-1

   1. Crianças e adultos. 2. Pais e filhos. 3. Família.
  I. Título.

15-22756   CDD-616.89156
             CDU-615.851:055.5/.7

Para Rusty

sumário

	introdução	9
um	autonomia	25
dois	casamento	61
três	simples dons	120
quatro	cultivo orquestrado	146
cinco	adolescência	225
seis	alegria	290
	agradecimentos	324
	notas	330

introdução

A VIDA DE QUEM TEM FILHOS tem duas versões: a do nosso imaginário romântico e fantasioso e a real, nua e crua. Neste momento, não há dúvida sobre qual dessas Angelina Holder está vivendo. Eli, seu filho de 3 anos de idade, acabou de avisar que fez xixi na calça.

– Tudo bem – diz Angie, mal olhando para ele.

Ela está preparando frango gratinado para o almoço e tem uma programação apertada a cumprir. Seu turno no hospital começa às 3 horas da tarde.

– Suba e troque de roupa.

Eli está de pé numa cadeira da cozinha, mexendo em amoras.

– Não posso.
– Por quê?
– Não posso.
– Eu acho que você pode. Você é um menino grande.
– Não posso.

Angie tira a luva de forno da mão.

– O que a mamãe está fazendo?
– Trocando a minha roupa.
– *Não*, eu estou cozinhando. Por isso temos um problema.

Eli começa a choramingar. Angie para de fazer o que estava fazendo. Ela parece aborrecida, entretida e, sobretudo, frustrada. Devem existir protocolos, nos livros sobre criação de filhos, para lidar com esse tipo de conversa enviesada, mas ela não tem tempo para livros agora. Precisa fazer o almoço, lavar os pratos e vestir o uniforme de enfermeira.

– Por que você não pode trocar de roupa sozinho? – pergunta. – Quero saber como chegou a essa conclusão.

– *Eu não consigo.*

Angie fica olhando para o filho. Vejo que faz aquele cálculo rápido que todos os pais fazem naquele ponto de impasse com o filho, procurando determinar se compensa ceder. Eli é capaz de trocar a própria roupa e, diferentemente da maioria das crianças de 3 anos, costuma conseguir na primeira tentativa, com a camisa do lado certo e uma perna em cada perna da calça. Teoricamente, Angie poderia se manter firme.

– Então você pode ir lá em cima e pegar outra roupa para trocar – ela diz, depois de pensar um pouco. – E será que pode achar uma cueca verde no seu cesto de cuecas?

Do ponto de vista de um adulto, esse acordo tem todos os elementos de uma boa saída, sem necessariamente precisar recuar. É vitória garantida. Mas Eli, aos 3 anos, não dará um sim como resposta. Para ganhar tempo, ele vai até a mochila de Angie.

– Eu acho que o Zay quer isso – ele diz e tira uma barrinha de granola da mochila.

Zay, apelido de Xavier, é o irmão menor.

– Não quer não.

Angie responde calma, mas com firmeza. Ela escolheu um caminho e vai se manter nele.

– Quero que você faça o que estou pedindo. Você não está prestando atenção.

Eli continua remexendo na mochila. Angie se aproxima e aponta para a escada olhando para o filho.

– Eu preciso de ajuda! – protesta Eli.

– Não precisa, não. Guardei todas as suas roupas nos lugares delas. Vá lá para cima pegar.

Dois segundos de suspense. Diplomacia de risco com um menino de 3 anos. Ela lança um olhar de conspiração para Zay.

– Seu irmão está bancando o bobo, não está? O que nós vamos fazer com ele?

Eli bufa contrariado, mas acaba subindo lentamente para o quarto. Cerca de um minuto depois, ele aparece no topo da escada, nu como um Cupido, e joga uma cueca verde limpa lá para baixo.

– Então você encontrou a sua cueca verde – exclama Angie. – Muito bem!

Ela abre um sorriso e fica admirando a cueca como se fosse um buquê de noiva.

PODE-SE DIZER QUE, antes de se tornar mãe, Angie jamais seria capaz de imaginar que ficaria satisfeita ao ver um menino jogar uma cueca escada abaixo. Provavelmente também não teria imaginado a elaborada negociação que antecipou esse gesto, ou que esse tipo de negociação – a princípio ridícula e irritante – se tornaria uma parte integrante de suas manhãs e tardes. Antes disso, Angie trabalhava como enfermeira psiquiátrica à noite, andava de bicicleta e pintava nas horas vagas e, nos fins de semana, fazia caminhadas com o marido nas cachoeiras Minnehaha. A vida era apenas a sua vida.

Mas a verdade é que mesmo as pessoas mais organizadas pouco podem fazer para se preparar para ter filhos. Podem comprar todos os livros, observar amigos e parentes, rever as próprias lembranças da infância. Mas a distância entre as experiências alheias e a realidade, no final das contas, é medida por anos-luz. Os pretendentes à maternidade e paternidade não têm ideia de como serão seus filhos, não imaginam o que significa ter seus corações residindo permanentemente dentro de outros corpos, desconhecem completamente o que é medir as consequências de cada decisão, mesmo as mais simples, ou o que é acumular tarefas de verdade, seja escovando os dentes ou enquanto uma lista de preocupações fica martelando sem parar dentro de suas cabeças. Tornar-se pai ou mãe é uma das mudanças mais súbitas e dramáticas na vida adulta.

Em 1968, uma socióloga chamada Alice Rossi publicou um trabalho que explorava profundamente o caráter repentino dessa transformação. Chamou simplesmente de "Transição para a maternidade e paternidade". Ela observou que, quando se trata de ter um filho, não há o equivalente ao namoro que temos antes de casar, nem ao estágio de aprendizado no trabalho que se tem, por exemplo, quando nos tornamos enfermeiros. O bebê simplesmente aparece, "frágil e misterioso" e "totalmente dependente".

Na época, foi uma observação radical. No tempo de Rossi, os estudiosos estavam mais preocupados com os efeitos provocados pelos pais nos filhos. O que Rossi quis fazer foi virar o telescópio e fazer essa pergunta sob o ponto de vista contrário: Qual era o efeito da paternidade e maternidade nos *adultos*? Como é que o fato de ter filhos afetava as vidas de *pais e mães*? Quarenta e cinco anos depois, é uma pergunta que ainda estamos tentando responder.

A PRIMEIRA VEZ QUE PENSEI nessa questão foi na noite do dia 3 de janeiro de 2008, quando meu filho nasceu. Mas só fui desenvolver o assunto mais de dois anos depois, quando escrevi uma história para a revista *New York*, em que examinava uma das descobertas mais peculiares das ciências sociais: que as pessoas que têm filhos não são mais felizes do que as que não têm e que, em certos casos, são consideradas *menos felizes*.

Essa conclusão viola algumas de nossas intuições mais intrínsecas, mas já tem quase sessenta anos, pré-datando, inclusive, a pesquisa de Rossi. O primeiro registro foi em 1957, época áurea da veneração da família nuclear. O trabalho recebeu o título de "Parenthood as crisis" e, em apenas quatro páginas, o autor conseguiu destruir a ortodoxia prevalente ao declarar que os filhos *enfraqueciam* os casamentos, em vez de salvá-los. Ele citou uma mãe: "Nós sabíamos de onde vinham os bebês, mas não sabíamos *como eram*" (itálico do autor). Depois ele listou as reclamações das mães que pesquisou:

Perda de sono (especialmente nos primeiros meses); cansaço crônico ou exaustão; confinamento excessivo em casa e a resultante diminuição dos contatos sociais; privação da satisfação e da renda de trabalho fora de casa; aumento de roupas para lavar e passar; sentimento de culpa por não ser uma mãe 'melhor'; o horário estendido e os sete dias (e noites) da semana necessários para cuidar de um bebê; declínio dos padrões de cuidados com a casa; preocupação com a própria aparência (aumento de peso depois da gravidez etc.).

Os pais acrescentaram à fórmula mais pressão econômica, menos sexo e "desencantamento generalizado com o papel de pai".

Em 1975, outro trabalho divisor de águas mostrou que as mães que viviam em um ninho vazio não ficavam desesperadas, como sempre se supôs, e sim *mais alegres* do que as mães que ainda tinham os filhos em casa. Na década de 1980, quando as mulheres iniciaram sua grande corrida para a força de trabalho, sociólogos costumavam concluir que, embora o trabalho fosse bom para o bem-estar das mulheres, filhos tendiam a negar seus efeitos positivos. Ao longo das duas décadas seguintes, surgiu um quadro mais detalhado, com estudos que mostravam que os filhos tendiam a comprometer mais a saúde psicológica das mães do que dos pais, e de pais ou mães solteiros mais do que de pais e mães casados.

Enquanto isso, psicólogos e economistas começaram a tropeçar em resultados semelhantes, muitas vezes quando nem estavam procurando por eles. Em 2004, cinco pesquisadores, inclusive o ganhador do Prêmio Nobel, o economista comportamental Daniel Kahneman, produziram um estudo que demonstrava quais atividades davam mais prazer a 909 mulheres trabalhadoras no Texas. Criar filhos ocupou o décimo sexto lugar em dezenove categorias – atrás de cozinhar, de assistir à TV, dormir, fazer compras e do *trabalho doméstico*. Num estudo em andamento, Mathew Killingsworth, pesquisador da Universidade da Califórnia, em Berkeley, e da Universidade da Califórnia de San Francisco, descobriu que filhos também ficavam atrás, na lista das pessoas com quem pais e mães gostavam de se relacionar. Conforme ele explicou para mim ao telefone: "Interagir com seus amigos é melhor do que interagir com o cônjuge, que é melhor do que interagir com outros parentes, que é melhor do que interagir com conhecidos, que é melhor do que interagir com pais e mães, que é melhor do que interagir com os filhos. Que ficam no mesmo nível de desconhecidos."

Essas descobertas são inegavelmente provocativas. Mas a história que elas contam está incompleta. Quando pesquisadores tentam medir emoções específicas de pais e mães, recebem respostas bastante diferentes e cheias de nuances.

introdução 15

Com base em 1,7 milhão de pesquisas conduzidas pelo Instituto Gallup, entre 2008 e 2012, os pesquisadores Angus Deaton e Arthur Stone descobriram que pais e mães com filhos de 15 anos ou menos passam por mais momentos de altos e baixos do que os que não têm filhos. (Eles acabaram de entregar esses resultados para publicação.) E, quando os pesquisadores se dão ao trabalho de fazer perguntas de natureza mais existencial, descobrem que pais e mães relatam sentimentos mais significativos de gratificação – o que, para muitos pais e mães, é exatamente o que compensa todo o sacrifício.
Em outras palavras, os filhos estressam a nossa vida no dia a dia, mas também a aprofundam. *Muita alegria, pouca diversão* é como uma amiga com dois filhos pequenos descreveu.

Algumas pessoas concluíram superficialmente que esses estudos podem ser resumidos em uma frase curta e sombria: *crianças arruínam sua vida*. Mas eu acho que é mais acertado definir a criação de filhos como William Doherty disse: "uma atividade de alto custo e de grandes gratificações". E, se o custo é alto, um dos motivos pode ser que maternidade e paternidade hoje em dia são bem diferentes do que já foram.

ALGUMAS PARTES MAIS DIFÍCEIS da criação de filhos nunca mudam – como a privação de sono que, de acordo com pesquisadores da Universidade Queen, em Ontario, pode comprometer o nosso juízo, em certos aspectos, tanto quanto uma bebedeira. (Há um quê de doce vingança nessa analogia.) Vale a pena dissecar essas dificuldades perenes, e isso certamente desempenhará um papel neste livro. Mas também estou interessada no que há de novo e diferente na moderna criação de filhos. Não se pode negar que a vida de mães e pais ficou muito mais complexa, e ainda não temos um novo conjunto de roteiros para nos guiar nisso. Falta de normas é bem complicado. Praticamente garante um nível de desgaste pessoal e cultural. Obviamente, a experiência de criar filhos mudou em centenas de formas nas décadas recentes. Mas, falando de um modo geral, acho que três avanços complicaram mais do que o resto. O primeiro é a escolha. Não faz tanto tempo, mães e pais não tinham o privilégio de poder controlar o tamanho da prole, nem quando chegaria cada filho. E também não consideravam os filhos com toda a reverência que têm os pais modernos. Ao contrário, tinham filhos porque era o normal, ou porque era necessário economicamente, ou porque era uma obrigação moral diante da família e da comunidade (muitas vezes pelos três motivos).

Mas, hoje em dia, os adultos muitas vezes consideram os filhos como uma das maiores realizações da vida e abordam a criação deles com o mesmo senso de independência e individualismo que aplicariam a qualquer outro projeto de ambição da vida, afirmando cada concepção de acordo com as próprias necessidades e criando a prole segundo as próprias filosofias individuais de formação dos filhos. De fato, muitos adultos só pensam em ter filhos quando se consideram aptos e prontos: em 2008, 72% das mulheres com formação universitária entre as idades de 25 e 29 anos ainda não tinham filhos.

Já que tantos de nós somos agora voluntários ávidos por um projeto ao qual um dia fomos todos recrutados a cumprir como um dever, temos expectativas mais elevadas quanto ao que os filhos farão por nós e os consideramos fontes de gratificação existencial, em vez de partes comuns das nossas vidas. É o princípio da escassez que funciona aqui: damos mais valor ao que é raro – e as coisas pelas quais nos esforçamos mais. (Em 2010, mais de 61.500 crianças foram resultado da tecnologia de reprodução assistida.) Como escreveu o psicólogo do desenvolvimento Jerome Kagan, tanto planejamento familiar meticuloso assim "lança sobre o bebê um significado consideravelmente maior do que o que prevalecia quando os pais tinham meia dúzia de filhos, alguns em tempos muito difíceis".

Uma forma popular, mas cruel, de interpretar essa mudança é dizer que a moderna criação de filhos se tornou um empreendimento narcisista. Mas também há uma maneira de pensar essa mudança que é um pouco mais simpática: pelo fato de adiarem a geração de filhos, muitos pais e mães modernos têm consciência maior da liberdade da qual estão abdicando.

HÁ UM SEGUNDO MOTIVO para que a experiência de criar filhos tenha ficado mais complicada recentemente: a nossa experiência de *trabalho* ficou mais complicada. Continuamos a trabalhar muito tempo depois de voltar para casa e tirar os sapatos (o celular continua a tocar; o desktop de casa continua a brilhar). Mais importante ainda, a saturação de mulheres no mercado de trabalho — a maioria das mães trabalha fora hoje em dia — reformulou drasticamente as regras da vida doméstica. Em 1975, 34% das mulheres com filhos menores de 3 anos estavam na força de trabalho. Em 2010, esse número saltou para 61%.

Mulheres levando o bacon para casa, fritando-o, servindo-o no café da manhã e usando o resto da gordura para fazer velas para os projetos de ciências dos filhos não é novidade. Mas de que modo as responsabilidades da criação dos filhos são desempenhadas, nessas condições, ainda não foi resolvido. Nem o governo, nem as empresas privadas se adaptaram a essa realidade, e o peso quem tem de carregar é cada família individualmente. Apesar de hoje os pais terem mais envolvimento com os filhos do que os de qualquer geração anterior, eles estão mapeando um curso às cegas, navegando na base da tentativa e, com a mesma dificuldade, erros. Muitos homens lutam para se adaptar à mesma vida de trabalho, até a exaustão, de suas mulheres, agora que também se espera deles que assumam novas obrigações na criação dos filhos. Enquanto isso, muitas mulheres não sabem se devem agradecer a ajuda que estão recebendo ou ficar furiosas com a ajuda que não recebem.

O resultado tem sido muito desentendimento doméstico.

Não por acaso, os herdeiros atuais de Erma Bombeck, a perversa criadora de sátiras sobre a vida doméstica que reinou no tempo da geração da minha mãe, muito provavelmente são tanto os homens quanto as mulheres. Foi um homem que escreveu *Go the F**k to Sleep* [Vá dormir, p***a]. Foi um comediante, Louis C. K., que criou uma espécie de culto para aliviar mães e pais. "Quando meus filhos eram pequenos, eu costumava evitá-los", confessou num especial da emissora CBS para o Dia dos Pais. "Você quer saber por que seu pai passava tanto tempo no banheiro? *Porque ele não tinha certeza se queria ser pai.*"

PARA MIM, NO ENTANTO, houve um terceiro dado que alterou nossas experiências na criação dos filhos, tanto no lar quanto na sociedade. Desde o fim da Segunda Guerra Mundial, a infância tem sido completamente redefinida.

Hoje em dia, nos esforçamos muito para proteger os filhos dos problemas da vida. Mas, durante a maior parte da história do nosso país, não fizemos isso. Ao contrário, os filhos trabalhavam. Nos primórdios da nação, eles cuidavam dos irmãos ou passavam um tempo trabalhando no campo. Quando o país se industrializou, eles passaram a trabalhar em minas e tecelagens, nas indústrias e fábricas de conserva, no comércio de rua. Com o tempo, reformistas conseguiram proibir o trabalho infantil. Mas a mudança foi lenta. Só quando nossos soldados voltaram da Segunda Guerra, a infância, como a conhecemos, teve início. A economia da família não se apoiava mais no sistema de reciprocidade, com os pais dando abrigo e alimentando os filhos, e os filhos, por sua vez, contribuindo para aumentar a colheita da família. O relacionamento passou a ser assimétrico. Os filhos pararam de trabalhar e os pais e mães tiveram de trabalhar dobrado. Os filhos deixaram de ser nossos empregados para serem nossos patrões.

Os historiadores descrevem essa transformação dizendo que o filho deixou de ser "útil" e passou a ser "protegido". Mas a socióloga Viviana Zelizer apareceu com uma frase muito mais pungente. Ela caracterizou o filho moderno assim: "Não vale um tostão economicamente, mas emocionalmente não tem preço."

Agora os pais investem mais nos filhos – tanto emocional quanto literalmente – e estão passando mais tempo se concentrando nos filhos do que faziam quando a jornada de trabalho terminava às 5 horas e a maioria das mulheres ainda ficava em casa. Só que os pais e mães não sabem o que devem *fazer*, exatamente, nesses novos empregos. A criação dos filhos talvez tenha se tornado uma atividade em si (uma profissão em si, por assim dizer), mas os objetivos não são nada claros. Os filhos não são mais bens econômicos, por isso a única maneira de equilibrar a contabilidade é assumir que sejam patrimônio do *futuro*, o que exige muito investimento, para não falar de fé. Os filhos agora são considerados preciosidades emocionais, de modo que pais e mães também ficam encarregados do bem-estar *psicológico* dos filhos e filhas, e isso pode parecer um objetivo risível, porque é indefinido e não necessariamente realista: gerar confiança nos filhos não é o mesmo que ensiná-los a ler ou a trocar o pneu do seu carro.

ESTE LIVRO PROCURA EXAMINAR sistematicamente a experiência de criar filhos, pedaço por pedaço, fase por fase, para articular – e, em alguns casos, quantificar – o que os pais e mães de hoje acham tão desafiador em suas vidas. Para dar um exemplo: sabem aquela exasperante troca, lá e cá, entre Angie e Eli? Pesquisadores têm examinado esse tipo de diálogo há mais de quarenta anos. Em 1971, por exemplo, um trio de Harvard observou noventa pares de mães com seus bebês durante cinco horas e descobriu que a média das mães dava ordens, dizia não para o filho, ou se esquivava de pedidos (muitas vezes tidos como "nada razoáveis" ou "choramingos") a cada três minutos. Os filhos delas, por sua vez, obedeciam em média apenas 60% nesse tempo. Essa não é exatamente a receita para uma saúde mental perfeita.

Tem muitas outras pesquisas por aí que ajudam a explicar por que os pais modernos passam por tantos dilemas. O que tentamos fazer aqui é costurar todas elas, colhendo de diversas fontes. Eu analisei pesquisas sobre sexo e gráficos que mediam o sono. Livros sobre atenção e ensaios sobre distração. Histórias de casamentos e crônicas da infância. E uma enorme gama de estudos inspirados que documentam fenômenos variáveis, como quando o adolescente briga mais com os pais (entre a oitava série do primeiro grau e o segundo ano do ensino médio) e quem sente mais o conflito entre o trabalho e a vida (os homens). Então, procurei mostrar como todo esse material aparece na vida de famílias concretas, em suas cozinhas e no quarto de dormir, durante a carona solidária e na hora do dever de casa, e na sua lida diária.

ALGUMAS PALAVRAS DE AVISO:
Espero sinceramente que pais e mães leiam este livro para se entenderem melhor e, por extensão, facilitarem as coisas para eles mesmos – mas não prometo muito no que diz respeito a dar qualquer conselho útil sobre a criação de filhos. Incline um pouco a cabeça de lado, olhe fixamente um bom tempo e é possível que vocês mesmos tenham alguns a oferecer. Mas esse não é meu principal objetivo. Este não é um livro sobre filhos. É um livro sobre pais e mães. O livro *O que esperar quando você está esperando* pode descrever as mudanças que acompanham a gravidez. Mas quais mudanças vocês devem esperar quando seus filhos têm 3 anos, ou 9, ou 15? O que vocês devem esperar depois que os filhos passam a mudar o curso do seu casamento, do seu emprego, das suas amizades, de suas aspirações, do sentido mais profundo do seu ser?

Outro aviso crucial: este livro é sobre a classe média. Algumas das famílias aqui podem estar com dificuldades maiores do que as outras, mas todas têm de brigar com realidades econômicas difíceis, sejam esses pais e mães assistentes sociais ou que trabalham por turnos, médicos ou instaladores de sistemas de alarme. Passei pouco tempo nos recintos da elite porque as preocupações dessa classe não são especialmente narráveis (praticamente todas as crianças neste livro estudam em escolas públicas, o que facilita o acesso aos dados). Mas também não me concentro nos pobres, porque as preocupações deles, *como pais e mães*, não são passíveis de uma análise por si só. Não podem ser tiradas do contexto da pressão diária de se alimentar, se abrigar e de proporcionar isso para os filhos. Como muitas pessoas já devem ter notado – talvez mais recentemente Judith Warner, em *Perfect Madness* –, pais pobres merecem um tipo diferente de livro e muito mais do que um só.

OS ESTÁGIOS INDIVIDUAIS na criação dos filhos não se parecem muito uns com os outros (o pandemônio das crianças entre as idades de 1 e 3 anos é bem diferente das frustrações e ansiedades geradas por adolescentes), por isso organizei este livro cronologicamente. Os capítulos um e dois se concentram nas duas coisas que sofrem as maiores transformações quando nasce um filho: o nosso sentido de autonomia, que fica totalmente de cabeça para baixo, e o nosso casamento, cujos ritos e leis se desfazem de repente. O capítulo três, por outro lado, se concentra nos prazeres exclusivos que todos os filhos pequenos podem oferecer. O capítulo quatro é sobre os anos intermediários da criação dos filhos – em geral, os anos da escola – quando os pais sentem uma tremenda pressão para preparar os filhos para um mundo cada vez mais competitivo e transformam as tardes e os fins de semana em uma longa procissão de atividades extracurriculares. E o capítulo cinco concentra-se nos anos da adolescência, cujos efeitos nos pais não são suficientemente debatidos em nenhum lugar do mundo. Nós, agora, abrigamos e cuidamos dos nossos filhos enquanto eles moram conosco e durante toda a metamorfose biológica deles até chegarem à idade adulta. Mas pouco se escreveu sobre esse acordo estranho, uma falha na literatura, que fez com que as coisas ficassem duplamente esquisitas, já que os pais, neste mesmo momento, estão passando por mudanças significativas em suas próprias vidas, como menopausa e avaliações da carreira.

Mas o meu objetivo não é apenas analisar as dificuldades da criação de filhos. As "elevadas recompensas", como as chama William Doherty, valem uma análise – e são incrivelmente difíceis de avaliar. Significados e júbilo costumam escorrer pelo ralo da ciência social. O vocabulário das brigas é vasto. O vocabulário da transcendência é mais fugidio. Por isso, no capítulo seis, o último, examino o que criar filhos significa no contexto mais amplo; os momentos de alegria, a entrega a outro patamar de obrigações e como é, simplesmente, poder contar nossas histórias, lembrar, para termos visões mais completas de nós mesmos. Somos a soma de nossas experiências e criar filhos desempenha um papel enorme para fazer de nós o que somos. Para alguns, talvez ela seja a parte mais essencial.

capítulo um

autonomia

Ergui a bebê na luz, apertei os olhos, olhei para o médico com um olho vermelho e disse, da forma mais direta possível:
– Diga uma coisa, doutor. O senhor está nesse negócio há muito tempo.
Olhei diretamente para a bebê para indicar qual negócio.
– Ela está arruinando a minha vida. Está estragando o meu sono, estragando a minha saúde, está arruinando o meu trabalho, arruinando o meu relacionamento com a minha mulher e... ela é feia.
Engoli em seco e consegui me recompor para fazer uma única e simples pergunta:
– Por que eu gosto dela?

– Melvin Konner, *The Tangled Wing* (1982)

A PRIMEIRA VEZ QUE ENCONTREI Jessie Thompson, estávamos em meados de março, época difícil para pais e mães em Minnesota. Em todos os outros lugares do país, a primavera tinha desabrochado. Aqui faltava pelo menos mais um mês para as crianças poderem ser expelidas para o jardim com alguma humanidade. Aquela semana toda, assisti a aulas de Educação Familiar na Primeira Infância e estive em Minneapolis e St. Paul, ouvindo cerca de 125 pais e mães falando de suas vidas.

E, durante toda a semana, em um momento ou outro, quase todos demonstravam que seus nervos estavam em frangalhos e os brinquedos dos filhos também – a massinha reduzida a pedaços secos, os Lego espalhados numa diáspora pela casa inteira. Todos com aparência de passageiros presos tempo demais no vagão, que não aguentavam mais esperar a hora de desembarcar, pelo amor de tudo que era mais sagrado.

O programa de Minnesota, Educação Familiar na Primeira Infância (ou ECFE [de Early Childhood Family Education], como vou me referir a ele a partir de agora), é muitíssimo popular e único no estado, por isso vim para cá. Por uma taxa variável – e em alguns casos taxa nenhuma –, qualquer pai ou mãe com filho que ainda esteja no jardim de infância pode assistir a uma aula semanal. E eles comparecem, em grande número: em 2010, quase 90 mil mães e pais se inscreveram no programa. Os temas das aulas variam, mas o que todos têm em comum é a oportunidade dos pais e mães contarem seus problemas, de aprender e desabafar.

A primeira metade de cada aula é aberta para os pais e os filhos interagirem em grupo, orientados pela equipe de profissionais de educação da primeira infância do ECFE. Mas é na segunda parte que as coisas ficam interessantes. Os pais deixam os filhos aos cuidados daqueles mesmos profissionais e se retiram para uma sala só para eles, onde se tornam adultos de novo, por sessenta minutos. Tomam café, relaxam e comparam dados. Um educador de pais sempre orienta o debate.

Conheci Jessie em uma das menores turmas do ECFE, no sul de Minneapolis, e gostei dela desde o início. Era uma dessas mulheres curiosas que parecia não notar que era bonita e se portava de modo muito natural. Sua contribuição para o debate, com um toque de ironia ("a culpa é da Oprah"), também sugeria que ela não tinha medo dos seus sentimentos mais espinhosos e sombrios e que podia até ter uma visão desapaixonada deles, como uma pesquisadora de laboratório com os seus ratos. Mais ou menos na metade da aula, por exemplo, ela mencionou que tinha conseguido sair de casa na noite anterior para encontrar uma amiga – verdadeiro triunfo, considerando que tinha três filhos com menos de 6 anos: "E tive um momento", disse ela, "em que compreendi *que é essa a sensação que têm as mães que fogem dos filhos*. Entendi por que as mães entram em seus carros e... simplesmente não param mais." Ela curtiu alguns minutos do prazer de estar sozinha, só ela na estrada, nenhum filho amarrado nos bancos do carro. "E aí tive essa *fantasia* por alguns minutos", ela disse. "*E se eu não parar mais, se continuar dirigindo?*"

Ela não estava levando a sério essa ideia. Jessie era uma mãe bastante segura, por isso tinha naturalidade suficiente para confessar essa visão passageira em voz alta. Mas ficou claro que estava exausta e muito sobrecarregada. Estava tentando expandir seu novo negócio de retratos fotográficos na sala de estar da casa dela. O filho mais novo tinha apenas oito meses. Não tinha recursos para pôr os filhos em aulas de balé e futebol, menos ainda algo luxuoso como uma creche. Não podia pagar uma babá nem uma manhã por semana. Toda ida ao mercado envolvia botar os três filhos no carro. "Eu tenho essas crises de egoísmo às vezes", ela disse. "Assim: *não quero trocar mais fraldas. Não quero meus filhos pendurados em mim 24 horas por semana, quero ter uma conversa ao telefone sem ser interrompida.*"

Ela estava apenas desejando umas poucas doses da sua vida antiga. Mas era difícil acontecer com três filhos pequenos na casa. Talvez Erma Bombeck tenha explicado isso melhor mais de trinta anos atrás, quando um de seus personagens declarou: "Eu não fico sozinha no banheiro desde outubro."

UM DIA, VOCÊ É UM EXEMPLO perfeito de autodeterminação, indo e vindo como bem entende. No dia seguinte, vira mãe, sob o peso da responsabilidade, e é afastada dos ritmos da vida adulta normal. Não é por acidente que os primeiros anos da criação dos filhos são muitas vezes registrados como os menos felizes. São os anos do recolhimento, breves no contexto geral, mas que, muitas vezes, parecem intermináveis. A autonomia que os pais, um dia, consideraram garantida e, por isso, não lhe davam o devido valor simplesmente desapareceu, fato recorrente entre os pais no ECFE.

Um pai que tinha optado por ficar em casa com os dois filhos disse para o grupo – em que todos eram pais que ficavam em casa – ter encontrado um antigo colega que ia para Cuba a trabalho. "E eu disse, uau, isso é ótimo", ele contou, apertando os dentes e deixando claro que, na verdade, aquela era a pior coisa que tinha ouvido ultimamente. E acrescentou:

– Vejo gente que parece muito mais livre fazendo coisas que eu gostaria de fazer se não fosse a minha família. Mas, claro, eu queria uma família? Sim, eu queria. E tenho muitas alegrias com os meus filhos? Sim, tenho. Mas, no dia a dia, é difícil ver isso, às vezes. Raramente temos a chance de fazer o que queremos, quando queremos.

Até bem recentemente o que os pais e mães *queriam* era completamente irrelevante. Mas hoje vivemos numa época em que o mapa dos nossos desejos ficou bem maior, e nos disseram que temos o direito (na verdade, a obrigação) de satisfazê-los. Num ensaio sobre o fim do milênio, o historiador J. M. Roberts escreveu: "O século XX disseminou como nunca a ideia de que a felicidade humana é concretizada na

Terra." Claro que isso é uma coisa maravilhosa, mas nem sempre é um objetivo realista, e, quando a realidade não corresponde às expectativas, costumamos culpar a nós mesmos.

"Nossa vida se torna uma elegia às carências não atendidas e desejos sacrificados, oportunidades recusadas, caminhos não trilhados", escreve o psicanalista inglês Adam Phillips em sua coletânea de ensaios de 2012, *Missing Out*. "O mito do potencial faz com que lamentos e reclamações pareçam as únicas coisas reais que fazemos", escreve Phillips, "sem as vidas não vividas que contém." E aí perguntamos: *E se continuarmos dirigindo, sem parar?*

Os adultos de hoje têm mais motivos para ser assombrados por essas vidas não vividas: têm mais tempo para explorar seu potencial antes da chegada dos filhos. A partir dos dados, de 2010, do instituto de pesquisas National Vital Statistics, um relatório do National Marriage Project calculou recentemente que a idade média de uma mulher com formação universitária quando tem o primeiro filho, hoje, é de 30.3 anos. O relatório acrescentou que mulheres com diploma "costumam ter o primeiro filho dois anos depois do casamento". A consequência desse adiamento é a elevada sensação de contraste – o antes comparado ao depois. Esses pais e mães, agora, têm uma lembrança rebuscada de como eram suas vidas antes de ter filhos. Passaram cerca de uma década independentes, experimentando empregos diferentes, namorados e moradias. É o dobro do tempo que muitos deles passaram na universidade.

No fim de semana em que frequentei as aulas do ECFE, poucas pessoas falaram desse antes e depois com mais sinceridade e eficiência descritiva do que Jessie. Aos 20 e poucos anos, ela havia ensinado inglês na Alemanha, trabalhado em um pub na Inglaterra e passado um breve tempo como comissária de bordo da Delta. Agora passava seus dias em

uma casinha de 500m² com um banheiro ("uma casa adorável, mas..."). Quase chegando aos 30 anos de idade, ela resolveu que queria seguir uma carreira em publicidade e estava bem encaminhada nisso quando nasceu seu primeiro filho. Agora, estava presidindo um negócio novo e adaptado para a família (pensava ela), tendo substituído o tranquilo escritório no centro por um nicho barulhento e caótico em frente à sala da televisão. "Eu ainda batalho muito com isso", disse ela ao grupo. "Éramos só eu e meu marido até meus 32 anos."
Ter filhos expande a nossa vida de muitas formas impressionantes. Mas também afeta a nossa autonomia como jamais poderíamos imaginar, seja no trabalho, no lazer, na rotina banal da nossa vida cotidiana. Então, é aqui que o nosso livro começa: com a dissecção dessas vidas reconfiguradas, numa tentativa de explicar por que elas ficam assim e como se sentem.

o sono roubado

Uma das vantagens de chegar à casa de alguém às 8 horas da manhã – supondo que consiga superar o inerente constrangimento de estarem todos de pijama e andando pela casa despenteados – é que você pode ver estampada na cara dos pais a história dos dois naquela manhã e na noite anterior. Quando fui visitar Jessie em sua casa de Minneapolis do Sul, poucos meses depois do nosso primeiro encontro no ECFE, o marido dela, engenheiro civil, já tinha saído para trabalhar havia muito tempo. Mas ela estava ali, e cansada. Era óbvio que tinha acordado muito cedo, ou tinha ido para a cama muito tarde. E afinal a resposta é que as duas coisas tinham acontecido.

– Antes de você chegar, eu estava muito deprimida – ela confessou quando fechou a porta depois de eu entrar.

Ela usava um top listrado roxo e vinho, estava com o cabelo molhado preso num rabo de cavalo. Bella, de 5 anos, e Abe, de 4, andavam pela casa alegres, sem se dar conta do cansaço da mãe, enquanto o bebê, William, dormia no andar de cima.

– O bebê acordou cedo – explicou Jessie. – E os outros se levantaram cedo também, e depois o bebê vomitou em um dos brinquedos de pelúcia.

Mais ou menos na mesma hora, Abe fez xixi na cama, isto é, ela teve de trocar a roupa de cama e dar banho no menino. Então, William começou a cuspir o suco como projéteis exagerados na hora do café da manhã.

– Isso foi às 7:37 – diz ela. – Sei disso porque estava pensando *que era cedo demais para tudo estar desmoronando.*

O que explica por que ela acordou tão cedo. Por que ficou acordada até tarde na véspera era outra história. A noite é a única oportunidade que Jessie tem de trabalhar sem ser interrompida e ela tinha de terminar o trabalho até a tarde de hoje. Além disso, estava preocupada porque a família, em breve, teria de se mudar para o subúrbio, para reduzir despesas. A mudança teoricamente reduziria seu estresse (metade dos impostos e metade do preço, disse ela para mim), mas ela não conhecia vivalma no novo bairro. Entre as preocupações e o trabalho, acabara indo para a cama só às 3 horas da manhã.

Jessie admite que, em algumas manhãs, está tão exausta que o máximo que consegue fazer é botar potes de cereais e um copo de leite na bancada da cozinha e voltar a dormir.

– Conheço algumas mães que que dormem bem – disse ela. – Às vezes fico imaginando como conseguem. Porque eu não consigo de jeito nenhum.

DE TODOS OS TORMENTOS dos pais e mães de primeira viagem, a privação de sono é o mais terrível. Mas a maioria dos pretendentes à maternidade e paternidade, por mais que recebam avisos sobre isso, não compreendem completamente a ideia até chegar o primeiro filho. Talvez porque pensem que saibam o que é privação de sono. Mas existe uma diferença profunda entre a perda de sono constante e uma péssima noite ocasional. David Dinges, um dos principais especialistas do país em privação parcial do sono, diz que a população parece se dividir mais ou menos em três tipos quando se trata de privação prolongada de sono: os que enfrentam bem, os que se dão mal e aqueles que reagem catastroficamente. O problema é que a maioria dos pretendentes a pais não têm a mínima ideia do tipo que são até chegarem os filhos. (Eu mesma era do terceiro tipo – bastavam duas noites mal dormidas seguidas e, *pimba*, já estava a meio caminho da histeria louca da exaustão.)

Seja qual for o seu tipo – e Dinges suspeita de que seja um traço imutável, distribuído equitativamente entre mulheres e homens –, as consequências emocionais da perda de sono são tão poderosas que mereceram uma análise própria de Daniel Kahneman e seus colegas, aqueles que observaram as 909 mulheres do Texas e descobriram que elas avaliavam o tempo que passavam com os filhos como pior do que o tempo de lavar roupa. As mulheres que tinham seis horas de sono, ou menos, pertenciam a uma *fraternidade* diferente de tristeza daquelas que tinham sete horas ou mais. O abismo em seu bem-estar era tão extremo que superava o abismo existente entre mulheres que ganhavam menos de 30 mil dólares por ano e as que ganhavam mais de 90 mil. (Nos jornais e revistas, esta descoberta reaparece de vez em quando, como "uma hora extra de sono vale tanto quanto um aumento de 60 mil dólares", o que não é exatamente correto, mas está bem perto da verdade.)

Uma pesquisa de 2004, da National Sleep Foundation, descobriu que pais com filhos de dois meses de idade ou menos dormiam, em média, em torno de seis horas e doze minutos, por noite, apenas, e esse número não era muito melhor para os pais de crianças com 10 anos ou menos, cujos relatórios apontam uma média de apenas seis horas e quarenta e oito minutos de sono, por noite. Outros estudos não são tão pessimistas assim: Hawley Montgomery-Downs, neurocientista que produziu muitos trabalhos sobre o assunto, recentemente descobriu que pais de recém-nascidos têm em média o mesmo tempo de sono que os que não têm filhos – sete horas e doze minutos por noite –, com a diferença de que não é o sono de um estirão só.

Mas não importa qual pesquisa usada. A maioria dos pesquisadores concorda em que os padrões de sono de pais de primeira viagem são fragmentados, imprevisíveis e simplesmente péssimos, pois falham na coisa de que mais gostamos do sono, que é a recuperação do corpo e da mente. Como observei na introdução, um curto período de privação de sono compromete o desempenho da pessoa da mesma forma com que consumir excesso de álcool. "Então você pode imaginar os efeitos de dormir quatro horas todas as noites por três meses", diz Michael H. Bonnet, pesquisador do sono e diretor clínico do Kettering Medical Center em Dayton, Ohio. "Tendemos a pensar nisso só como uma lista de efeitos colaterais nocivos: ora, isso acontece e aquilo acontece e ainda aquilo. Mas é a comparação com os estudos sobre o álcool que *realmente* chega a uma conclusão, porque nós concordamos, enquanto sociedade, que dirigir alcoolizado merece punição."

Bonnet diz ainda que os que sofrem de privação de sono marcam pontos mais altos de irritabilidade e mais baixos de inibição também, o que não é uma combinação recomendável para pais e mães que estão tentando manter a calma. Na verdade, os psicólogos têm um termo para a lenta erosão crescente do nosso autocontrole: chamam de "exaurimento do ego". Em 2011, o psicólogo Roy F. Baumeister e o colunista do *New York Times*, John Tierney, escreveram um livro sobre o assunto chamado de *Willpower* [força de vontade], cujo argumento central é que, infelizmente, o autocontrole não é um recurso infinito. Um dos estudos mais intrigantes citado pelos autores concluiu, depois de acompanhar mais de duzentos sujeitos durante o dia, que "quanto mais força de vontade as pessoas tinham, mais vulneráveis ficavam a ceder diante da primeira tentação que aparecesse".

Para mim, essa descoberta leva a uma pergunta: vamos assumir que pais e mães passam muito tempo lutando contra a vontade de dormir – e a necessidade do sono é uma das duas sensações contra a qual os adultos mais lutam (a outra é a de comer) –, então a quais necessidades os pais e mães sucumbem mais tarde se não a essa? A resposta mais óbvia que posso imaginar é o desejo de gritar, ideia perturbadora, porque nada dá a uma mãe ou a um pai sensação pior do que berrar com as pessoas mais vulneráveis de suas vidas. No entanto, é isso que fazemos. Jessie confessa que é o que ela faz, apesar de sua invejável personalidade tranquila. – Eu grito – diz ela – e depois me sinto mal por ter gritado, e aí fico furiosa comigo mesma: *por que não dormi o bastante?*

marajás do excesso

Bella, 5 anos, vai até a cozinha onde a mãe dela e eu tínhamos nos instalado. Jessie acaricia o rosto da filha com as duas mãos.
— O que é?
— Estou com fome.
— Então, como se diz?
— Pode me dar alguma coisa para comer, por favor?
— Posso.
Jessie abre a geladeira. Bella espia lá dentro. Abe aparece. O bebê, William, continua na sua soneca da manhã.
— Abe, você quer iogurte?
— Quero.
— Quero, mamãe, por favor — corrige Jessie. — *Você é maravilhosa, mamãe.*
Ela sorri e rola os olhos nas órbitas. É pedir demais, mas uma mulher pode sonhar.
— Vocês aí vão fazer torta de maçã?

Jessie não está falando da torta de maçã no sentido tradicional, mas de uma que as crianças inventaram: iogurte com purê de maçã por cima, cereais e canela. Às vezes, fazem disputas de "comedores de torta" para ver quem acertou as proporções.
— Vamos!

As crianças vão para a sala de jantar e nós duas ficamos na cozinha. Tudo quieto por um breve tempo. Mas logo, quando passamos pela sala de jantar para ir ao escritório de Jessie, vemos Abe pondo um monte de iogurte nos moldes de massinha.
— Abe, não! — diz Jessie, correndo para evitar a sujeirada grudenta.

Tarde demais.

– Tirem tudo *da* mesa para eu limpar isso, viram? Foi a primeira vez que ouvi tensão permear a voz dela em toda a manhã. Ela é tão calma que quase esquecemos que a vida com filhos pequenos é uma experiência ininterrupta de contenção do caos. Ela limpa as esculturas de iogurte, depois para um segundo e olha fixamente para uma constelação de cereais e biscoitos atrás do cadeirão de William, que, obviamente, ele andara cuspindo mais cedo, naquela manhã. Será que valia a pena limpar? De qualquer maneira, as crianças já tinham embarcado em algum outro projeto grudento, rolavam salsichas de massinha de modelar por toda a mesa de jantar.

– Mais tarde – resolve ela e segue para o escritório.

EM SUA COLETÂNEA DE ENSAIOS de 2005, *Going Sane*, Adam Phillips faz uma observação contundente. "Bebês podem ser fofos, bebês podem ser lindos, bebês podem ser adoráveis", escreve ele, "mas eles têm todas as características que são identificadas como insanidade quando encontradas em adultos." A lista que ele faz dessas características: bebês são incontinentes; não falam a nossa língua; exigem monitoramento constante para evitar que se machuquem... "Parecem viver com excesso de desejos", observa ele "a vida daqueles que se consideram a única pessoa no mundo." O mesmo acontece, continua argumentando Phillips, com as crianças pequenas, que querem tanto e possuem tão pouco autocontrole. "A criança de hoje", escreve, "é desejo demais e organização de menos". As crianças são os marajás do excesso.

Se você tem passado a maior parte da sua vida adulta na companhia de outros adultos, especialmente no local de trabalho, onde etiqueta social é observada e o discurso racional costuma ser a moeda de troca, são necessários alguns ajustes para passar tanto tempo na companhia de pessoas que sentem mais do que pensam. (A primeira vez que li as observações de Phillips sobre os paralelos entre crianças e insanos, meu filho, que tinha 3 anos na época, estava gritando do quarto dele: "Eu. Não. Quero. Usar. CALÇA COMPRIDA.") Mas os filhos não se veem tão excessivos. "Os filhos ficariam muito surpresos", escreve Phillips, "ao descobrir o quanto os consideramos loucos." Na visão dele, o grande problema é que os filhos podem levar *seus pais* à loucura. A extravagância dos desejos das crianças, dos seus comportamentos e energia, tudo se torna uma ameaça para as vidas bem organizadas dos pais. "Toda a literatura moderna para a criação dos filhos", conclui ele, "trata de como enlouquecer alguém (o que o filho faz), e de como não se deixar enlouquecer (pelo que o filho faz)."

Essa ideia ajuda a esclarecer por que os pais se sentem impotentes com tanta frequência em relação aos filhos pequenos e jovens, apesar de estarem relativamente no comando. Para uma criança com menos de 4 anos, toda energia de quarto da bagunça – seja pulando de uma almofada do sofá para outra, batendo nas mesas ou derramando potes de espaguete no chão – é normal. Mas, para os adultos, parece que o filho ou a filha entraram em uma das fantasias de lobo do Maurice Sendak. A reação do adulto é fazer parar a diabrura do filho porque essa é a função do adulto e é do que trata a vida civilizada. No entanto, os pais acreditam, até certo ponto, que a criança tem de fazer bagunça, ser barulhenta, testar os limites. "Todos os pais, em dado momento, se sentem sobrecarregados pelos filhos; sentem que o filho exige mais deles do que eles podem prover", escreve Phillips em outro ensaio.

"Uma das coisas mais difíceis do papel de pai e mãe é que você tem de encarar que precisa frustrar seu filho."

EXISTE MATERIAL DE APOIO BIOLÓGICO que ajuda a explicar por que crianças pequenas nos enlouquecem. Adultos têm o córtex pré-frontal, a parte do cérebro que fica logo atrás da testa, completamente desenvolvido, enquanto os córtex pré-frontais de crianças pequenas praticamente não se desenvolveram ainda. O córtex pré-frontal controla funções executivas, que nos permitem organizar nossos pensamentos e (como resultado) nossos atos. Sem essa capacidade não podemos concentrar nossa atenção. E isso, de certa forma, é um dos aspectos mais frustrantes de cuidar de crianças pequenas: a atenção delas não tem foco (ou sofrem do que Phillips poderia chamar de "organização de menos").

Só que, mais uma vez, as próprias crianças não percebem que sua atenção não está concentrada. Em *The Philosophical Baby*, a psicóloga e filósofa Alison Gopnik faz distinção entre um lampião e um holofote. O holofote ilumina apenas uma coisa e o lampião lança luz a 360°. Os adultos têm a consciência como um holofote. A consciência de crianças pequenas, por outro lado, é mais como um lampião. Bebês e crianças pequenas são muito sujeitas a todos os tipos de distração por natureza, como insetos que têm muitos olhos em volta da cabeça. E como o córtex pré-frontal controla as inibições ao mesmo tempo em que controla a função executiva, falta às crianças pequenas a sensação de culpa por investigar cada objeto que atrai sua atenção. "Qualquer um que tente persuadir uma criança de 3 anos a se vestir para ir para a creche irá desenvolver a validação da inibição", ela escreve. "Seria muito mais fácil se não parassem para explorar cada poeirinha no chão."

Você não precisa ser especialmente inteligente para concluir, dessa diferença, que os adultos podem, por isso, achar difícil sincronizar os filhos com seus compromissos. Um pai ou uma mãe quer calçar o filho e levá-lo para a creche. O filho pode concordar, mas também pode não concordar, e decidir que é imensamente mais importante, naquele momento, brincar com suas meias. Pode ser que o pai ou a mãe tenha tempo para permitir esse fascínio, pode ser que não tenha. De qualquer modo, os pais precisam se adaptar e isso é difícil: parte do motivo que nos faz considerar o mundo um lugar confortável é que podemos mais ou menos prever o comportamento das pessoas em nossas vidas. Crianças pequenas jogam essa previsibilidade pela janela.

Além do raciocínio, foco e inibição, o córtex pré-frontal controla nossa capacidade de planejar, de prever, de avaliar o futuro. Mas crianças pequenas, cujo córtex pré-frontal mal começou a amadurecer, não são capazes de conceber um futuro, o que quer dizer que passam a vida em um presente permanente, uma sensação eterna de *"agora"*. Às vezes, esse é um estado desejável de consciência. De fato, para a meditação, é a maior aspiração. Mas viver sempre no presente não é estratégia prática para criar filhos.

"Todos gostariam de estar no presente", diz Daniel Gilbert, psicólogo social de Harvard e autor do best-seller de 2006 *O que nos faz felizes*. "Certamente é verdade que é importante manter-se no presente em nossas vidas. Todos os dados dizem isso. A minha pesquisa diz isso."

A diferença é que as crianças, por definição, vivem *só* no presente, quer dizer que você, como pai ou mãe, não tem muita chance. "Todos estamos nos movendo à mesma velocidade para o futuro", diz ele. "Mas seus filhos se movem com essa mesma velocidade de olhos fechados. Então são vocês que têm de dirigir." Ele pensa um pouco, depois diz: "Sabem de uma coisa? No início da década de 1970, eu andava com muita gente que queria viver o presente. Por isso ninguém pagava o aluguel."

De fato, pais e filhos pequenos têm duas visões temporais completamente diferentes. Os pais são capazes de se projetar no futuro. Os filhos pequenos, ancorados no presente, têm muito mais dificuldade com isso. Essa diferença pode ser uma fórmula de partir o coração de uma criança pequena. Os pequenos não conseguem avaliar, como um adulto, que o ato de ter de guardar seus blocos de montar não quer dizer que não poderão brincar com eles de novo, outro dia. Eles não se dão conta de que a vida é longa e cheia de batatas fritas quando dizemos que não podem comer outro saco. Querem *agora*, porque vivem agora.

No entanto, mães e pais acham que, se puderem passar a *lógica* de suas decisões, os filhos pequenos entenderão. Foi nisso que pensaram todos aqueles anos antes de ter filhos: conversas racionais e com análises cuidadosas onde os motivos são esclarecidos. Mas os filhos pequenos levam uma vida intensamente emocional. Conversas sensatas não produzem neles o mesmo efeito e seus cérebros ainda não estão prontos para isso. "Eu cometo o erro, às vezes, de conversar com a minha filha como se ela fosse adulta", uma mulher chamada Kenya confessou para seu grupo do ECFE. "Eu espero que ela entenda. Como se, se eu detalhasse bastante as coisas, ela fosse entender."

O instrutor da turma, Todd Kolod, meneou a cabeça com simpatia. Tinha ouvido aquilo mil vezes antes. É o problema do "adulto pequeno", explicou. Nós nos equivocamos ao pensar que nossos filhos serão persuadidos pelo nosso modo de raciocinar. "Mas a sua filha de 3 anos", ele disse gentilmente, "nunca vai dizer, sim, você está certa, tem razão."

fluxo

– Vocês querem uma festa com dança? – pergunta Jessie. – Briga de travesseiro? Luta de espada?
William acordou da soneca da manhã, por isso Jessie fez uma pausa no trabalho. Uma das coisas mais adoráveis em Jessie, como mãe, é que ela entra na brincadeira a sério. Ela adora dançar, adora projetos de arte, adora jogos de pistas. (Jogos do tipo: "uma coisa que você tira." Resposta: "meleca.")
– Saia do meu barco! – ela diz para Abe, cuja obsessão do momento é brincar de pirata. – Vá para o *seu* barco!
Ela pega um sabre de luz e luta com uma mão enquanto aumenta o volume da música num iPod com a outra. Depois pega William no colo, rodopia e olha para Abe com cara de má.
– Vou saquear o seu barco! Vou pegar todo o seu tesouro!
Abe bate com o sabre de luz no chão.
Ela faz cara feia para ele por um segundo.
– Não faça isso. Vai quebrar. – E volta ao personagem, – Menos conversa, mais ação!
Jessie avança com o sabre para atacar Abe, depois o entrega para William para que ele faça a mesma coisa. Põe o bebê no chão e faz cócegas em Abe, que no começo gosta, mas reclama quando ela chega mais perto para morder a barriga dele.
– Não faz isso – ele diz para ela.
O ritmo deles se perde mais uma vez.
– Não fazer o quê? – diz ela. – Sabe por que faço isso? Porque amo você.
Ela vira o filho de cabeça para baixo.

— Não! — repete ele.

Jessie olha para ele avaliando.

— Você acordou muito cedo, não é? Tudo bem. Sem mordidas. Ela resolve mudar a música e a tática, vira o filho de cabeça para cima e lhe dá um abraço de coala enquanto procura uma bela música espanhola. Começam a dançar lentamente. Tudo se encaixa. A música forma uma espécie de casulo em volta deles, como se eu não estivesse ali. Abe se derrete no ombro da mãe. Ela respira o filho.

NENHUM GRÁFICO NO MUNDO consegue fazer justiça a esses momentos inesperados. São pequenas explosões de graça e doçura que deixam a memória dos sentidos gravada na pele (o cheiro do xampu do filho, a maciez dos seus braços). Não é para isso que estamos aqui, vivendo essa vida? Para conhecer esse tipo de encantamento?

A questão é: por que tais momentos, pelo menos com crianças pequenas, costumam dar a sensação de que foram conquistados a duras penas, que são *frágeis* e fugidios, como se postos entre parênteses? Depois de poucos minutos daquela dança lenta com Abe, William cai de cara no chão e começa a berrar. Jessie vai dançando até ele e o aborda com bom humor. Este é o condicionamento.

Quero propor uma possível explicação para esses momentos de graça serem tão raros: os primeiros anos da vida dos filhos com a gente não oferecem muitas atividades que se prestem ao que os psicólogos chamam de "fluxo". Simplificando, "fluxo" é um estado em que estamos tão envolvidos no que estamos fazendo — tão fortificados pelo nosso próprio senso de agentes, de *maestria* — que perdemos toda a noção do que nos cerca, como se o tempo tivesse parado. Atletas costumam experimentar essa sensação quando fazem um lançamento ou completam um passe ("estar na zona" é como eles chamam); artistas também sentem isso, quando a música ou a pintura jorra deles como se eles fossem torneiras.

O que há de paradoxal sobre o "fluxo" é que, em geral, é marcado pela *ausência* de sentimento, e, mesmo assim, é percebido como uma forma de beatitude plena. É isso que torna o "fluxo" uma das partes mais prazerosas e igualitárias na nossa vida emocional: não importa o tipo de temperamento que temos, mesmo que seja melancólico, quase todos nós temos a capacidade de nos perder em alguma coisa que amamos, e de fazer isso bem.

Mas, para viver esse tipo de união mágica, as circunstâncias precisam se alinhar. É aqui que o trabalho do psicólogo húngaro Mihaly Csikszentmihalyi é uma revelação. Csikszentmihalyi passou décadas pensando no "fluxo", analisando as condições que tornam isso possível e pesquisando em termos culturais abrangentes o que nos dá as mais profundas satisfações. Ele dissecou as experiências de "fluxo" de milhares de pessoas. Em 1983, chegou a desenvolver, com colegas, uma técnica inovadora para medir esse "fluxo", junto dos participantes do estudo, a intervalos aleatórios, e pedindo para eles registrarem não só *o que* estavam fazendo naquele momento, mas como se *sentiam*. (Entediado? Concentrado? No controle? Assustado? Estressado? Eufórico?) Chamou essa ferramenta de Experience Sampling Method, ou ESM. Foi uma contribuição inspiradora para esse campo de estudo. Pela primeira vez, os pesquisadores faziam distinção entre o que os participantes do estudo sentiam *no momento* e o que sentiam quando se lembravam do momento.

Depois de um tempo, Csikszentmihalyi começou a notar padrões comuns na experiência do "fluxo". Por exemplo, a maior parte das experiências de "fluxo" ocorre em situações que "seguem um objetivo e são limitadas por regras". De fato, a maior parte das atividades que se prestam ao "fluxo" é feita para concentrar ao máximo a nossa atenção e expandir a nossa competência – como atletismo ou trabalho intenso. "Têm regras que exigem o aprendizado de habilidades", escreve ele em *A psicologia da felicidade* (*Flow: The Psychology of Optimal Experience*), seu livro sobre o assunto, de 1990. "Estabelecem objetivos, dão acompanhamento e tornam possível o controle."

Em teoria, as crianças pequenas gostam de regras. Mas elas as seguem com muita irregularidade. Todo pai e mãe tem uma história sobre um dia perfeitamente planejado – ida ao zoológico, uma excursão até a sorveteria – que acabou se tornando algo próximo da anarquia. Grande parte da vida com crianças pequenas não tem um roteiro e, se o pai ou a mãe tenta escrever um, os filhos podem não querer seguir. É isso que significa cuidar de pessoas com o córtex pré-frontal imaturo. O circuito neurológico delas conspira contra a concentração. Gopnik diz, na metade do *The Philosophical Baby,* que "essa consciência expansiva de lampião é quase o oposto da distinta felicidade do adulto que vem com o que os psicólogos chamam de 'fluxo'". Para estar no "fluxo", precisamos prestar muita atenção. Mas as crianças pequenas estão conectadas a descobertas, a absorver um monte de estímulos. E, se não podem entrar no "fluxo", provavelmente você também terá dificuldade de entrar nele – da mesma forma que atletas têm muito mais dificuldade de entrar no ritmo se seus colegas no jogo estiverem distraídos.

Esse assunto apareceu várias vezes nas aulas do ECFE. Em certo momento, em um dos seus seminários, a instrutora veterana, Annette Gagliardi, começou a perguntar para os pais se a concentração em um plano para o dia os tornava mais felizes. Uma mãe interrompeu:

– Só se o plano der *certo*. Se houver complicações, é tipo "que ideia foi essa?".

– Por isso eu não alimento expectativas – disse outra. – Se apostamos no mínimo, nos animamos com qualquer outra coisa.

Um plano claro não é a única exigência para o "fluxo". Csikszentmihalyi também observou que nós nos divertimos mais quando estamos "no limite entre o tédio e a angústia, quando os desafios estão equilibrados com a [nossa] capacidade de agir". No entanto, os pais de crianças pequenas muitas vezes descrevem a sensação de ser jogados de um lado para outro *entre* esses dois polos – tédio e angústia –, em vez de ser capazes de estabelecer algo confortável no meio. "Até o ponto de não ficarmos completamente felizes quando estamos com os nossos filhos pequenos", diz Daniel Gilbert, o psicólogo social, "pode ser que eles estejam exigindo coisas que consideramos difíceis de dar. Mas também pode ser que eles não estejam exigindo *tanto assim*."

Vamos ver o que acontece no fim da festa de dança improvisada de Jessie. Quando William começa a chorar, ela tem dificuldade para descobrir como, exatamente, vai consolá-lo. Tenta balançar o bebê, tenta dar cereal. Em certo ponto, chega a experimentar pegá-lo no colo, enquanto ainda está com Abe no ombro. Mas, no fim das contas, a única coisa que parece funcionar é o ato mais simples, repetido várias vezes: jogar uma calça que estava no cesto de roupa sobre a cabeça dele e tirar. "Onde está o William?", ela puxa a calça. "Achou!" Claro que é chato e certamente não tem "fluxo". Mas funciona.

Tédio pode ser um tópico constrangedor para os pais. Parece uma traição admitir que passar tempo com os filhos nem sempre é estimulante. Mas até Benjamin Spock, o pediatra fofo que dominou o mercado de conselhos para a criação de filhos na segunda metade do século XX, falou sobre isso. Ele escreveu: "O fato é que separar uma parte do tempo que será dedicada exclusivamente a acompanhar os filhos é uma perspectiva entediante para muitos bons pais." O tédio também surgiu nas aulas do ECFE a que eu assisti, inclusive vindo de Jessie. A instrutora confessou que achava enfadonho brincar de My Little Pony quando a filha dela era pequena. "Foi a emoção mais negativa que senti como pai", lembra Gilbert. "Tédio. Jogar a bola sem parar, de novo, de novo, de novo. A repetição interminável, o faz-isso-de-novo, o conta-essa-história-outra-vez. Havia dias em que pensava: *eu quero um revólver.*"

Em *A psicologia da felicidade,* Csikszentmihalyi explica que a maioria das experiências de "fluxo" acontece *separada* da rotina do dia a dia e não no meio dela. Mas criar filhos *é* a vida do dia a dia. Na visão de Csikszentmihalyi, as pessoas têm mais controle em ambientes especializados, mesmo nos perigosos. Praticantes de parapentes, mergulhadores de águas profundas ou pilotos de carros de corrida, escreve Csikszentmihalyi, "registram experiências de 'fluxo' em que um elevado senso de controle desempenha parte importante", porque eles sentem a *possibilidade* de sucesso. Acima de tudo, as pessoas relatam experiências de "fluxo" quando estão trabalhando. Parece contraditório mas não é, se considerarmos como as condições no trabalho são propícias para o "fluxo": o trabalho tem regras, objetivos bem definidos, e resultado e reação são imediatos.

Depois de terminar de ler *A psicologia da felicidade*, o leitor fica com a impressão inconfundível de que a maioria das pessoas entra no "fluxo" quando está sozinha. Csikszentmihalyi fala de pescaria, ciclismo, alpinismo. Fala sobre resolver equações, tocar música e escrever poemas. Como regra, as experiências que ele descreve não envolvem muita interação social, menos ainda com crianças.

Fiquei tão impressionada com as implicações negativas de *A psicologia da felicidade* para os pais que resolvi que queria conversar com Csikszentmihalyi, só para me certificar de que não estava interpretando mal o que ele tinha escrito. E, depois de um tempo, foi o que eu fiz, em uma conferência na Filadélfia, na qual ele era um dos oradores. Quando nos sentamos para bater papo, a primeira coisa que perguntei foi por que ele falava tão pouco da vida em família em *A psicologia da felicidade*. Ele dedica apenas dez páginas a pais e filhos. "Deixe-me dizer algumas coisas que podem ser relevantes para você", ele disse. E, então, contou uma história pessoal. Quando Csikszentmihalyi desenvolveu o Experience Sampling Method, uma das primeiras pessoas com quem testou foi ele mesmo. "E depois de uma semana", ele disse, "olhei para as minhas respostas e uma coisa que achei muito estranha foi que toda vez que estava com os meus dois filhos, meu estado de espírito era muito, muito negativo." E os filhos dele, na época, não eram bebês. Eram mais velhos. "E pensei: isso não tem sentido para mim, porque tenho muito orgulho deles e temos um bom relacionamento." Mas então ele passou a analisar o que, especificamente, estava fazendo com os filhos que tornava seus sentimentos tão negativos. "E o que eu estava fazendo?", ele perguntou. "Eu estava dizendo: é hora de se levantar, senão vocês vão se atrasar para a escola. Ou, vocês não lavaram o pote de cereais do café da manhã." Em outras palavras, ele estava implicando com eles e implicância não é uma atividade de "fluxo". "Eu entendi", disse ele, "que ser pai ou mãe consiste, em grande parte, em corrigir o padrão de desenvolvimento de uma pessoa que não está necessariamente pronta para viver numa sociedade civilizada." Perguntei se ele tinha algum número sobre "fluxos" na vida familiar, naquele mesmo apanhado de dados. Não havia nenhum no livro dele. Ele disse que tinha. "Eram poucos. A vida familiar é organizada de tal forma que fica muito difícil incluir 'fluxos', porque assumimos que a vida familiar deve nos tranquilizar e nos fazer felizes. Mas, em vez de ficar felizes, as pessoas se entediam." Ou ficam irritadas, como ele tinha dito antes, quando falou sobre a disciplina dos filhos. Além disso, como os filhos estão sempre mudando, as "regras" da criação deles também mudam, o que pode confundir ainda mais a capacidade de uma família de ter "fluxos". "E então entramos naquelas espirais de conflito e tudo o mais", continuou ele. "É por isso que digo que é mais fácil entrar em 'fluxo' no trabalho. O trabalho é mais estruturado. É estruturado como um jogo. Tem objetivos claros, obtemos resultados, sabemos o que tem de ser feito, há limites." Ele parou e pensou um pouco. "Em parte, a falta de estrutura na vida familiar, que parece dar liberdade para as pessoas, na verdade, é um tipo de impedimento."

atenção dividida

No início da tarde, William está na sua segunda soneca do dia e Jessie está sentada diante do seu computador, olhando para uma imagem da sua mais recente sessão de fotos. É maravilhosa – uma mulher empurrando duas crianças num carrinho de mão vermelho –, mas Jessie não está satisfeita

com a foto, e a cliente tem hora marcada na manhã seguinte. Jessie está empenhada em aperfeiçoar seu portfólio. Bella aparece.
— Mamãe, preciso de ajuda.
Jessie continua olhando para a foto.
— O que houve?
— Eu quero jogar Roku.
— Você não pode jogar Roku agora. Vá assistir a um filme.
— Eu preciso de *você*.
Jessie suspira, se levanta da cadeira e vai para a sala de TV, bem na frente do seu escritório.
— Bella, você tem de trocar de canal. Aqui — ela aperta um botão.
Já é bem difícil atingir o "fluxo" se sua única tarefa é tentar criar os filhos. Mas é mais difícil ainda se estiver tentando cuidar dos filhos *e* tiver de trabalhar ao mesmo tempo. Hoje é isso que muitas de nós estamos fazendo. Segundo o Bureau de Estatísticas do Trabalho, cerca de um quarto dos homens e mulheres empregados trabalha em casa pelo menos parte do tempo. Mesmo aqueles que trabalham exclusivamente fora de casa agora sabem que a fronteira entre sua sala de estar e o local de trabalho se desintegrou. Já foi o tempo em que só os médicos tinham de viver com interrupções na vida fora do horário de expediente. Agora, muitos profissionais estão por aí com a impressão de que tudo que fazem é urgente. Emergências são ocorrências costumeiras, mensagens de texto em caixa-alta tarde da noite vêm no pacote. A portabilidade e acessibilidade ao nosso trabalho criou a impressão de que devemos estar sempre à disposição. É como se todos levássemos vidas "antifluxo", de interrupções crônicas e incessantes multitarefas.

Esse assunto também surgia e se repetia nas aulas do ECFE. Responder aos avisos do smartphone e aos chamados de e-mail – essas duas coisas se revelaram imensas e, surpreendentemente, envergonharam os pais, que achavam que *os filhos* eram as interrupções, em vez do contrário. Um pai resumiu o que sentia em duas frases:

– Há dias em que eu consigo deixar o trabalho de lado e apenas *estar* com o meu filho, e a sensação é maravilhosa. Mas depois tem dias em que só penso que, *se arranjar alguém para cuidar dessa criança, posso voltar para o computador*, e a sensação é horrível.

Pais que estão tentando trabalhar de casa foram os que mais falaram desse assunto. Jessie falou bastante sobre sua atenção dividida – de como achava difícil, tanto emocional como intelectualmente, ficar pulando do seu negócio de retratos para as necessidades dos filhos. Ela sabia que queria ficar em casa. A mãe dela tinha morrido dois anos antes de Bella nascer e aquele choque repentino cristalizara, na cabeça dela, a importância de a mãe estar por perto. Mas ela também vinha de uma longa linha de mães profissionais, "mulheres com mestrado e mulheres que dirigiam empresas". De qualquer modo, ela gostava do trabalho. Dava uma sensação de independência e orgulho. Mas não conseguia entender como administrar os ritmos e as demandas da família e do trabalho ao mesmo tempo, especialmente depois que William, seu terceiro filho, nasceu.

– Lembrei-me do passado – ela disse para a turma – e sabia o que uma boa mãe devia fazer. Sabia que eu devia *parar*.

Ela estava editando uma fotografia, como está fazendo hoje, e William começou a chorar.

– Eu sabia que, se lhe desse a mamadeira, o pegasse no colo e desse um beijo nele, ficaria tudo bem – continuou ela.

— Mas eu tinha aquele prazo pairando sobre a minha cabeça e, por algum motivo, não conseguia me desligar. Então continuei nos e-mails e procurei trabalhar... Enquanto isso, me sentia mal comigo mesma e com essa opção. Não sei bem por que fiz isso. No fim das contas ninguém se beneficiou. Dava para ver a confusão no rosto dela.

Mas, falando neurologicamente, há razões para termos uma escala de prioridades confusa quando estamos na frente da tela do nosso computador. Para começar, os e-mails chegam a intervalos imprevisíveis, que é o padrão de recompensa mais sedutor e viciante para o cérebro dos mamíferos, coisa que B. F. Skinner demonstrou, com ratos procurando bolinhas de alimento. (Pense nisso: as máquinas caça-níqueis seriam tão emocionantes se você soubesse quando e com que frequência iriam aparecer três cerejas?) Jessie, mais tarde, disse isso para mim quando perguntei por que ela estava "obcecada" – palavra dela – com o e-mail.

— É como pescar. Nunca sabemos o que vamos pegar.

Além disso, nosso sistema nervoso pode escapar de nosso controle quando nos sentamos na frente de uma tela. Essa, pelo menos, é a teoria de Linda Stone, que foi pesquisadora e executiva sênior na Microsoft. Ela observa que, muitas vezes, nós prendemos a respiração ou ficamos com a respiração curta quando estamos trabalhando nos nossos computadores. Ela chama esse fenômeno de "apneia de e-mail", ou "apneia de monitor". "O resultado", escreve Stone em um e-mail, "é uma reação de estresse. Ficamos mais agitados e impulsivos do que seríamos normalmente."

Alguém poderia dizer que celulares e Wi-Fi são uma bênção para os pais de classe média hoje, porque permitem que mães e pais tenham essa flexibilidade de trabalhar em casa. A dificuldade, nas palavras de Dalton Conley, um sociólogo da Universidade de Nova York, é que essas facilidades fazem com que "muitos profissionais com filhos trabalhem em casa *o tempo todo*". O resultado, escreve ele em seu livro *Elsewhere USA*, é que "o trabalho se transforma na locomotiva e a pessoa é o último carro da composição, apesar de toda essa dita liberdade e eficiência". Uma casa conectada nos leva a acreditar que manter nossos velhos hábitos de trabalho e criar os filhos ainda é possível.

Os problemas com esse arranjo são óbvios. Como observou Jessie, tentar fazer duas coisas ao mesmo tempo não funciona bem. Os seres humanos podem se orgulhar de ter a capacidade de passar de uma tarefa para outra e voltar para a primeira, mas a troca de tarefas não é uma especialidade da nossa espécie, como tomos de estudos já demonstraram. De acordo com Mary Czerwinski, outra especialista em atenção da Microsoft, nós não processamos informação com a mesma eficiência quando trocamos de tarefas, e isso quer dizer que a informação não se fixa na nossa memória de longo prazo tão profundamente e nem nos leva às escolhas e associações mais inteligentes. Nós também perdemos tempo sempre que mudamos de tarefa, porque precisamos de um tempo para relaxar o intelecto em um projeto e nos entusiasmar com ele.

E isso é só no escritório. É bem provável que nosso trabalho sofra ainda mais se tentarmos fazê-lo de casa. Interrupções no escritório – digamos, um e-mail de um colega perguntando sobre um memorando – costumam gerar pouca reação emocional. Interrupções pelos filhos, por outro lado, em geral nos abalam muito e não é fácil dominar fortes emoções. "Existe um período de aquecimento", explica David E. Meyer, especialista em multitarefas da Universidade de Michigan. "E depois tem o período para se acalmar, que ocorre em seguida. Os dois gastam o tempo em que a tarefa tem de ser feita. Os hormônios que funcionam depois de uma emoção ficam horas na corrente sanguínea, às vezes dias." Especialmente se a emoção é negativa. "Se o intervalo envolver raiva e tristeza", ele diz, "ou o tipo de emoções que os budistas chamam de 'destrutivas', estas terão um impacto muito mais daninho no que você estiver fazendo, mesmo que estas coisas sejam emocionalmente neutras."

Então imagine que o seu filho está tendo uma crise enquanto você trabalha. Ou que ele está com fome, ou que machuca o joelho, ou que está brigando com a irmã. Nós temos reações *físicas* diferentes a esses tipos de interrupção. "Isso é muito maior e vai muito além do que acontece quando saímos de um lugar para outro, supondo que sejam lugares neutros", diz Meyer. "Isso é troca de tarefas emocional. Eu não sei se alguém já usou esse termo, mas é um termo com algum peso."

O resultado, que não vai ser muito diferente com a troca de fatores, é o sentimento de culpa. Culpa por negligenciar os filhos. Culpa por negligenciar o trabalho. Pais que trabalham já sentem muita culpa sem isso. Mas, na era das conexões, parafraseando Dalton Conley, os pais podem sentir essa culpa *o tempo todo*. Há sempre alguma coisa que estão negligenciando.

Agora estou vendo esse conflito se desenrolar em tempo real no escritório da casa de Jessie. Trinta minutos depois de ela ajudar Bella a configurar um filme, a menina voltou.

– Mamãe? Não está fazendo aquele brrrrrrrrr...

Ela enrola a língua nos Rs para imitar o som de uma fita de vídeo rodando. Eles ainda usam um VCR.

– Não está voltando?

– É, não está voltando e eu quero assistir ao Barney de novo.

Jessie se levanta e vai para a sala de estar com Bella, ensina a ela como rebobinar o vídeo. Depois, pela terceira vez, volta para o escritório e tenta se concentrar no trabalho, ajustando a luz para uma foto que não quer cooperar. Jessie continua detestando aquela imagem.

– Acho que isso está parecendo uma overdose de Photoshop.

Bella entra no escritório de novo, dessa vez com lágrimas nos olhos.

– Ainda não está funcionando!

Jessie olha intensamente para a filha.

– E vale a pena chorar por isso?

A menina estava de minissaia jeans com dois corações nos bolsos de trás e parecia que estava pensando na pergunta da mãe.

– Respire fundo. Só respire. Está bem? Acalme-se.

Jessie vai para a sala da TV.

– Está vendo isso? – Ela aponta para o VCR e olha para Bella. – Esse botão faz voltar para o início do filme. Aí você aperta o play.

Ela volta para o escritório pela quarta vez e senta-se à sua mesa. Não passou sequer trinta minutos consecutivos diante do computador desde que começou a trabalhar, e o marido só vai chegar na hora do jantar.

– Às vezes eu noto que, quando as crianças estão realmente me sobrecarregando, o trabalho é uma *grande* válvula de escape – diz ela. – Mas nesse momento eu não estou tentando escapar. Eu tenho uma data certa para terminar. – Ela levanta a cabeça. – Acho que ouvi o bebê.

E ouviu mesmo. William está acordado.

– Droga. Ainda não fiz o bastante. – Ela mexe numa imagem na tela. – Este trabalho é muito mental. Quando estou numa sessão de fotos penso na luz, no fundo, nas roupas e acessórios. Quando estou editando, procuro fazer com que as fotos pareçam mágicas sem muito Photoshop. Mas então ela se perde no que está fazendo e as crianças começam a exigir sua atenção. Como agora. Passam alguns minutos. "Está vendo?", ela olha para mim e espera que eu note o que está vendo. Lanço um olhar indicando que não vejo. "Eu fico dizendo para mim mesma: *só quero editar mais essas fotos que abri no Photoshop e depois vou cuidar do William.*" Ela aponta para o andar de cima. Está tudo quieto. O que ela notou foi a ausência. Estávamos tão absortas nas fotografias que nem percebemos que William tinha parado de chorar.

perdendo?

Jessie podia adiar seus sonhos profissionais até os filhos crescerem. É uma troca que muitas mulheres fazem. Ela podia abdicar do dinheiro, abdicar da satisfação. Fazendo isso, podia, pelo menos, sentir o alívio de consolidar seu tempo e energia num só projeto – os filhos – e se concentrar apenas nesse, em vez de se sentir perseguida o tempo todo por uma sensação de culpa.

Ou então, Jessie podia escolher outra coisa: ampliar o seu negócio e sair de casa para trabalhar. Se ela vai contribuir com a renda da família e realizar inteiramente sua habilidade profissional, pode muito bem ir até o fim, certo? Aí, no horário do expediente, ela vai trabalhar. Não vai rebobinar Barney, não vai limpar iogurte da mesa de jantar. Claro que é uma proposta dispendiosa e pode simplesmente não ser factível. Ela terá de pegar um empréstimo para ampliar o seu negócio. Mas lhe daria uma chance melhor de vivenciar o "fluxo". Ela seria uma fotógrafa no trabalho e uma mãe em casa. Claro, o smartphone ia continuar a tocar e a caixa de entrada ia continuar a encher. Mas pelo menos ela teria uma divisão formal que funcionaria.

Só que Jessie escolheu o caminho mais difícil. Está tentando fazer as duas coisas, improvisando o dia inteiro, julgando sua responsabilidade dupla, sem saber quando os filhos vão exigir atenção ou quando o prazo para entregar um trabalho vai ser mais importante.

É uma questão complicada como as mulheres conseguem equilibrar estas preocupações. Recentemente a pergunta voltou para o centro de um debate disputado e muito emotivo. Se você é Sherryl Sandberg, operadora chefe do Facebook e autora de *Faça acontecer*, você acha que as mulheres devem parar de se sabotar quando perseguem seus sonhos profissionais – elas devem falar o que pensam, se afirmar, defender seus direitos de dominar a sala de reuniões da diretoria e usar calças com orgulho. Se você é Anne-Marie Slaughter, ex-funcionária do alto escalão do Departamento de Estado, que escreveu uma história muito polêmica sobre o equilíbrio trabalho-vida para *The Atlantic* em junho de 2012, você acha que o mundo, do jeito como é estruturado, não pode acomodar as necessidades das mulheres que são ambiciosas tanto na profissão quanto na vida doméstica – é necessário mudar econômica e socialmente.

Os dois argumentos são verdadeiros. E não se excluem mutuamente. Mas essa questão costuma ser encaixada, exaustivamente, no debate sobre a mulher poder "ter tudo", quando o que realmente interessa e é fato é que a maioria das mulheres – e dos homens também, aliás – está simplesmente procurando manter o corpo e a alma juntos. A expressão "ter tudo" não tem muito a ver com o que as mulheres querem. Se tiver, é só um reflexo de uma crença cultural equivocada e muito difundida por homens e mulheres: de que nós, enquanto classe média norte-americana, recebemos promessas infinitas e de que é nossa obrigação explorar cada grama delas.

"Ter tudo" (ou abraçar o mundo com as pernas) é a expressão de uma cultura que, conforme sugere Adam Phillips em seu *Missing Out*, é tiranizada pela ideia do próprio potencial.

ATÉ POUCAS GERAÇÕES ATRÁS, a maioria das pessoas não acordava de manhã e ficava se preocupando se estava ou não aproveitando sua vida ao máximo. Liberdade sempre esteve embutida na experiência americana, claro, mas a liberdade para largar tudo e fazer alpinismo em paredão, numa tarde, ou estudar engenharia, ou até tirar dez minutinhos para nós de manhã, para ler o jornal, estes tipos de liberdades não estavam, até muito recentemente, embutidas no nosso universo privado de expectativas prazerosas. É importante nos lembrarmos disso. Se a maioria de nós não sabe o que fazer com a nossa oferta abundante de opções e com as pressões que sentimos ao realizar quase todas elas, pode ser que isso se deva, simplesmente, ao fato de ser algo muito novo.

O sociólogo Andrew Cherlin torna isso bem claro em seu livro, de 2009, que vale a pena ler, *The Marriage-Go-Round*. Nas colônias da Nova Inglaterra, observa ele, cada membro de uma família não esperava usufruir de tempo para realizar os próprios interesses. Havia crianças demais correndo para cima e para baixo para permitir que qualquer um tivesse um momento de paz e tranquilidade (as famílias em Plymouth tinham, em média, sete ou oito filhos cada), e a arquitetura do típico lar puritano conspirava contra empreendimentos solitários, pois praticamente todas as atividades se concentravam em um único cômodo. "Privacidade pessoal", escreve ele, "um dos aspectos que damos por garantido no individualismo moderno, andava em falta." Desde o nascimento as pessoas eram inseridas numa complexa rede de obrigações e papéis formais e, durante toda a vida, se esperava que seguissem os roteiros que ajudariam a satisfazê-las. Foi só com a industrialização – e por extensão, a urbanização – que as pessoas começaram a ter mais controle sobre seus destinos. Pela primeira vez, multidões de jovens deixavam a órbita de suas casas para procurar trabalho nas fábricas das cidades que se expandiam, o que significava que escolhiam *tanto* suas vocações como seus cônjuges. As mulheres também obtiveram um pouco mais de controle sobre suas vidas ao longo do século XX. As pessoas ficam surpresas de ouvir isso, já que supõem que as mulheres não tinham nenhuma autonomia até o fim da década de 1960, com o florescimento do movimento feminista. Mas, no livro *The Way We Never Were*, a historiadora Stephanie Coontz demonstra que as mulheres trabalharam fora de casa constantemente e em números crescentes, em todo o século XX. Os anos 1950, considerados a era de ouro da família, é que foram a verdadeira anomalia: a média de idade das mulheres em primeiro casamento caiu para 20 anos (em 1940 era de 23 anos); a taxa de nascimentos aumentou (o número de mulheres com três ou mais filhos dobrou em vinte anos); e as mulheres começaram a abandonar a faculdade muito mais do que os homens.

Mas, na década de 1960, o abandono do estudo universitário entre os gêneros tinha se nivelado de novo, posicionando melhor as mulheres para o mercado de trabalho. Os anos 1960 trouxeram a pílula, o que dava às mulheres liberdade de planejar sua família sem precedentes (e escolher os maridos, aliás, ao permitir que evitassem casamentos forçados por gravidez indesejada). Depois vieram as leis de divórcio mais liberais da década de 1970, que deram às mulheres a liberdade econômica para desfazer casamentos que não as satisfaziam.

Todos esses avanços culminaram numa cultura de escolhas abundantes, homens e mulheres da classe média norte-americana tinham a liberdade de traçar o curso de suas vidas de todas as formas que até então eram impensáveis. Mas a liberalização dos anos 1970 não foi nada comparada com a ênfase de hoje na gratificação própria. "Independentemente do nível de escolaridade, os americanos encaram uma situação em que as escolhas de estilo de vida, limitadas e opcionais meio século atrás, agora são obrigatórias", escreve Cherlin. "Você *tem de* escolher sem parar. O resultado é uma eterna autoavaliação de como está a nossa vida pessoal, é como se fizéssemos uma leitura contínua do nosso ritmo cardíaco emocional."

Poucos de nós iam querer reverter esses avanços históricos que nos deram liberdades recém descobertas. São produto da prosperidade econômica, do progresso tecnológico e da expansão dos direitos das mulheres, todos conquistados com muito esforço. Minha mãe teve de se casar aos 20 anos para sair da casa dos pais e viver num mundo dela. A vitória das mulheres de sua geração seria escrever a seguinte regra: "descase-se e seja livre", como descreve Claire Dederer em seu belo livro de memórias *Fazendo pose*, o que tornou possível para suas netas alugar apartamentos, seguir carreiras profissionais, casar mais tarde e até desfazer aqueles casamentos que não davam certo.

Mas este ganho de liberdade, tanto para homens quanto para mulheres, muitas vezes parece o triunfo de uma subtração, em vez de adição. Com o tempo, escreve Coontz, os americanos começaram a definir liberdade "negativamente, como ausência de dependência, o direito de não se responsabilizar pelos outros. Independência passou a significar imunidade das exigências sociais sobre a riqueza e o tempo das pessoas." Se é assim que você concebe liberdade – como estar livre *das* obrigações –, então a transição para a maternidade ou paternidade é um choque estonteante. A maioria dos americanos tem liberdade para escolher ou trocar de cônjuges e a classe média tem pelo menos um pouco dessa liberdade para escolher ou trocar de carreira. Mas não podemos escolher ou trocar nossos filhos, nunca. Eles são a última obrigação vinculante numa cultura que não pede quase nenhum outro compromisso permanente.

O que nos leva de volta à fantasia de Jessie sobre pegar o carro, ir para a estrada e não parar de dirigir mais. Claro que ela não é capaz e nunca faria isso. Esse itinerário existe apenas na cabeça dela. Por mais perfeita que seja a nossa situação, a maioria de nós, como observou Adam Phillips, "aprende a viver em algum meio-termo entre a vida que temos e a vida que gostaríamos de ter". O que é difícil é fazer as pazes com aquela zona nebulosa e reconhecer que nenhuma vida – ao menos nenhuma vida que valha a pena viver – é sem limites.

capítulo dois

casamento

Minha mulher mal continha a raiva que sentia de mim. "Você só pensa em você", ela disse. "Nunca pensei que teria de criar os filhos sozinha."

— Barack Obama, *A audácia da esperança* (2006)

A TURMA DE JESSIE THOMPSON NO ECFE era pequena e atenta. A de Angelina Holder, por outro lado, era grande e barulhenta. As mulheres falavam com a facilidade de quem já tinha ouvido a história da vida e dos conflitos das outras (por exemplo: "Vocês viram como eu estava dois meses atrás – eu não queria mais ficar casada."). Em rodízio, elas se encorajavam e cortavam umas às outras, com a esperança de aproveitar o que as oradoras tinham dito antes. A energia e a boa vontade desse grupo eram em parte acidentais, tenho certeza disso, mas também um subproduto de viver no subúrbio: essas mulheres descreviam maior isolamento social do que suas colegas que viviam nas áreas mais densas e pareciam mais satisfeitas de ter uma válvula de escape com data marcada.

Essa turma específica do ECFE incluía uma advogada, uma despachante da polícia, uma treinadora de time de basquete feminino, uma cientista de computação e uma funcionária de meio expediente da Kohl. Um pouco mais da metade das mulheres tinha desistido temporariamente de seus empregos para cuidar dos filhos pequenos e bebês em expediente integral. As outras trabalhavam metade do dia, procurando equilibrar o trabalho e a casa, o que em quase todos os relatos era como tentar ficar de pé em cima de uma bola de boliche.

Aos 29 anos de idade, Angie, que você conheceu na introdução, era uma das mulheres mais jovens no grupo. Era também uma das poucas cujo marido, Clint, às vezes assistia à aula, embora acontecesse de dia.

– Posso ser a primeira? – pediu ela – Essas últimas duas semanas têm sido as piores duas semanas da minha vida. Eli, apelido de Elijah, o filho mais velho, 3 anos de idade, teve gastroenterite, não tem dormido e está *tudo* nas minhas costas, sou eu que acordo com as crianças, que arrumo tudo para elas, continuo trabalhando, sem dormir, fazendo faxina na casa. – A voz dela tremeu um pouco. – Meu marido e eu, a relação está simplesmente *horrível* agora. Ele não entende que cheguei ao limite. Ontem ele teve um pouco de dor de estômago e eu tive de fazer tudo sozinha. E eu dizia: *é mesmo?* – A voz dela falhou. – Isto é, tudo bem, você está com dor de barriga. Mas quem se importa?

Ela começou a chorar.

– E eu sou enfermeira!

Foi uma frase de efeito deliberada, destinada a aliviar aquela autovitimização, e funcionou. Algumas mulheres começaram a rir. Angie acompanhou o riso delas e rapidamente secou as lágrimas.

– Ele acha que só porque trabalha cinco dias por semana, das 5 horas da manhã até as duas da tarde, e porque é ele que leva o lixo para fora...

– Ele leva o lixo para fora? – interrompeu uma das mulheres. – Fantástico!

– ... ou porque ele remove a neve, ou cuida da alcalinidade da água – continuou Angie – que eu devo cuidar mais das crianças do que ele.

– E ele diz: "ah, é porque eles sempre querem a mamãe de qualquer maneira?" – perguntou outra mulher. – Porque o meu marido diz: "eles não me deixam ajudar", e eu digo: "se você dedicasse seu tempo para fazer isso mais vezes..."

– Meu marido tem o complexo do "Eu ganho dinheiro, você deve fazer todo o resto" – disse outra. – Ele fala: "eu trabalhei o dia inteiro", e eu penso: *nossa, e eu fiquei à toa*.

– É isso, e o ressentimento cresce – disse Angie. – E então eu converso com ele sobre assumir mais responsabilidade com as crianças e ele diz: "bem, você tem de fazer isso e aquilo e aí talvez eu melhore."

– Ele sabe que não é um sistema de escambo? – perguntou uma quarta mulher.

– E então repassamos o que nós dois precisamos – explicou Angie. – Tudo fica bem alguns dias. Mas depois voltamos exatamente para o começo de tudo.

– Você precisa – declarou outra mulher – dar um "chega pra lá" nele.

Com isso encerraram o assunto. O julgamento foi definitivo, partindo dela. Ela era policial.

DEPOIS DA MODIFICAÇÃO REPENTINA dos nossos hábitos pessoais, talvez a consequência mais dramática de ter filhos seja a mudança no nosso casamento. Não pode ser acidental que o primeiro estudo famoso a desafiar o senso comum sobre os benefícios psicológicos de ter filhos, "Parenthood as Crisis", de E. E. LeMasters, em 1957, tratava dos casais, em vez de das mães ou dos pais individualmente.

LeMasters descobriu que 83% de todas as mães e pais de primeira viagem passavam por uma crise "severa". Se o número parece exagerado, o motivo é provavelmente esse: ninguém propôs algo tão terrível assim desde aquele momento. Mas as pesquisas atuais sobre a transição para a maternidade e paternidade ainda apresentam resultados bastante sérios. Em 2009, quatro pesquisadores analisaram os dados de 132 casais a partir de um estudo mais amplo e descobriram que cerca de 90% deles estavam vivendo um declínio da satisfação com o casamento depois do nascimento do primeiro filho — embora a mudança, na verdade, tivesse em sua maioria "um efeito negativo de pequeno a médio" no funcionamento da união. Em 2003, três pesquisadores estudaram quase uma centena de questionários examinando a correlação entre os filhos e a satisfação no casamento e concluíram que "apenas 38% das mulheres com filhos pequenos [estavam] satisfeitas com o casamento, comparadas com 62% de mulheres [satisfeitas com o casamento] sem filhos". Em *When Partners Become Parents*, publicado em 1992, a equipe pioneira do casal Carolyn e Philip Cowan relatou que quase um quarto dos cerca de cem casais em sua pesquisa longitudinal indicou que o casamento deles estava "tendo problemas" quando o filho chegou à idade de um ano e meio. "Os casais da nossa pesquisa que se sentiam bem", escreveram, "eram decididamente uma minoria."

O Instituto de Valores Americanos aponta que as pessoas costumam ser mais felizes criando filhos junto com o parceiro do que sozinhas, e isso é verdade. Também é verdade que a maioria dos casamentos tende a declinar com o tempo, com ou sem filhos. Mas praticamente todas as pesquisas sugerem que, em média, a curva da satisfação conjugal cai visivelmente no momento em que nasce um filho. Alguns estudos dizem que maternidade e paternidade simplesmente aceleram o declínio que já está acontecendo, enquanto outros dizem que a maternidade e paternidade levam o declínio ao exagero. Outros ainda sugerem que os níveis de satisfação conjugal variam de acordo com a idade dos filhos, sendo que os primeiros anos são especialmente difíceis, seguidos por um período de alívio nos anos de escola, seguidos por outra queda de satisfação na adolescência.

Mas surpreendentemente se fala pouco de *qualquer* uma dessas teorias nos livros mais conhecidos sobre a criação de filhos, além dos clichês paliativos do tipo "programem noites de romance". Na ciência social, por outro lado, a transição do casal para a maternidade e paternidade é um dos temas que suscita detalhes íntimos nos próprios pesquisadores. Em praticamente tudo, *When Partners Become Parents* é um trabalho acadêmico, uma longa exposição em livro de anos de entrevistas rigorosas e coleta de dados. Mas suas páginas de introdução são imensamente pessoais. Os Cowan descrevem, quando se conheceram na adolescência, seu casamento ainda muito jovens, os três filhos um depois do outro. "Quando nossos filhos foram para a escola", escrevem eles, "não houve como evitar o problema: o nosso relacionamento estava muito desgastado."

E eles notaram que os amigos também estavam passando por uma crise:

> Enquanto ouvíamos o sofrimento e o desencanto que outros casais descreviam em seu relacionamento e procurávamos entender o nosso, começamos a ouvir um refrão comum. Estávamos vivenciando o desgaste no nosso relacionamento como casal agora, mas quase todos nós conseguíamos traçar o início das nossas dificuldades até aqueles anos em que nossos filhos nasceram.

Antes de formarem uma família, os parceiros que formam um casal muitas vezes pensam que os filhos aprimoram a união, imaginam que introduzi-los no relacionamento vai dar mais força e motivos para persistir. E casais com filhos são, aliás, muito menos propensos a se divorciar, pelo menos enquanto os filhos são pequenos. Mas também são muito mais propensos ao conflito. Os Cowan notaram no livro que 92% dos casais da pesquisa relataram mais desacordo depois que o bebê nasceu. (Este padrão não se limita aos casais heterossexuais: um estudo de 2006 registrou que casais de lésbicas também apresentaram aumento de conflito quando os filhos nasceram.) Em 2009, um estudo muito bem-feito por um trio de professores de psicologia concluiu que os filhos provocam mais discussões do que qualquer outro assunto – mais do que dinheiro, mais do que trabalho, mais do que parentes, mais do que hábitos pessoais irritantes, estilos de comunicação, atividades de lazer, problemas de comprometimento, amigos que perturbam, sexo. Em outro estudo, os mesmos pesquisadores descobriram que pais e mães também discutem mais na frente dos filhos, sendo que os pais demonstram mais hostilidade, as mães demonstram mais tristeza e as próprias brigas se resolvem com menos educação.

E. Mark Cummings, um destes autores, suspeita que o motivo para esse conflito declarado é bem simples: "Quando os pais estão *realmente* zangados, não têm o autocontrole para ir para trás de portas fechadas." E talvez seja simples assim mesmo. Mas eu tenho outra teoria, uma que partiu menos de uma análise quantitativa e mais de experiência pessoal e de entrevistas com desconhecidos: eu acho que os pais discutem com mais agressividade na frente dos filhos porque filhos são uma lembrança muda e onipresente do que está em jogo na vida. Uma briga sobre a falta de iniciativa profissional do marido, ou do tom duro de uma mãe com a filha não é mais uma briga sobre hábitos de trabalho ou de estilos de disciplina. Trata-se de uma briga sobre o futuro – sobre que tipo de exemplo de conduta eles são, sobre que tipo de pessoas eles aspiram ser, sobre quem e o que querem que os filhos sejam. "Você quer que seu filho veja um pai que considera o mundo um lugar ameaçador e que não tem coragem de pedir um aumento?" Ou: "se a sua filha se transformar numa mulher histérica que vive gritando, com quem você pensa que ela terá aprendido?"

Seja qual for a explicação, nós sabemos que há muitos motivos em potencial para haver conflito no relacionamento depois do nascimento de um filho. Aumento de tensão financeira. Vidas social e sexual totalmente reformuladas. A sensação de que o casal está lidando com essa coisa – *essa coisa enorme* – sozinho. Esse capítulo trata de todos esses problemas, mas eu gostaria de começar com algo aparentemente banal, só que praticamente universal: a divisão do trabalho doméstico.

Quando chega um filho a carga de trabalho doméstico aumenta exponencialmente e as regras sobre quem faz o quê e com que frequência são lançadas numa desordem tensa. É muito mais difícil acertar essas regras do que pensa a maioria dos casais, em parte porque há pouquíssimas normas sobre elas numa cultura onde quase todas as mulheres trabalham, mas também porque mexem com sentimentos profundos que vão muito além de simples atitudes diante das tarefas.

trabalho das mulheres

Chego de manhã na casa de Angie em Rosemount, Minnesota, ela também está exausta, como Jessie estava, mas não por ter trabalhado na noite anterior. Angie passou a noite alternando entre uma dor nas costas e um filho de um ano chorando, e não teve sorte para aliviar nem uma coisa nem outra. O filho de um ano em questão, Xavier (Zay), está nos braços da mãe quando ela abre a porta ("ele chora se o ponho no chão"), e Eli, o de 3 anos, está comendo um mingau de aveia no quintal. Vamos até lá fora onde ele está. É um rapazinho sério, pensativo e concentrado, com um corte de cabelo à reco, todo espetado. Angie passa a mão na cabeça dele e diz para o filho se apressar. Alguns minutos depois, nós quatro nos espremmos no carro e vamos para o Little Explorers, um programa de verão que se reúne duas vezes por semana. Como no caso de Jessie, eu não via Angie desde as aulas dela no ECFE alguns meses antes. E como Jessie, Angie fala sobre os desafios da sua vida com candura e sem autocomiseração. Mas não é por isso que estou aqui. Estou aqui porque Angie e o marido, Clint, trabalham em rodízio de turnos e esse tipo de trabalho piora bastante os desafios de manter o casamento intacto enquanto se criam filhos pequenos. Faz com que cada um deles se sinta como pai e mãe solteiros, cada um cuidando separadamente dos filhos e depois partindo para o trabalho sem ajuda nenhuma do outro. Esse arranjo é a fórmula perfeita da exaustão e gera uma economia de escassez nos dias de folga, pondo os cônjuges um contra o outro para ver quem fica com as tarefas mais fáceis da lista dos afazeres e quem fica com a hora livre para passear de bicicleta ou tirar um cochilo. O pai e a mãe estão convencidos de que ele ou ela tinham a semana mais difícil. "Somos da mesma família, só que com duas vidas diferentes, duas visões diferentes, duas opiniões diferentes", Angie conta. "Eu penso na situação e nas partes difíceis, ele nem sempre." E vice-versa.

O que é interessante é que muitos casais com filhos pequenos dizem que estão levando vidas separadas, mesmo quando seus horários são sincronizados. Cada um cuida de um filho, de manhã e à noite. Nos fins de semana se revezam na carona solidária e nas tarefas. A diferença é que, no caso de Angie e Clint, isso é estruturalmente predeterminado. Vivendo a situação deles, muitos casais são capazes de ver as mesmas linhas gerais das próprias vidas, só que as deles estão elevadas à décima potência.

– Nesse momento a nossa vida é um caos muito frágil – diz Angie. – Quando alguma coisa sai do normal, como Zay não conseguir dormir de noite, o cachorro ficar doente, eu ter dor nas costas, tudo vira um pandemônio.

Na época em que fui à casa de Angie, ela estava trabalhando noite sim, noite não como enfermeira psiquiátrica, saía de casa às 14:30 e voltava mais ou menos à meia-noite. Clint, enquanto isso, trabalhava na parte da manhã, cinco dias por semana, como administrador da Avis e Budget no aeroporto de Minneapolis/St. Paul. Levantava todo dia às 4 horas da manhã e voltava para casa todo dia às 14:15. Várias vezes por semana, como hoje, Clint e Angie se encontravam apenas quinze minutos.

Angie e eu vamos, de carro, levar Eli para o acampamento. Quando estávamos entrando no carro, perguntei para Angie como estavam as coisas desde as aulas dela no ECFE alguns meses antes, quando ela parecia tão desesperada.

– A noite passada, Clint e eu tivemos uma briga – ela respondeu, com olhar surpreendentemente alerta para quem dormiu só duas horas na noite anterior. – Pedi para ele me ajudar com o cachorro – explica ela – e ele reagiu como se dissesse: "não olhe para mim!"

O cachorrinho, Echo, foi ideia dela. Achou que as crianças iam adorar ter um cachorro e estava certa. O problema é que

Clint achava que treinar um filhote em casa era loucura naquele estágio da vida deles, e ele também estava certo.

— Então, eu disse: nesse caso *você* pode se levantar de noite para cuidar das crianças — disse Angie.

E foi o que ele fez, por um breve tempo.

— Mas aí o bebê teve uma crise de choro às 3 horas da madrugada — diz Angie — e lá fui eu.

Por que não foi o Clint?

— Eu me senti mal! — diz ela — Ele não acordou e o bebê estava berrando. Só que, então, minhas costas não aguentaram e comecei a chorar... Por isso Clint saiu da cama e foi pegar uma bolsa de gelo para Angie.

— Esta noite — diz Angie —, ele vai cuidar do bebê o tempo todo.

Com toda essa disputa, fica a pergunta: Angie e Clint conversaram para acertar como iam dividir suas responsabilidades antes do nascimento dos filhos?

— Sim, conversamos! — exclama ela, sem hesitação. — E ele dizia: meio a meio! Eu quero fazer de tudo!

Não percebo amargura na voz dela. Apenas frustração.

— Só que ele ainda é muito egoísta com o tempo dele. E eu, ao contrário, funciono assim: "os filhos sempre em primeiro lugar."

COM A PUBLICAÇÃO DO LIVRO *The Second Shift,* de Arlie Russell Hochschild, em 1989, surge uma nova discussão: quando combinamos o trabalho remunerado com o não remunerado, as mulheres empregadas nas décadas de 1960 e 1970 trabalhavam um mês inteiro a mais — *em expedientes de vinte e quatro horas por dia* — no curso de um ano. Hoje em dia, casamento 71

isso não acontece. As mulheres estão fazendo bem menos trabalho doméstico do que faziam naquela época e os homens estão mais empenhados nisso. Os pais também cuidam mais dos filhos. E as mulheres dedicam mais horas ao mercado de trabalho. (Em 2010, 50% das mães com filhos de 3 a 5 anos de idade trabalhavam fora de casa em tempo integral.) Conforme observou Hochschild na introdução atualizada do seu livro – e como Hanna Rosin deixou bem claro em seu *The End of Men* de 2012 –, as fortunas dos homens tiveram uma queda em relação às das mulheres nas últimas décadas, com base no declínio dos postos na indústria. Ideias sobre quem deve fazer o quê na economia doméstica também evoluíram. No ano 2000, quase um terço de todas as mulheres casadas informou que os maridos executavam mais da metade das tarefas domésticas, contra 22% em 1980. Nesse mesmo período de vinte anos, o número de maridos que não fazia nenhum trabalho doméstico caiu para quase a metade.

De fato, segundo a American Time User Survey – o padrão ouro na medida do tempo –, homens e mulheres hoje trabalham praticamente o mesmo número de horas por semana, apesar de os homens trabalharem mais horas pagas e mulheres mais horas sem remuneração. Esses cálculos atualizados levaram a revista *Time* a questionar, numa reportagem de capa de 2011 chamada "Chore Wars" [guerras das tarefas], até que ponto as mulheres estavam protestando além da conta.

Mas o livro de Hochschild provavelmente não ficou famoso por causa de qualquer equação matemática. Acima de tudo, o livro dela trazia uma série de narrativas longas que retratavam os casamentos e as tensões embutidas neles, enquanto cada casal batalhava para encontrar um novo equilíbrio numa cultura que oferecia poucos rumos. Certamente havia exemplos flagrantes de divisões de trabalho invertidas (como a de Nancy Holt, que se consolava com a declaração: "Eu cuido do andar de cima, Evan cuida do andar de baixo", e o "andar de baixo" consistia na garagem, no carro e no cachorro, enquanto "o andar de cima" significava todo o resto). Mas o que tornava *The Second Shift* tão impactante era sua análise dos mitos e das ilusões que os casais precisavam para manter seus casamentos. Hochschild viu que as tentativas de recomposição da carga de trabalho, muitas vezes comoventes e às vezes fracassadas, traziam consequências emocionais terrivelmente confusas e perturbadoras. "Quando um casal briga", escreve ela, "raramente é para resolver quem vai fazer o quê. É bem mais comum as brigas serem sobre demonstrar e receber gratidão." Mais no final do livro ela elabora:

> O problema mais grave que essas mulheres enfrentam é que não conseguem administrar a ambivalência do amor pelos maridos. Como Nancy Holt, muitas mulheres levam para o casamento o peso amargo e excessivo de ressentimento com os maridos. Comparável a algum lixo tóxico produzido por um sistema perigoso, é muito difícil se desfazer desse poderoso ressentimento.

E esse ressentimento persiste nos casamentos até hoje, embora tenha adotado formas diferentes e mais sutis. Os Cowan, que estudam os efeitos dos filhos no casamento há mais de vinte e cinco anos, dizem que sua pesquisa mostra que a divisão do trabalho familiar é a maior fonte de conflitos pós-parto. Em *Alone Together*, um compêndio de 2007 de todo tipo de dados intrigantes sobre o casamento, Paul Amato e seus colegas citam um estudo que demonstra que "a divisão do trabalho doméstico é a principal causa das brigas entre cônjuges." (Mães com filhos recém-nascidos e de até 4 anos, acrescentam eles, relatam a maior sensação de injustiça.)

O dado mais intrigante sobre a justiça doméstica talvez venha de um projeto abrangente da Universidade da Califórnia no qual os pesquisadores passaram mais de uma semana dentro dos lares de 32 famílias de classe média das quais a renda provinha de ambos os cônjuges, reunindo 1.540 horas de gravações em vídeo. O resultado foi uma verdadeira mina de dados sobre as famílias e seus hábitos, o que gerou dezenas de estudos. Em um deles os pesquisadores coletaram amostras de saliva de quase todos os pais e mães que participavam da pesquisa para medir os níveis de cortisol, o hormônio do estresse. Esses pesquisadores descobriram que quanto mais tempo os homens dedicavam a atividades de lazer quando estavam em casa, maior a queda de cortisol no fim do dia, o que não foi nenhuma surpresa. O que surpreendeu de fato foi que esse efeito não era tão pronunciado nas mulheres. Você pode estar se perguntando: então o que realmente teve efeito pronunciado nas mães? A resposta é simples: ver os maridos fazendo trabalho doméstico.

NOSSA DIVISÃO DE TRABALHO contemporânea pode ter uma abordagem geral mais igualitária, mas ainda é desigual para muitas mães. Como observou a história da *Time*, mães com filhos com menos de 6 anos de idade ainda trabalham cinco horas a mais por semana do que os pais de crianças com menos de 6 anos. Essa não é uma diferença pequena. Em muitos casos esse tempo é dedicado a cuidados noturnos que, como vimos no capítulo um, podem ser devastadores para o corpo e para a mente. Em 2011, Sarah A. Burgard, socióloga da Universidade da Escola de Saúde Pública de Michigan, analisou dados coletados de dezenas de milhares de pais e mães. Nas duplas onde os dois trabalham, ela descobriu que as mulheres relatavam, três vezes mais do que os homens, a interrupção do sono quando tinham um filho de 1 ano em casa, e as mães que não saíam para trabalhar fora acordavam junto com os filhos pequenos seis vezes mais do que os pais que ficavam em casa.

Engraçado: uma vez participei de um painel com Adam Mansbach, autor de *Go the F**k to Sleep*. Mais ou menos na metade do debate, ele revelou livremente que era sua parceira quem punha o filho dele para dormir quase todas as noites. Foi muito significativa essa admissão casual: ele tinha escrito um livro que estava no topo da lista dos mais vendidos sobre a tirania dos bebês na hora de dormir, só que na casa dele isso era um problema da mamãe.

Mas digamos, a guisa de argumentação, que marido e mulher realmente trabalhem o mesmo número de horas. Isso não é, por si só, um indicador de justiça. No contexto do casamento, justiça não é igualdade absoluta. Trata-se da *percepção* da igualdade. "A satisfação de um casal com a divisão das tarefas no cuidado dos filhos", observam os Cowan em *When Partners Become Parents*, "estava muito mais relacionada ao bem-estar deles e de seus cônjuges do que na *real* (itálico meu) quantidade de envolvimento do pai." O que um casal considera um acordo justo em qualquer situação não é necessariamente o que alguém de fora julgaria. Eles determinam a justiça baseados numa combinação do que precisam, do que acham que é razoável e do que pensam que é possível.

Mas é aí também que as coisas podem ficar muito complicadas. Homens e mulheres podem, em média, trabalhar praticamente o mesmo número de horas todos os dias, se levarmos em conta todo tipo de trabalho. Mas as mulheres, em média, continuam dedicando quase o dobro do tempo dos homens a "cuidar da família" – da casa, dos filhos, das compras, de tornarem-se motoristas. Então, nos fins de semana, por exemplo, quando tanto as mães quanto os pais estão juntos em casa, não parece para as mães que os maridos estão repartindo a carga de um modo justo. O que parece é que os maridos estão fazendo muito menos. (Na verdade, em outra análise daquelas 1.540 horas de dados em vídeo, pesquisadores descobriram que um pai sozinho em um cômodo era "a configuração pessoa-espaço observada com mais frequência".)

Há algumas mulheres que dizem alegremente que, se os parceiros estão trabalhando mais horas pagas durante a semana, eles fizeram por merecer o descanso extra nos fins de semana. Mas, para muitas mães, não é tão simples assim. O trabalho remunerado, tanto literal quanto figurativamente, em geral é reputado como de mais valor pelo mundo todo, e tem todo tipo de recompensas psicológicas imensuráveis.

Talvez tenha a mesma importância ver que nem todo trabalho é forjado igualmente: uma hora gasta em um tipo de tarefa não é necessariamente equivalente a uma hora gasta em outra tarefa.

Vamos considerar cuidar dos filhos. Isso gera mais estresse nas mulheres do que os afazeres domésticos. (Como disse uma mulher numa aula do ECFE: "A louça não faz malcriação.") Mais ou menos aos dois terços da leitura de *Alone Together,* os pesquisadores quantificam essa distinção observando que, se a mãe casada acredita que os cuidados com o filho estão divididos de forma injusta na casa, é mais provável que essa injustiça afete sua felicidade conjugal bem mais do que algum desequilíbrio existente, digamos, *no uso do aspirador de pó.* Os dados também deixam claro que uma proporção maior da carga da mãe no cuidado com o filho é consumida em tarefas rotineiras (escovar os dentes, alimentar) do que a parte do pai, que tende a se envolver mais em atividades "interativas", como brincar de pique. Resumindo, existem diferenças entre os *tipos* de cuidado à criança, mesmo que seja tudo rotulado como "cuidar dos filhos" pelos pesquisadores. (Pergunte a qualquer mãe ou pai o tipo de tarefa que preferem no cuidado com o filho.)

Claro que é da natureza de praticamente todas as pessoas superestimar, e não subestimar, o trabalho que fazem em qualquer situação. Mas, quando se trata de cuidar de um filho, as estimativas das mulheres realmente parecem mais precisas. Em *Alone Together*, os autores observam, baseados numa grande pesquisa nacional do ano 2000, que os pais deduziram que cuidavam de seus filhos cerca de 42% do tempo. As mães, por outro lado, achavam que o esforço deles era de 32%. O número real naquele ano foi de 35% e permanece mais ou menos o mesmo até hoje.

Essas distinções talvez expliquem por que as mulheres se irritam tanto com a economia familiar, mesmo que não estejam mais sendo exploradas em termos absolutos.

— Eu tenho quase certeza de que Clint *pensa* que faz 50% do trabalho quando estamos os dois em casa — diz Angie no carro —, mas ele não necessariamente cuida das crianças. E é isso que me estressa mais.

prazos e divisão do tempo

Mais tarde naquela manhã. Eli ainda está no Little Explorers e Angie está dobrando a roupa lavada no topo da escada. Zay começa a fazer barulho no berço. Angie sobe para verificar e volta.

– Eu nunca tenho tempo de guardar a roupa limpa – ela diz. – Eu tento. Mas em geral nós apenas as tiramos do cesto de roupa limpa e pomos no cesto de roupa suja.

Agora Zay está chorando.

– Sim, sim, siiiiiim, já ouvi! – Ela pula e vai para o quarto dele. – Psssiu, psssiu... Seus esforços para acalmá-lo não funcionam. Alguns momentos depois, ela traz o filho e o coloca perto de onde está. Recomeça a dobrar a roupa pela terceira vez, entremeando o trabalho com brincadeiras de esconde-esconde, como Jessie havia feito. Ela joga um cobertor em cima da cabeça dele.

– Onde está o Zay?

Dobra. Joga.

– Onde está o Zay?

Dobra. Joga.

– Onde está o Zay? ...

Isso é outra coisa que estudos quantitativos do uso do tempo não podem demonstrar: para a maioria das mães, o tempo é fraturado e subdividido, como se fosse filtrado através de um prisma; para a maioria dos pais, ele se move numa linha reta. Quando os pais cuidam de assuntos pessoais, eles cuidam de assuntos pessoais, e quando cuidam dos filhos, cuidam dos filhos. Mas as mães costumam cuidar de assuntos pessoais enquanto, além de cuidar dos filhos, podem estar se esquivando de uma ligação do patrão. Em 2000, apenas 42% dos pais casados relataram fazer mais de uma coisa ao mesmo tempo, "a maior parte do tempo"; para as mães casadas esse número era 67%. Em 2011, dois sociólogos fizeram uma análise ainda mais detalhada. Revelaram que as mães, em média, passavam dez horas por semana a mais do que os pais executando multitarefas, "e que essas horas adicionais tinham mais relação com o tempo gasto com tarefas doméstica e cuidado com os filhos." (Quando os pais passam um tempo em casa, por outro lado, eles *reduzem* suas próprias chances de executar muitas tarefas ao mesmo tempo em mais de 30%.) O resultado, escrevem os autores, é que "as multitarefas cobram um tributo mais alto no bem-estar das mães do que no bem-estar dos pais".

Ser levada a dividir e subdividir o seu tempo não só compromete a sua produtividade (como vimos no último capítulo) e gera o tipo mais comum de exaustão, mas também cria uma sensação de urgência – a sensação de que, por mais tranquilo que seja o momento, por mais que não haja pressões, tem sempre uma panela em algum lugar que está prestes a ferver e derramar. O fato é que a maioria das mães assume um número desproporcional de tarefas domésticas com prazos determinados e urgentes (*vestir os filhos, escovar os dentes deles, levá-los para a escola; pegá-los, levá-los para a aula de piano às 15 horas, treino de futebol às 16 horas e pôr o jantar na mesa às 18 horas.*) Em 2006, as sociólogas Marybeth Mattingly e Liana Sayer publicaram um estudo dizendo que as mulheres se sentem "sempre apressadas", ao contrário dos homens, e que mães casadas tendem a se sentirem mais de duas vezes mais "apressadas às vezes, ou sempre" do que as mulheres solteiras e sem filhos. (Tempo livre também não contribui para aliviar esse nervosismo das mães – na verdade até piora.) Os pais, em contrapartida, não se sentem mais apressados do que homens sem filhos. E aqui está Kenya de novo, da ECFE:

– Eu sinto uma pressão *enorme* por volta das 17 horas. Tenho de terminar o que não fiz. Preciso planejar o jantar. Preciso manter a minha filha feliz, tenho de pô-la na cama... Eu pensei que sem trabalhar eu diria: *ah, vou ter todo esse tempo.*

Mas sinto muita pressão às 17 horas. E quando meu marido volta para casa, não *tem* nada para fazer.

Mas talvez a quantificação mais difícil e mais imprecisa de uma pesquisa de uso de tempo seja o gasto de energia psíquica que as mães usam na criação dos filhos – a trilha sonora interna de ansiedades que fica tamborilando em suas cabeças o dia inteiro, estejam elas com os filhos ou não. Essa é uma das hipóteses mais sutis de Mattingly e Sayer: talvez as mães sintam essa urgência porque as partes intensivas de sensibilidade e logística da criação dos filhos – montar esquemas para cuidar das crianças, marcar visitas ao médico, lidar com professores, organizar o tempo de lazer da família, coordenar encontros dos filhos com amigos para brincar e fazer planos para o verão – recaiam desproporcionalmente aos cuidados delas. Angie certamente diz isso.

– Quando estou no trabalho – ela diz para mim – sou 50% enfermeira, sabe? Mesmo quando estou fazendo um curativo, ou qualquer outra coisa, estou sempre pensando: *será que o Clint vai se lembrar de passar protetor solar neles?*

O que acontece quando ela sai só com Clint?

– As crianças continuam na minha cabeça – diz ela. – Mesmo nas nossas noites de namoro, quando devo ser 100% mulher e não mãe.

É interessante que Angie procure quantificar essa sensação em percentagens. Alguns anos atrás, quando Carolyn Cowan voltava de carro para casa de uma reunião com um grupo de pais e mães, ocorreu-lhe que devia pedir para fazerem um gráfico redondo de percentagens de suas identidades. Que percentagem em si mesmos eles entendiam como cônjuge, como pai ou mãe, como trabalhador, como pessoa de fé, como dedicados aos seus passatempos?

As mulheres atribuíram, em média, uma proporção significativamente maior da sua autoimagem à sua identidade de mãe do que os homens à sua identidade de pai. Até as mulheres que trabalhavam fora em tempo integral se consideravam mais mães do que trabalhadoras em cerca de 50%. Essa descoberta não surpreendeu Cowan e seu marido – e anos mais tarde eles também não se surpreenderam quando se depararam com um estudo semelhante que demonstrava que as mães que engravidam nos casais de lésbicas se dedicam mais mentalmente à sua identidade maternal do que suas parceiras.

No entanto, o que realmente surpreendeu os Cowan foi o presságio que esse exercício de visualização lançou sobre a centena de casais da sua amostragem: quanto maior a disparidade entre o modo que a mãe e o pai fatiavam o gráfico quando seus filhos estavam com seis meses, mais insatisfeitos eles ficariam com o seu casamento um ano depois.

Essa descoberta sugere que há um contexto ainda maior para todos esses sentimentos a respeito da distribuição do trabalho na família. Quanto cada membro do casal habita psicologicamente o seu papel de pai ou de mãe? Se cada um prioriza esse papel de forma diferente, suas discussões assumem uma dimensão completamente diversa: *como é que você não dá tanto valor a isso quanto eu dou? Que tipo de pai, ou mãe, você é afinal? A família e o tempo com a família não significam nada para você? Isso não significa para você o mesmo que significa para mim?*

isolamento social

Vale notar que filhos certamente seriam mais leves no casamento se os casais não dependessem tanto um do outro. Mas infelizmente dependem. Mais do que devia, isso significa que pais e mães podem se sentir terrivelmente sozinhos, especialmente as mães.

Em 2009, uma firma especializada em consultas pesquisou mais de 1.300 mães e concluiu que 80% delas achavam que não tinham amigos suficientes e 58% se sentiam sozinhas (as mães de filhos com menos de 5 anos relataram mais solidão do que todas as outras). Em 1997, o *American Sociological Review* publicou um estudo mostrando que a rede social das mulheres – e a frequência de seus contatos com as pessoas nessa rede – diminuem nos primeiros anos dos filhos e o ponto mais baixo ocorre quando o filho mais novo está com 3 anos de idade. (A expansão, depois disso, dizem os autores, deve ter relação com as novas conexões que as mães fazem quando os filhos atingem a idade escolar.) E a forma mais popular de encontros nos Estados Unidos, por margem substancial, são os grupos de mães. "Isso me surpreendeu muito", me disse Kathryn Fink, a especialista da empresa em desenvolvimento da comunidade, em conversa pelo telefone. "Antes de trabalhar na Meetup pensava que ao escolher ser mãe em tempo integral pudéssemos contar com a rede social que tínhamos anteriormente."

Fink não é a única que acha surpreendente que as mães de primeira viagem fiquem carentes de conexões. Muitas mães principiantes também se surpreendem. O senso comum sobre filhos é que eles promovem a união não só dos casais, mas também do resto da família, das redes sociais, de *comunidades* inteiras. Há até algumas provas que sugerem que isso é verdade. Sociólogos que examinaram o circuito complexo da vida social norte-americana notaram que as pessoas que têm filhos conhecem seus bairros melhor do que as que não têm filhos. Elas também participam mais de organizações cívicas e formam novos laços através das atividades dos filhos e amigos. Mas esses laços não são necessariamente os mais íntimos ou duradouros emocionalmente.

Em seu importante livro *Jogando boliche sozinho: colapso e renascimento da comunidade americana*, o cientista político de Harvard, Robert Putnam, explica essa distinção observando a diferença entre "machers" e "schmoozers". "Machers" são muito ligados às comunidades, pessoas que fazem as coisas acontecerem através de envolvimentos formais com organizações cívicas. "Schmoozers" são borboletas sociais e seus contatos são informais, são pessoas com vida social ativa, cujo "engajamento é menos organizado e menos voltado para um objetivo". Se você é jovem, solteira e paga aluguel, é bem provável que seja uma "schmoozer". Depois que você se casa e compra casa, pode manter alguns elementos da sua vida de "schmoozer", mas tenderá também a deslocar um pouco dessa energia para o "macherismo".

E os filhos garantem isso. Depois que mulheres e homens se tornam mães e pais, a socialização deles – através de igrejas, sinagogas ou mesquitas, através de organizações de pais e professores, através de grupos vigilantes de bairros – só aumenta. Mas a socialização informal com amigos diminui, segundo Putnam. Assim como a socialização relativa aos interesses de lazer. "Mantendo as outras características demográficas constantes", escreve ele, "casamento e filhos têm relação *negativa* (itálico do autor) na participação em sociedades de esportes, políticas e de grupos culturais."

Nos primeiros dias da infância, a maternidade pode significar um grande isolamento em que mãe e filho formam um elo fechado. Cientistas sociais modernos não foram os únicos que notaram isso. O dr. Benjamin Spock falava sobre isso há mais de meio século. "Mulheres que trabalharam durante anos e gostaram não só do emprego como do companheirismo", escreveu ele em *Problems of Parents*, "muitas vezes consideram os filhos companhias bem limitadas." Ele acrescentou: "A mulher que se irrita com a monotonia da criação dos filhos (e estou supondo que isso aconteça algumas vezes com a maioria das mulheres) é de fato atacada por dois lados: a distância da companhia de adultos e o cerceamento provocado pelas exigências contínuas dos filhos. Eu não acho que a natureza jamais tivesse a intenção de fazer com que essa associação fosse tão exclusiva assim."

O assunto isolamento surgia muito nas aulas do ECFE, especialmente entre mães de recém-nascidos e de bebês de até 3 anos que tinham largado o trabalho. As mulheres na turma de Angie debatiam muito isso:

SARA: "Nunca pensei que sentiria tanta *solidão* como às vezes sinto. Parece que somos só eu e os meninos no mundo."
KRISTIN: "Eu também. Minha mãe deve se aborrecer porque ligo para ela mais do que deveria. Tenho a sensação de que ela é a minha conexão com o mundo."
ANGELA: "É, e eu pensava, *bem, de qualquer modo não estou com as pessoas no trabalho a maior parte do dia nem fico presa em um cubo. Como pode ser tão diferente?* Mas é diferente sim, porque no trabalho eu podia me levantar e conversar com *adultos*."

Mas o mais surpreendente para mim foi o testemunho dos pais que ficam em casa para cuidar dos filhos. Praticamente todos que conheci em Minnesota descreveram que era um grande desafio encontrar uma rede de companheiros naquele bravo mundo novo deles.

– No primeiro ano, fiquei incrivelmente isolado. – disse um pai para o grupo num momento bem significativo. – Eu

ficava constrangido de estar com outras mães. Não achava que podia lidar com elas do mesmo jeito. Quero dizer, se minha mulher ficasse em casa, ela faria isso. Mas eu...
Então o que ele fazia?
— Eu era muito, mas muito simpático com os outros pais que conhecia na praça.

HÁ OUTRO CENÁRIO por trás dessa solidão. Os pais e mães de hoje estão tendo filhos exatamente quando suas redes sociais na vida real parecem começar a encolher e seus laços com a comunidade, rarear. Sim, pais e mães podem ter muitos amigos no Facebook e o Facebook é um recurso valioso para eles de várias maneiras, seja numa conversa sobre como aliviar cólicas, ou simplesmente publicando um comentário que ajude a desenvolver manifestações de simpatia (como o status de Angie em outubro de 2011: "Eu devia estar dormindo.").

Mas os nossos laços não virtuais são outra história. Em 2006, uma pesquisa da *American Sociological Review* registrou que a média de pessoas com as quais os americanos podiam "conversar sobre assuntos importantes" tinha caído de três para duas entre 1985 e 2004, e que o número de americanos que sentiam que não tinham nenhum confidente tinha mais que dobrado, de 10% para 24,6%. Mas a crônica mais conhecida da solidão americana está em *Jogando boliche sozinho: colapso e renascimento da comunidade americana*, onde Putnam consegue documentar o declínio de quase todas as formas de participação cívica mensuráveis nas décadas do fim do século passado. Quando o livro foi publicado, no ano 2000, críticos reclamaram que Putnam tinha se concentrado demais nas atividades já em franca obsolescência (jogos de cartas, reuniões de clubes de patriotas) e dado pouca atenção às novas formas de interação social, como os grupos da internet. (Na época, o Facebook nem tinha sido inventado.) Mas não tem problema. O livro afetou políticos e civis e, se as minhas conversas com pais e mães indicam alguma coisa, as descobertas e os temas de Putnam ainda ecoam nas famílias de hoje, apesar de suas vastas redes virtuais.

Tomemos nossos laços com vizinhos de bairro: nos últimos vinte e cinco anos do século XX, segundo Putnam, o número de vezes em que americanos casados passaram uma noite reunidos com os vizinhos caiu de cerca de trinta vezes por ano para vinte vezes por ano, e os estudos subsequentes demonstraram que esse número continuou a cair até 2008.

– Assim que nos mudamos para o nosso bairro – contou Annette Gagliardi para uma das suas turmas –, eu não conhecia ninguém e minha mãe morava em outra cidade. Então as mulheres mais velhas do quarteirão me acolheram. Era para elas que eu ligava no meio da noite para dizer que minha filha estava com febre.

Ela disse que não há nada que se compare com esse tipo de contato físico com outras mães.

– Sim, posso enviar mensagem de texto para alguém – disse Gagliardi. – Ou então posso procurar algum site de pais e mães. Mas não se compara com ver alguém correr para a minha casa e me ensinar como usar um curativo específico no ferimento da minha filha.

Nosso distanciamento relativo dos vizinhos é, em parte, o resultado de um avanço positivo: há mais mulheres no mercado de trabalho. Com mais mulheres saindo para seus escritórios de manhã, mais casas ficam vazias até o fim da tarde. Mas nossos laços minguantes com a vizinhança não podem ser explicados exclusivamente pelo progresso social. Podem ser explicados por uma expansão, nossas casas são cada vez mais distantes umas das outras. Podem ser explicados pelo medo do crime – especialmente sequestros – que praticamente obliterou a prática antiga de deixar as crianças brincando no jardim ou na rua. Putnam, como seus colegas que estudam a distribuição do nosso tempo, também descreve uma sensação de "ocupação generalizada" entre os norte-americanos de hoje, uma sensação de estarmos sempre, cronicamente, sendo pressionados.

O resultado foi a morte do *pop-in*, recorrendo ao termo usado por Jerry Seinfeld para descrever os Kramers e Elaines do mundo aparecendo sem convite diante da sua porta para fofocar e bater papo sem compromisso. A partir de meados da década de 1970, o norte-americano médio recebia amigos em casa de quatorze a quinze vezes por ano, segundo o *Jogando boliche sozinho: colapso e renascimento da comunidade americana*; no fim dos anos 1990, esse número baixou para oito.

ANGELA: "Quando eu era pequena, minha mãe vivia rodeada de gente em casa, com os filhos. Toda tarde alguém aparecia ou nós íamos visitar alguém. Minha mãe nos punha todos no carro. Quero dizer, talvez minha mãe fosse uma pessoa muito sociável, mas..."

SARA: "Não, acontecia a mesma coisa na minha casa. Todo domingo nós entupíamos a caminhonete e íamos visitar alguém. E agora a sensação é que estamos nos intrometendo na vida dos outros, porque todos estão sempre muito ocupados."

Sem o *pop-in*, sem a vibrante presença dos vizinhos, sem a vida nos becos e nas ruas, a pressão recai mais uma vez sobre a família nuclear – e mais especificamente sobre o *casamento* ou sobre o casal – para oferecer o que amigos, vizinhos e outras famílias faziam: jogos, diversão, brincadeiras imaginativas. E pais e mães perderam um pouco do companheirismo que recebiam dos outros adultos.

É claro que criar os filhos não sobrecarregaria tanto o casamento se ainda vivêssemos nos grupamentos que eram extensões da família. Mas, como observa Stephanie Coontz em *The Way We Never Were*, "as famílias com agregados nunca foram a norma nos Estados Unidos". (A maior percentagem de pessoas vivendo em famílias extensas de que temos registro foi de apenas 20%, e isso entre 1850 e 1885.) Mas a verdade é que os norte-americanos com curso superior tendem a morar mais longe dos pais do que os que só completaram o ensino médio. Nos casamentos em que ambos terminaram a faculdade, a probabilidade de viverem a menos de 50 quilômetros das mães dos dois é de apenas de 18%. (Entre os que têm só o ensino médio, essa probabilidade aumenta para 50%.) Educação evidentemente resulta em mobilidade, que, quase por definição, enfraquece os laços familiares.

Relações familiares enfraquecidas geram todo tipo de consequências para os pais e as mães. Afetam, por exemplo, a permanência das mulheres no mercado de trabalho. Mulheres casadas com filhos na escola ou mais novos têm entre 4% e 10% de chances de trabalhar fora quando moram perto das mães ou das sogras. A vida social de pais e mães também é afetada: sem os cuidadores mais confiáveis, psicologicamente melhores e (acima de tudo) mais em conta – isto é, os avós –, uma simples saída à noite com o cônjuge fica muito mais difícil.

– Tenho uma tia que mora a quinze minutos de distância da minha casa – diz Angie para mim quando pergunto se tem uma rede de babás em quem confia.

Mas é só isso. Todos os outros estão distantes ou mal de saúde. Angie e Clint são parte do que chamamos de geração sanduíche, a geração inconvenientemente espremida entre pais idosos e filhos pequenos, o que resulta terem de enfrentar problemas com o cuidado das crianças onde quer que procurem. Os norte-americanos estão vivendo mais e as mulheres adiam a maternidade para além dos 30 anos de idade, por isso essa geração só tende a crescer.

desobedecendo a ordens

É hora do almoço e Eli está sentado diante de um prato com o frango à parmegiana que Angie preparou. Mas não está comendo, está contemplando sua caneca com um urso polar desenhado.

– O que ursos polares comem? – pergunta o menino.
– Peixe – responde Angie.
– O que mais?
– Eu não sei. Quer fazer o favor de comer?
Ele não obedece. Angie olha para ele.
– Você só vai comer de novo na hora do jantar. Se não comer agora, não vai ter lanche.
Eli experimenta pegar um pedacinho com os dedos.
– Use o seu garfo, está bem? Isso é uma mordida de urso polar?
– Eu estou comendo que nem o Zay – responde Eli.
Zay pode comer com as mãos.
– Se você comer como Zay come – diz Angie –, está ótimo.
Zay está *comendo*.
Eli tem uma ideia.
– Olha isso, mamãe!
Eli levanta o prato e come um pouco de espaguete que desliza para a boca dele.

– Eli, use o seu garfo.
– Não posso.
– Por que não?
– Porque acabei de fazer desse jeito.

Angie se levanta, sacode os ombros e vai cuidar de outras coisas.

– Desde que ponha a comida para dentro...

TODOS OS PAIS E MÃES se veem às voltas com conversas sem sentido com os filhos. Na melhor das hipóteses, essas discussões são apenas irritantes. Na pior, são totalmente enlouquecedoras. Não é surpresa ver que as seções de como criar filhos nas livrarias estão cheias de guias para convencer as crianças a obedecer. O que é surpreendente é que citam pouquíssimo as pesquisas comportamentais. Se formos fundo no assunto, vamos descobrir que *todos* os pais e mães norte-americanos, mesmo os bem ajustados, passam um tempo espantoso por dia tentando convencer seus filhos pequenos a fazerem a coisa certa – chega a vinte e quatro vezes por hora, segundo alguns estudos – e que os filhos pequenos, mesmo os bem ajustados, passam um tempo espantoso resistindo a esses esforços.

Pode parecer estranho falar de estudos sobre a obediência dos filhos num capítulo sobre o casamento. Mas, se considerarmos um fato que se destaca muito, que quase todo esse esforço para fazer os filhos obedecerem é feito pelas mães e não pelos pais, essa dinâmica assimétrica pode acrescentar um estado crônico de ressentimento no relacionamento, porque é a mãe que desempenha o papel da chata da família. E ela não escolheu essa função. É simples questão de números. Se as mães passam mais tempo com os filhos do que os pais, vão dar mais ordens para eles. ("Calce o sapato." "Vá pegar isso do chão ou está esperando que a casa pegue?" "Onde foi que você achou isso? Tire da boca agora.") Mais insidioso ainda é o fato de que os pedidos de obediência tendem a ser sobre questões com hora marcada. ("Vista o casaco, temos de sair agora." "Escove os dentes, já está ficando tarde.") E as mães se sentem muito pressionadas.

A primeira vez que me deparei com dados sobre pedidos de obediência das mães e desobediência dos filhos foi num estudo de 1980 intitulado: "Mães: as vítimas não reconhecidas." O nome já diz muito. A primeira conclusão do autor foi que, durante a fase pré-escolar, "criar filhos normais significa alta incidência de acontecimentos adversos", coisa que acontecia com a frequência de uma vez a cada três minutos, segundo este estudo da literatura a respeito.

Mas essa pesquisa não foi a única. Houve o estudo de 1971, de Harvard, que eu mencionei na introdução, que revelou mães corrigindo ou redirecionando seus filhos pequenos a cada três minutos e os pequenos atendendo apenas 60% das vezes. Três anos depois, pesquisadores da Universidade Emory e da Universidade da Georgia descobriram que filhos psicologicamente saudáveis na idade do jardim de infância, em lares das classes de renda mais alta, atendiam às ordens das mães só 55% das vezes, e os filhos de pais com renda menor, 68%. (As mães de baixa renda davam sempre mais ordens.) E esses estudos pontuam os arquivos das ciências sociais o tempo todo, até hoje. Em um dos estudos mais recentes que pude ver, de 2009, mães e filhos pequenos entravam em conflito a cada dois minutos e meio em média.

É claro que há limites para se levarem a sério esses tipos de estudos. Nas palavras de Urie Bronfenbrenner, que colaborou na fundação do Head Start: "Muito da psicologia comportamental do desenvolvimento é ciência do comportamento desconhecido dos filhos em situações desconhecidas, com adultos desconhecidos, em espaços de tempo muito curtos." Mas de qualquer forma foi um prazer encontrá-los. Como podia saber que o comportamento dissidente do meu filho – e as minhas reações – eram tão comuns? Pamela Duckerman, autora do best-seller de 2012 *Crianças francesas não fazem manha*, argumenta que as mães norte-americanas muitas vezes batem de frente com os filhos porque não sabem como discipliná-los com a mesma firmeza com que as francesas fazem. Sem dúvida há alguma verdade nessa observação. O comportamento dos filhos pequenos é sempre mediado culturalmente. Mas o que me interessa é o fato de as *mães* darem mais ordens do que os pais e essa literatura sobre a obediência deixa claro que dar essas ordens tem seu preço e é estressante. Nos grupos só de mães no ECFE o assunto surge o tempo todo. Numa turma anterior à turma de Angie, duas mulheres tiveram essa conversa:

KATY: "Eu tenho aulas à noite, por isso deixo uma lista para o meu marido antes de sair – dê banho no seu filho e vista o pijama nele. Chego quatro horas depois e os dois estão dormindo no chão, vestidos, está passando um filme na TV e há um saco de batata frita ao lado deles."

COURTNEY: "O mesmo acontece comigo. Acho que meu marido pensa que criar filho é brincar de como eu encaro este trabalho."

KATY: "E assistir aos dois fazendo compras no supermercado é horrível. Tudo que meu filho pede, meu marido dá."

No dia seguinte, em outra turma:

CHRISSY: "Meu marido dá creme de amendoim, geleia e iogurte e diz: 'Oba! Jantar!' Eu corro para servir verduras e legumes e digo: 'Meninos, vocês precisam comer isso também.'"

KENYA: "Eu sei disso! Por que será que meu marido acaba sendo o cara divertido? Chego em casa e minha filha diz: 'Papai deixa eu beber refrigerante.'"

Nesse ponto o instrutor, Todd Kolod, interveio:
– Posso falar a favor dos pais?
As mulheres sorriram. *Claro.*
– Acho que eles precisam ter chances de cometer erros – disse ele. – Eles dizem que estão tentando ajudar lavando roupa e aí, *uma única vez*, estragam alguma peça que deviam ter lavado à mão, e são cortados da tarefa para sempre.

As mulheres concordaram que ele podia ter razão. E ele tinha. Todos os relacionamentos se beneficiam com a generosidade. (E crianças não param de crescer se comerem creme de amendoim e geleia no jantar.) Mas as mulheres também tinham razão. Na verdade, estavam reagindo à observação de Daniel Gilbert registrada no capítulo um. "Todos estão se movendo à mesma velocidade para o futuro. Mas os seus filhos estão se movendo a essa mesma velocidade de olhos fechados. Então são vocês que têm de conduzir esse veículo." E em geral são as mães que se encarregam da direção.

É exaustivo ser bússola e consciência da família. Significa que coisas do dia a dia se tornam fontes de tensão. Significa que você é nomeada a implicante da família. *Por que será que meu marido acaba sendo o cara divertido?* Quando Kenya disse isso não parecia zangada. Parecia triste.

Aqui está mais uma explicação para o abismo de felicidade entre mães e pais. Não é necessariamente a quantidade de tempo passado com os filhos que representa o problema. É como passam esse tempo.

quem está fazendo sexo?

Por mais cruel e frio que possa ser dizer isso, os filhos provocariam menos impacto no casamento se a própria instituição não fosse tão carregada de expectativas românticas – que, como dissemos no capítulo um, são relativamente poucas na vida real. Antes do fim do século XVIII, casamento era uma instituição pública, inseparável da criação dos filhos, e que ligava os indivíduos à comunidade como um todo. Mas, nessa época, no fim do século XVIII, quando Jane Austen estava terminando de escrever *Orgulho e preconceito*, uma ideia diferente começava a tomar forma: casamento era para o amor. Hoje, 94% dos solteiros aos 20 e poucos anos acreditam que os cônjuges têm de ser almas gêmeas, "acima de tudo", de acordo com uma pesquisa Gallup de 2011, enquanto que apenas 16% acham que o principal objetivo do casamento é gerar filhos.

Isso redefiniu a ideia de casamento para um laço protegido de realização mútua em vez de uma instituição pública para o bem comum, termo inspirado e criado pelos sociólogos David Popenoe e Barbara Dafoe Whitehead. Eles chamaram esta nova definição do casamento de "Super-relacionamento", que definiram como "uma união privada, intensamente espiritualizada que combinava fidelidade sexual, amor romântico, intimidade emocional e convivência."

Se a maioria de nós entra no casamento com essas expectativas, não é de admirar que consideremos os filhos uma perturbação.

Muitos casais realmente curtem sua união. Diferentemente da literatura sobre a criação de filhos, muitos estudos sobre o casamento sugerem que a instituição deixa as pessoas mais felizes e mais otimistas (embora seja possível que sejam as pessoas mais felizes que se casem). Os estudos também sugerem que pessoas casadas são mais saudáveis.

Então o que, exatamente, fica prejudicado quando um filho aparece nesse cenário? Bem, primeiramente o tempo a sós (daí aqueles infindáveis estímulos e elogios à marcação de saídas para namorar). As estimativas variam quanto até que ponto o tempo que os casais passam juntos diminui, mas o estudo que em geral é mais citado diz que o tempo do casal a sós cai para cerca de dois terços quando nasce um filho. A natureza desse tempo juntos muda drasticamente também. O cientista social e terapeuta de casais em St. Paul, William Doherty, que é também conselheiro do ECFE, gosta de contar a história de um belo casal, ambos maravilhosos dançarinos de música *country*, que foram ao seu consultório uma vez. Tinham se conhecido quando jovens adultos numa dança em Oklahoma. Quando namoravam, saíam para dançar o tempo todo e obviamente outros casais formavam um círculo de seguidores dos dois, para vê-los dançar. Em dado momento, Doherty perguntou quando tinha sido a última vez que o casal tinha ido dançar. E qual foi a resposta deles? Na recepção do casamento deles, fazia doze anos.

Parece que praticamente todos concordam que a vida sexual do casal também muda depois da chegada dos filhos, mas é muito difícil encontrar dados precisos para apoiar essa hipótese. No entanto, uns poucos estudos conseguem confirmar a suspeita de que isso seja verdade, indiretamente ou por desígnio mesmo. Uma pesquisa de 1981, por exemplo, analisou 119 mães de primeira viagem e descobriu que 20% faziam sexo menos de uma vez por semana depois do primeiro aniversário do filho ou filha, enquanto só 6% faziam sexo com essa mesma frequência nos três meses antes da concepção. (Só que eles podiam estar tentando engravidar nesses três meses, daí ter mais relações sexuais.) Outra pequena pesquisa, feita um pouco depois, descobriu que um filho, junto com "empregos, distância do local de trabalho, trabalho doméstico... tudo isso conspirava para *reduzir* o grau de interação sexual" nos primeiros anos do casamento, "enquanto quase nada fazia com que aumentasse".

Em 1995, um estudo bem mais abrangente concluiu que a presença de filhos pequenos – especificamente com 4 anos de idade ou menos – provocava um impacto bem mais substancial na frequência de encontros sexuais do casal do que a própria gravidez (e era um impacto pouco menos significativo do que problema de saúde). Ter filhos de 5 a 18 anos em casa, por outro lado, *aumenta* um pouco a frequência do sexo. (Mas persiste uma questão: se os autores tivessem analisado só os pais de adolescentes, será que teriam chegado à mesma conclusão? Porque adolescentes são capazes de impor um dilema verdadeiramente circadiano, florescendo para a vida altas horas da madrugada, como tantos morcegos vampiros. Isso torna o projeto de uma farra à noite bem duvidoso.) E aqui está o meu detalhe favorito desse estudo: "pesquisados com níveis alto e baixo de educação registraram sexo menos frequente com o cônjuge. Esse relacionamento em curva é levado em conta em todas as análises." Tire suas próprias conclusões.

Mas é muito difícil, quase impossível, encontrar números concretos sobre a frequência do sexo entre os casais depois que os bebês entram na história. Uma turma noturna no ECFE, de pais que trabalham fora, sob a orientação do instrutor, Todd Kolod, surpreendeu a todos fazendo essa pergunta direta: quanto sexo um pai realista com filhos pequenos pode esperar ter? Todos pensaram um pouco e procuraram avaliar se deviam responder à pergunta com seriedade ou fazer alguma piada.

PAI 1: "Sempre que conseguir convencê-la para isso."
PAI 2: "Podemos interpretar dessa maneira? O que há de real em conseguir ir ao cinema? É uma vez... por ano."
TOOD: "Nós não sabemos o que é realista, não é? Isso é parte do problema. Mas falando sério: o que vocês acham?"
PAI 3: "Alguns dos nossos amigos pareciam loucos no começo. Passei anos chamando um amigo de 'nove vezes'. E agora, converso com o mesmo cara e ele não fala mais nada..."
PAI 2: "Tudo bem, vamos tornar isso mais constrangedor: quantas vezes nós nos masturbamos por dia?"
PAI 4: "Ah, oi, fale por você mesmo..."

Mas os números talvez não sejam o mais importante. Se você realmente conversar com homens e mulheres sobre isso, sozinhos ou em grupos, eles dirão que sim, claro, sentem falta de suas antigas personas eróticas, aquelas pessoas que só se convenciam a sair da cama para ir ao banheiro ou comer. Mas, em muitos casos, esses seres já estavam se apagando antes mesmo da chegada do bebê. (Existem provas de que a queda mais vertiginosa da frequência de sexo ocorre logo depois do ano de "lua de mel" do casamento – uma ideia bem desanimadora.) A maioria dos casais parece sentir falta mesmo daquela sensação de proximidade e de vida que o sexo proporciona.

– Eu não acho que tive expectativas ridículas sobre intimidade – um pai disse para mim. – E talvez seja mais fácil para os homens, de certa forma, pois nós podemos olhar para nossas mulheres e dizer que elas não *parecem* exaustas e esgotadas. Que elas *parecem* que voltaram à sua antiga forma.

Mas, enquanto isso, a atitude da mulher dele era: "Estou exausta. Será que não consegue me deixar dormir sem que eu me sinta culpada por estar negando alguma coisa para você?"

Ele levou um tempo para entender isso.

– Sinceramente, o sexo em si não era o que me motivava – disse ele. – Era a falta de conexão entre nós. E quanto menos conectado eu me sentia, mais eu pensava que ia enlouquecer.

– Acho que se trata de dominar a arte da rapidinha – Angie diz. – É assim: "Muito bem! As crianças estão dormindo! E eu preciso ir trabalhar!" – Ela faz o gesto de transar com as mãos e sorri. – Nós tentamos pelo menos uma vez por semana, às vezes mais. Se passar mais tempo do que isso paramos de nos sentir... – (e vem aquela palavra de novo) – ... *conectados*.

Só que essa conexão tem seu preço, e ignorá-la também tem.

"Na nossa vida erótica abandonamos os filhos", escreve Adam Phillips, o psicanalista inglês, em *Side Effects*, "e na nossa vida familiar abandonamos nosso desejo." Quando estamos diante desse dilema de mau gosto, observa Phillips, "a maioria das pessoas se sente muito pior ao trair os filhos do que ao trair seu parceiro".

Outra mulher do ECFE:

– É engraçado. Meu marido tem me pedido rapidinhas ultimamente. Já faz umas duas semanas. E eu fico pensando, tipo, *não posso transar com outra pessoa, não é*... No fim, infelizmente é ele quem tem de fazer o sacrifício. É para ele que eu posso dizer não. Mas eu provavelmente devo ceder porque é bom para nós.

Quando forçada a escolher entre o marido e os filhos, ela escolheu os filhos.

Mas aqui está uma notícia que deve tranquilizar essa mãe e todas as outras que optaram por se manter na força de trabalho – assim como os pais, aliás, que trabalham até tarde: um estudo de 2001 no *Journal of Sex Research*, que analisou uma amostragem de 261 mulheres com filhos de

4 anos de idade, concluiu que "não havia diferenças entre donas de casa e mulheres que trabalhavam fora meio expediente, expediente inteiro ou além da carga horária normal em diversas medições do funcionamento sexual. Nem havia diferenças entre os maridos de expediente inteiro ou os que trabalhavam além da jornada normal". (O trabalho além da jornada normal, na estimativa deles, era de cinquenta horas por semana ou mais.) Os autores descobriram que, ao contrário disso, o que desempenhava papel preponderante para determinar a qualidade da vida sexual de um casal era uma ideia que parece simples mas não é: a importância do casamento para a identidade de cada parceiro. Quanto mais central fosse, mais satisfeito ele ou ela estava. Acreditar no casamento, pelo menos se você está em um, torna-se o afrodisíaco mais poderoso de todos.

trabalho dos homens

São 14:35 e Clint, um homem com um rosto simpático, robusto e compenetrado, entra na casa em silêncio, com um molho de chaves tilintando preso ao cinto. Ele irradia confiança e paciência, e crença no trabalho árduo. Como Angie, ele parece cansado – lembrem-se de que está de pé desde as 4 –, mas consegue se mover com a velocidade e a energia de alguém que teve uma longa noite de sono. Estava de camisa social e gravata, calça preta, que trocaria dentro de dez minutos por uma camiseta de futebol cinza escuro e bermuda cargo. Angie tinha acabado de vestir seu jaleco. Ele pega um filho em cada braço, recebe impassível uma atualização sobre cada um deles, beija a mulher cumprimentando-a e se despedindo ao mesmo tempo. Todos ficam um tempo abraçados. Então Angie sai e Clint põe Xavier no moisés em cima do balcão da

cozinha. Tira alguns morangos da geladeira, começa a cortá-los e dá um pouco para o bebê e Eli.
– Posso comer um lanche surpresa? – pergunta Eli.
– Pode comer morango – diz Clint.
– Isso pode ser meu lanche surpresa.
– Aí não vai ser mais surpresa.
Ele diz isso com carinho, mas muito concentrado. Mais tarde releio minhas anotações e vejo que escrevi com letras maiúsculas e sublinhei: *ESTE HOMEM NÃO BRINCA EM SERVIÇO*. Não que não se envolvesse, devo dizer, mas ele certamente possuía um estilo muito diferente do da mulher dele. Quando Angie estava fazendo o almoço, ou duas horas antes, deixava uma bagunça alegre por onde passava, muitas vezes era puxada para outro lugar pelos meninos exatamente na hora em que pretendia arrumar tudo. E Clint é imaculado e metódico. É tão rápido e eficiente lavando a louça que parece que nem chegou a sujar nada.
Ele abre a geladeira e fica olhando lá para dentro.
– Vou pensar no jantar de vocês daqui a pouco. O que teve no almoço?
– Frango com queijo e espaguete. Estava muito bom, mas eu não gostei do frango.
– Por que não?
– Estava meio temperado demais. Gostei do espaguete.
Clint fecha a geladeira e vai pegar a ração do cachorro. O bebê está calmo, observando e mordiscando os pedaços de morango com bolinhas de cereal. Eli vai lá para baixo para assistir ao fim de um vídeo infantil educativo. Clint começa a esvaziar a lavadora de pratos. Quando termina, tira Zay do moisés e se junta a Eli, que está enrolado, lá embaixo, com um caminhão de sorvetes Lego. Clint ajuda.
– Pronto, vou ajudar você... Ponha isso aqui na traseira.

Enquanto monta o caminhão, Clint pulsa cheio de vida, como um diabético que finalmente ganha um pirulito.

– Sou suspeito com Lego – diz ele ao notar que eu o observava e lendo meus pensamentos –, brinquei com isso quando era pequeno.

Ele arruma alguns animais numa plataforma de Lego para Zay.

Essa brincadeira antiga continua por algum tempo. Clint explica que ele sempre coordena uma atividade em grupo antes do jantar, para as crianças não ficarem zumbis diante da televisão. Ele descreve sua preferência por brinquedos de armar e não artefatos que fazem barulho. É evidente que a brincadeira lhe dá prazer. Mas então ele olha para Zay e para o seu celular.

– Estou vendo a hora – explica. – Para resolver quando vou preparar o jantar, antes do colapso total.

Eli aponta para um ônibus feito de caixa de ovos.

– Quer fazer outro comigo, papai?

Clint dá uma risadinha e se levanta.

– Que tal preparar o jantar primeiro?

Ele já está olhando para a cozinha. Tem de fazer o jantar, evitar o colapso total, negociar a rotina noturna. Agora ele está no organograma. Não está para brincadeira no serviço.

OBSERVANDO CLINT EM SEUS AFAZERES da tarde e da noite, é difícil não notar as diferenças de estilo entre ele e a mulher. E as diferentes reações dos filhos com cada um deles. Zay, por exemplo, mal suportava quando Angie o punha no chão aquela manhã. Assim que ela tentava, ele reclamava. Claro que ela podia ter sido firme e deixado ele lá para se impor. Clint dizia, com toda gentileza, que Angie é que tinha criado aquele problema, porque se deixava manipular pelo choro de Zay. ("Zay não *espera* que eu o pegue no colo toda vez que choraminga", observa Clint.) Mas deixar Zay chorar só ia piorar a terrível sensação que Angie tem de não estar fazendo tudo que pode por ele, e ela já se sente bem mal de sair para trabalhar três ou quatro noites por semana – assim que as crianças a veem de uniforme de enfermeira começam a se agarrar nela. Então, enquanto ela está em casa, não bota Zay no chão e nem no moisés. Em vez disso, trabalha com uma mão só e inclinada para um lado, forçando a coluna, e progride desajeitada como um competidor numa corrida de ovo na colher.

– Muitas vezes, o que eu considero obstáculos Clint não considera – Angie disse para mim antes de sair. – Ele acha que eu crio algumas preocupações sem necessidade. Eu acho que o pior é quando ele se sente impotente.

Angie não se refere a "impotente" como se Clint se sentisse sobrecarregado. O que quer dizer é que Clint pensa que *ela* está sobrecarregada e que não há nada a fazer para aliviar a vida dela.

– Quando ele pensa que eu não consigo fazer alguma coisa que ele acha simples – explica ela.

Mas é claro que Angie consegue fazer coisas simples. O que realmente acontece naqueles momentos em que parece sobrecarregada é que ela está fraturando o tempo dela. (*Joga a roupa.* "Onde está Zay?" *Dobra a roupa. Joga a roupa.* "Onde está Zay?" Dobra...) Enquanto Clint, tanto por hábito como por seu temperamento, é evidentemente o tipo de homem que otimiza seu tempo e provavelmente já fazia isso antes de os filhos nascerem. A paternidade simplesmente completou sua transformação em um eficiente míssil Scud teleguiado. Ele reconhece isso.

– Enquanto Angie encara alguma coisa sob o ponto de vista da sensibilidade, ou como um aspecto enriquecedor, "As crianças precisam ir para o parque! Elas precisam passar o tempo fazendo alguma coisa diferente!", eu estou vendo a coisa do ponto de vista do uso eficiente do tempo – ele diz.

Esse ponto de vista do aproveitamento do tempo pode ser confundido com uma espécie de "vulcanização" (a frieza do Mr. Spock do seriado *Jornada nas estrelas*). Mas não é isso. Na realidade, é a diferença entre a atuação metódica e as técnicas mais clássicas para "entrar" no personagem. Angie encara a maternidade mais intuitivamente, de dentro para fora, e Clint aborda de fora para dentro.

– Ela simplesmente *sabe* o que precisa ser feito – diz Clint.

– E eu vou aos trancos e barrancos. – Ele pensa um pouco.

– Quero dizer, não é que quando eu vejo que o bebê está com a fralda suja, eu digo, tome, você faz isso! – Ele faz a mímica de entregar um bebê sujo, enojado. – É que, se ela vê que aconteceu e eu não vejo na mesma hora, ela fica aborrecida.

– Ele faz outra pausa para pensar. – Ela está tão sintonizada com a babá eletrônica que acorda segundos antes deles.

Ouço muito isso de pais e mães. Um deles – em geral a mãe – está mais ligado ao clima emocional da casa. (Em *Uma casa no fim do mundo*, Michael Cunningham escreve: "Ela sabe que alguma coisa está acontecendo. Seus nervos ocupam a casa inteira.") O resultado é que quem é mais intuitivo – nesse caso Angie – às vezes sente que o outro não está fazendo a sua parte, enquanto o outro – nesse caso Clint – sente que a pessoa mais intuitiva é emocional demais. Só que, na verdade, o que pode estar acontecendo é que o casal está vivenciando o tempo de forma diferente, porque cada pessoa está prestando atenção em coisas diferentes. Quando Angie ouve a babá eletrônica ou vê que precisa trocar a fralda de Zay, ela pula. Essas são tarefas com prazo para ser feitas e ela é a primeira a reagir na casa. É isso que faz com que se sinta, nas palavras dela, "sobrecarregada".

Clint reconhece essa diferença.

— O jeito como eu lido com as coisas não é em tempo real, na falta de um termo melhor — ele diz. — Eu olho para o quadro geral. Se for fazer 100% da remoção da neve, do trabalho no jardim, da manutenção de tudo, lavar os pratos e preparar as refeições, você terá de dedicar mais tempo às crianças.

Ele diz ainda que Angie nem sempre gosta das contribuições com menos urgência que ele costuma dar.

— Talvez ela não dê tanto valor a essas coisas, até a lavadora de pratos *enguiçar* — diz ele (e recentemente enguiçou).

— Aí *sou eu* que tenho de resolver como consertar, porque ela quer os pratos limpos.

Mas ele também está muito ligado ao estresse que existe no cuidado dos filhos.

— Mas aquele sentido de tempo real, de achar que ela está fazendo mais? Eu provavelmente falho em dar menos valor do que devia — reconhece ele.

Clint se lembra da primavera quando ele e as crianças só exigiam. Ele sabia que ela estava exausta. Ele sabia que as crianças estavam doentes. Ele lamenta não ter ajudado em nada.

— Era o *aqui e agora. As crianças estão doentes e eu quero descanso* — diz ele.

Ele entende.

No início de cada entrevista com Angie e Clint, eu pedi para eles darem um panorama geral da divisão de trabalho em casa. E as avaliações de cada um, em grande parte, foram muito semelhantes. Clint cozinha quase o tempo todo. Angie faz quase todas as tarefas noturnas porque Clint acorda para trabalhar às 4 horas da manhã. Clint faz um pouco mais da faxina, Angie um pouco mais da lavagem da roupa. Angie fica com um pouco mais das compras no supermercado e com a parte das compras para os filhos, as consultas no pediatra, as atividades extracurriculares. Clint faz a manutenção dentro e fora de casa e 100% da contabilidade. Os dois faziam as mesmas avaliações, cada um na sua vez.

A única área em que discordavam era a que importava mais para Angie: cuidar dos filhos. Ela avaliou que faz 70% desse trabalho, e não porque passasse mais tempo em casa. Ela disse que cuidava mais dos filhos *mesmo quando Clint estava em casa*.

– Se estamos passando um dia em casa – ela disse para mim. – Eu troco mais fraldas. Se Eli está fora de casa, fico verificando se está tudo bem com ele. Sou eu que mantenho a TV desligada, eu me envolvo.

O mais importante era que Clint sempre conseguia ter partes do tempo só para ele e ela não.

– Ele consegue passar duas ou três horas diante do computador no fim de semana, com seus passatempos – ela disse.

– Mas recentemente eu quis experimentar uma série de exercícios de noventa dias e não tive a hora diária para fazer isso.

Clint respondeu de outra forma. Disse que eles dividiam o cuidado com os filhos meio a meio.

– É como demanda e oferta – disse ele. – Se Angie teve um dia ruim, eu cuido mais das crianças, e se ela precisa trabalhar três turnos seguidos, eu sou obrigado a ficar mais com elas.

Há uma grande diferença entre meio a meio e 70% a 30%. Especialmente porque sobre todo o resto Clint e Angie se manifestam com muita clareza e harmonia. Ora, o casal é muito sensível e sintonizado um com o outro, então por que isso acontece?

ANTES DE PROSSEGUIR, DEVO FAZER uma pausa para observar que essa conversa que Clint e Angie estão tendo sobre quem faz o quê – essa conversa que *todos os casais* têm sobre quem faz o quê –, acontece às custas de uma conversa mais importante: o Estado tem alguma obrigação moral imperativa de ajudar mães e pais? Nos Estados Unidos, nós acabamos tendo essas discussões privadamente porque nossa política dá pouco espaço para tê-las publicamente. Detesto invocar a Suécia nesse momento – realmente é o clichê mais previsível –, mas os pais e mães mais felizes do planeta estão, de fato, na Escandinávia e nos outros países nórdicos com grandes redes de seguridade social.

Em 2012, a socióloga Robin Simon e dois colegas avaliaram a diferença nos níveis de felicidade entre homens e mulheres com ou sem filhos em vinte e dois países industrializados. O país que apresentou a maior diferença, de longe, foi os Estados Unidos. Na verdade essa diferença sempre tendia a ser maior nos países com menos benefícios sociais, e menor – ou o inverso até – nos países que ofereciam mais apoio às famílias.

Arnstein Aassve, professor de demografia em Milão, detectou um padrão semelhante em 2013. Depois de examinar os níveis de bem-estar de pais e mães em vinte e oito países europeus, ele e seus colegas concluíram que "em geral a felicidade que as pessoas têm com a paternidade e a maternidade é positivamente associada ao acesso a instituições e amparo dos filhos pequenos". Isso era patente nos lugares em que havia disponibilidade de creches para crianças de 1 a 3 anos de idade (França, Holanda, Bélgica, Escandinávia). Nessas partes do mundo as mães são sistematicamente mais felizes do que as mulheres que não têm filhos.

A relação entre o acesso a creches e o bem-estar dos pais e das mães às vezes engana. Não podemos supor que uma coisa é necessariamente causa da outra. Países que têm benefícios sociais mais generosos tendem a obter bons níveis em todo tipo de índices sociais: a corrupção é menor, a paridade de gênero é maior, oferecem planos de saúde mais acessíveis e educação de qualidade para todos. Quando a pressão psicológica dos pais e mães é financeira, e em muitos casos é, os países que oferecem essas amenidades aliviam muito mais o estresse dos casais e dos pais e mães solteiros. "Esses países", contou-me Aassve, "estão bem cotados em uma ampla gama de categorias, o que torna as pessoas otimistas ou as faz se sentirem seguras para criar os filhos."

Nas páginas da introdução de seu livro de 2005, *Perfect Madness*, Judith Warner descreve como foi receber tais benefícios raros quando morou em Paris na época em que a filha era pequena:

> Minha filha mais velha, desde os dezoito meses de vida, frequentou excelentes creches de meio período nas quais pintava, brincava com massinha, comia biscoito e tirava uma soneca por cerca de 150 dólares por mês – o preço mais caro de todos. Ela podia ter começado a estudar numa escola pública aos 3 anos e podia optar por ficar na escola até as 5 horas da tarde todos os dias. Minhas amigas que tinham cobertura do sistema de seguridade social francês (eu não contribuía) tinham benefícios ainda maiores: pelo menos quatro meses de licença maternidade remunerada, o direito de parar de trabalhar por até três anos e manter o mesmo emprego.

Em contrapartida, um relatório do Child Care Aware of America diz que, em 2011, ter dois filhos em creche custava mais caro do que o aluguel da moradia – em todos os cinquenta estados.

Vale imaginar como as vidas de Angie e Clint seriam diferentes se tivessem acesso a essas creches públicas e se os dois soubessem que podiam parar de trabalhar de um a três anos sem medo de perder seu lugar no mercado de trabalho. No momento esse luxo é impensável para os norte-americanos. Mas parece que conferem benefícios psicológicos reais. Num estudo feito em 2010, o ganhador do Prêmio Nobel, Daniel Kahneman e quatro colegas compararam, minuto a minuto, o bem-estar das mulheres de Columbus, Ohio, com as mulheres em Rennes, uma pequena cidade da França. Os pesquisadores descobriram muitas semelhanças entre as duas amostragens, mas mesmo assim as mulheres francesas e norte-americanas diferiam de forma muito significativa: as francesas gostavam bem mais de cuidar dos filhos e passavam bem menos tempo fazendo isso. Em seu livro de 2011, *Rápido e devagar – duas formas de pensar* (*Thinking, Fast and Slow*), Kahneman especula que talvez isso se deva ao fato de que as mulheres francesas têm mais acesso a creches e "passam menos tempo levando os filhos para diversas atividades".

tempo só meu

CLINT ESTÁ NA COZINHA. Sua missão: fazer o jantar. Ele põe Zayno moisés e Eli sobe no balcão da cozinha ao lado do irmão.
— O que vocês querem comer? — pergunta Clint. — Posso grelhar frango, ou podemos fazer camarão...
Ele tira uma caixa do *freezer* e mostra para Eli.
— Eu só quero fazer torrada.
— Torrada é comida de café da manhã. Não serve para o jantar.
— Eu não gosto de nada.
— É por isso que precisa de uma soneca — Clint diz para Eli.

O pai pega o filho no colo. Eli segura o rosto de Clint e, pela primeira vez na vida, nota a barba por fazer.
– O que é isso?
– Pelo. Eu me esqueci de fazer a barba hoje de manhã.
– Por que está usando isso?
– Ela simplesmente cresce. Nos meninos. Bem aqui. – Ele aponta para o queixo. – Você está evitando a minha pergunta sobre o jantar? Vai comer o meu jantar? Se vai, talvez possa assistir a mais um programa.

Eli parece satisfeito com esse plano. Enquanto isso, Clint manda o menino ir lá embaixo para guardar os brinquedos. Eu pergunto se essa é a rotina dele – trabalho na cozinha primeiro, depois brincadeiras com os meninos, depois jantar. O ritmo é tranquilo e é muito eficiente.

– Em geral é assim – ele diz e bota o último copo na lavadora de louça. – Desse jeito – ele diz com um sorriso discreto –, mais tarde posso ter um pouco de tempo só meu.

TEMPO SÓ MEU, uma expressão tão simples e, no entanto, revela um universo de diferenças entre Angie e Clint e possivelmente entre a maioria das mães e pais. A maioria dos casais com filhos sente que não tem tempo suficiente para eles mesmos, mas as mães são especialmente sobrecarregadas por essa sensação.

Dá para ver com bastante clareza esse padrão com Angie e Clint. Clint chega em casa depois de um longo dia de trabalho e seu objetivo, bastante razoável, é cuidar das crianças e mapear o resto da noite, com a esperança de poder ter um tempinho modesto de lazer mais tarde. Se isso significa fazer o trabalho doméstico comum enquanto os filhos ainda estão acordados, em vez de estarem na cama, que seja.

– Sempre que as crianças estão fazendo alguma coisa na qual não preciso interagir com elas – diz ele –, uso o tempo para fazer as tarefas domésticas.

"Alguma coisa na qual não preciso interagir" é outra frase reveladora. Não é o tipo de frase que viria à cabeça da maioria das mães de classe média, especialmente se elas saem de casa para trabalhar. Conscientes e sofrendo pelo tempo que *não* estão junto com os filhos, as mães trabalhadoras costumam dizer que deviam ficar *sempre* interagindo com os filhos depois de tirarem o salto alto. Quando não trabalham... bem, para que ficar em casa, se não é para interagir com os filhos?

Mas Clint fica perfeitamente bem deixando os filhos por conta própria de vez em quando, e nenhum júri racional entre seus pares seria capaz de declarar que Clint não os ama por conta disso. Diriam simplesmente que ele está defendendo o tempo dele.

Angie, no entanto, não tem essa atitude com o tempo *dela*. Mais cedo, naquela manhã, quando punha Zay no berço para tirar uma soneca, perguntei se ela também queria tentar tirar um cochilo. Ela afastou a ideia com um movimento da mão.

– Não vale a pena. Só teria uma hora e preciso de umas vinte, e há tanta coisa para fazer por aqui...

Os Cowan têm um nome para essa sensação. Chamam de "destituição". Pensei muito nisso quando observava e ouvia Angie. Clint deve notar isso também. Quando está fazendo o jantar, eu pergunto para ele por que acha que tem mais tempo livre do que Angie.

– Talvez seja pelo mesmo motivo que ela compra mais coisas para as crianças – ele responde depois de pensar a respeito. – Quando ela tem dinheiro, se sente culpada se comprar coisas para ela, mas, se for para os filhos, é bom. O mesmo acontece com o tempo. Essa culpa interfere em todo tipo de contexto. Mas o mais impactante é, definitivamente, no turno da noite. No dia seguinte, quando chego à casa deles às 8:25, Clint, que está num dia de folga, conta que suas obrigações da noite correram muito bem e que as crianças dormiram até as 7:30. Só quando Angie desce poucos minutos depois, de banho tomado, linda, com uma camiseta alegre, é que o quadro muda. Ela conta que Zay acordou cinco vezes. Clint cuidou dos primeiros quatro episódios. Mas ela ficou com o quinto, que incluiu uma mamadeira, às 3 horas da madrugada.

— Eu acho que você não entendeu — ela diz para Clint quando saímos todos para o pátio — quantas vezes eu me levantei da cama nos últimos três anos.

— Claro que entendi.

Ela se senta e olha incrédula para ele.

— Apesar de dormir o tempo todo.

— É.

— Como? Baseado no tanto que eu reclamo?

— Não. Não é só baseado no tanto que você reclama. Eu sei exatamente o que você enfrenta à noite, mas, goste ou não de ouvir essa resposta, isso acontece porque você *quis* desse jeito.

Angie olhou para ele constrangida.

— Por causa de todo esse método de "deixar chorar" até dormir que eu não quero adotar.

— É.

Angie não diz nada.

— Depois de dois anos, você deixou que eu fizesse isso com ele — Clint apontou para Eli —, e resolvi em duas semanas. Mas você não quis fazer com ele. — Ele aponta para Zay. —

casamento

Você tinha o seu método e eu deixei que usasse o seu método, mas esse método envolve se levantar da cama com muita frequência. Eu não queria fazer parte disso, como você não queria fazer parte do "deixa chorar".

Ele espera. Angie fica calada. Então ela faz uma careta.

– Eu só acho que você não tem a mesma reação que eu tenho quando ele chora. Sinto aquela angústia por dentro, aquela *dor* física, aquela *culpa*...

– Eu entendo isso, é o elo da mãe. Você já explicou isso.

– Por isso eu não podia estar por perto para ouvir. Sinceramente, eu teria de montar uma cama aqui embaixo no escritório, porque emocionalmente não consigo resistir a isso...

– Tudo bem. Mas eu acho que você quer que eu sofra o que você sofreu do que não resolver isso.

Angie não fica zangada quando ele diz isso. Parece que leva muito a sério. Mas não está convencida.

– Então a noite passada, depois da quinta vez, você teria deixado ele chorar até cansar?

– Não. Se você tivesse prestado atenção, veria que eu estava aumentando o tempo de espera entre cada vez que ia vê-lo, porque é assim que o "deixar chorar" funciona.

Ela olha para ele com desconfiança de novo.

– Estava funcionando?

– Estava! Isto é, eu não estava com um cronômetro nem nada, mas sim, estava!

– Então como é que, quando eu comecei a fazer perguntas sobre isso, você não me contou o que estava fazendo?

– Porque você não queria que eu usasse o método "deixar chorar"! – diz Clint com expressão de culpa, olhando para os pés. – Pelo menos assim, você ia pensar que eu estava sendo preguiçoso e que não queria me levantar. Isso eu posso enfrentar.

Em outras palavras, era mais fácil para Clint deixar Angie com a impressão de que ele era um desleixado do que confessar que ele estava treinando o filho para dormir a noite inteira sem que ela soubesse.

Devia haver alguma agressividade passiva nessa escolha. Mas Clint também sabia que o processo provocaria muita angústia e reprovação em Angie e se havia uma coisa de que Angie não precisava na vida era, evidentemente, mais angústia e autorreprovação. Por isso ele tentou treinar Zay para o sono ininterrupto disfarçadamente, e depois sentiu-se culpado no dia seguinte porque não pode abrir o jogo com ela. Pensando que seria julgado por isso, ele tomou a decisão executiva de que seria melhor que ela o considerasse preguiçoso do que insensível. Só que ele *não é* insensível.

– A forma como eu abordo esse tipo de coisa – diz Clint – é a mesma como administro a casa. Tenho 2 mil dólares e preciso gastar 1.5 mil no financiamento e 400 nas contas. Os 100 dólares que sobram são meus para poder *manter a minha sanidade*. E se tiver duas horas, é a mesma coisa. Eu tiro dez minutos de qualquer jeito.

– E eu não tiro isso.

Clint sacode os ombros.

– Se *eu* não tirar esses dez minutos, o nível de qualidade de todo o resto vai decair muito depressa.

Zay está começando a reclamar. Angie não interfere um tempo. Ela está pensando nisso.

– Mas ultimamente tenho feito mais por mim.

– Não tanto quanto poderia.

– Acho que o *desejo* está lá sim – diz ela –, mas a sensação de culpa me impede. Por exemplo, eu adoro ir à Barnes & Noble, adoro ir ao cinema, ficar sozinha, sabe? Só que eu não faço isso...

casamento

Nesse ponto, eu falo para ela: E se ela dissesse "Ei Clint, eu preciso de uma hora para ir à Barnes & Noble, senão possivelmente vou enlouquecer...".
– Ele diria tudo bem, vá.
E se você dissesse: "Eu preciso muito que você cuide das crianças 50% do tempo em geral?"
– Acho que ele me encorajaria a fazer isso também – ela diz, mas Clint nem está mais ali para ouvir isso.
Ele tinha entrado com Zay.

CERTAMENTE, NO CASO DE ALGUNS CASAIS, os homens não fazem a parte que lhes cabe e jamais pensariam nisso, por mais que a situação exigisse e por mais que essa cultura tenha evoluído. Mas mesmo antes de conhecê-lo eu já sabia que Clint não era barranqueiro. Em parte porque sabia que ele trabalhava muitas horas seguidas, tanto no escritório quanto em casa. Mas a maior parte era porque Angie tinha dito isso, em sua turma do ECFE, depois de exorcizar um pouco da frustração.
– Ora, vocês todos o conhecem. Ele não é um cara mau! Mas o mundo não facilita para pais e mães que trabalham.
E por causa disso, diz Philip Cowan, "muitas vezes temos essas atribuições, o que uma pessoa vai e não vai fazer." Ele e a mulher dele ouvem litanias dessas atribuições. "Mas se houver marido e mulher na mesma sala" – diz ele – "e procurar entender os dois lados, o que se revela é o quanto isso é complexo."
O que Clint não faz mesmo, segundo Angie, é o turno da noite. Mas, se perguntarmos para Clint, ele reformula a discussão sobre o turno da noite em termos de alguma coisa que *Angie* não faria: treinar os filhos para dormir a noite inteira.

Em geral, ele diz que ela não adota certas medidas pequenas e razoáveis para se permitir um descanso.
– É difícil – diz ele – fazer Angie querer coisas para ela mesma.
Esse sentimento é comum. Para mim, sugere que a observação de Hochschild – de que as lutas de poder, de quem faz o quê no relacionamento, não são apenas pela justiça, mas tratam de "dar e receber gratidão" – adquiriu um acréscimo hoje: culpa. Como muitas mulheres, Angie se ressente porque o marido não faz o bastante. Mas também acredita que *ela mesma* não está fazendo o suficiente e que nunca fará o suficiente, e que devia fazer tudo o tempo todo.

– Se eu dissesse está bem, vou lhe dar um tempo e tomar conta das crianças 100% do tempo, só que vai ser do *meu* jeito – confessou Clint para Angie num certo ponto –, temo que você assuma o controle de vez.

– Bem, o que você considera o "seu jeito"? – pergunta Angie – O seu jeito é ligar a TV e deixar que eles façam qualquer coisa, ou é levá-los para algum lugar?

– É todas essas coisas – responde Clint. – Se eu tivesse de fazer todo o trabalho da casa, limpar tudo, lavar os pratos e preparar o jantar e tudo o mais, teria de ter um pouco de TV no meio. Eu os deixaria *ocupados* enquanto você tirava a sua folga. Eu os manteria em segurança e participativos. Mas não os *entreteria,* necessariamente.

Isso pode ser o que faz com que Clint ache que ele cuida 50% do tempo dos filhos. Ele conta como cuidar dos filhos quando está fazendo uma coisa e os meninos, outra, desde que estejam em segurança. E Angie se sente obrigada a se envolver profundamente no mundo deles.

A própria Angie é cúmplice, até certo ponto, desse aumento de sua carga de trabalho. Até antes de ir para a maternidade ela se preocupou com o estado de desordem relativa que deixara para Clint.

– Ele vai voltar para casa e ver um bebê irritado e um menino que não tirou a soneca da tarde – disse ela, franzindo a testa. – Tento fazer com que *os dois* estejam dormindo quando ele chega em casa para termos algum tempo livre para nos sentarmos no escritório ou ao computador.

Ou seja, não é só Clint que defende o tempo livre dele. Angie também defende o seu tempo livre.

– Às vezes, eu simplesmente deduzo que você devia *saber* que eu estou estressada – diz Angie para ele. – Você devia ver como eu vivo correndo, como estou agindo. E não vê. É aí que eu fico irritada.

– E essa é a parte que me irrita – diz Clint. – Você só precisava pedir. *Você podia simplesmente me dizer.*

Ele está certo. Mas isso é mais fácil falar do que fazer. Angie vivencia a casa deles como um videogame, uma missão infinita para evitar escombros esvoaçantes. Ela já começa com um nível muito mais alto de estresse. Se você está sentindo esse estresse é difícil acreditar que os outros não estejam sentindo a mesma coisa, exatamente do mesmo jeito.

Talvez Clint também não consiga participar e oferecer o tempo dele porque tem sentimentos conflitantes sobre isso. No dia anterior, por exemplo, quando Clint chegou em casa, ficou um pouco confuso ao saber que as crianças não tinham dormido.

– Eles deviam estar dormindo agora – disse para mim depois que Angie foi para o trabalho, parecendo um pouco desanimado.

Essa pressão que Angie sente para dar para Clint o tempo livre dele não é imaginária.

Ela pode não ter consciência disso, mas Clint está explorando a sensação de culpa de Angie, ou no mínimo reconhece os benefícios que tem com isso. Nos dias de folga que passam juntos, ele admite que é o primeiro a dizer que quer fazer alguma coisa e ela demora mais para dizer isso. Mas, se ele *sabe* que é mais agressivo para exigir seu tempo de lazer e *sabe* também que Angie está sempre exausta, por que ele não cede um pouco do seu tempo livre para a esposa?

Esse é um momento estranho para a paternidade. A pressão está cada vez maior para que os pais assumam envolvimento ativo nas tarefas domésticas, mas não há um padrão preciso que defina quanto envolvimento basta. Em seu texto sobre criação de filhos, *Home Game*, Michael Lewis observa abertamente que a única coisa que é realmente necessária para um casal começar a brigar é sair para jantar com outro casal cuja divisão do trabalho doméstico seja um pouco diferente da deles. "Nesses assuntos supostamente privados, as pessoas estão sempre buscando referências públicas dos padrões", escreve ele. "Elas não se importam se o acordo delas é injusto, desde que todos façam o mesmo tipo de acordo." O problema da moderna criação de filhos, diz ele, é que "não existem padrões e é possível que não venham a existir nunca mais".

Quando se tornam pais, os homens sabem que devem se envolver. Mas, depois que se veem no meio disso tudo, muitos são pegos de surpresa, como as mulheres também são, pela natureza estafante do trabalho que dá. E se o padrão for fazer o mesmo que as mulheres fazem... Ah meu Deus, essa barra fica longe como um ninho de passarinho. As mulheres passam um tempo mais intensivo com os filhos hoje do que passaram nos últimos cinquenta anos.

A solução de Pamela Druckerman para esses excessos é imitar os franceses. Em *Crianças francesas não fazem manha*, ela se deslumbra com a resistência de pais e mães franceses, principalmente das mães, diante do que William Doherty chama (em seu livro sobre casamento) de "criação de filhos consumidores", esse estilo insidioso da criação de filhos, nos Estados Unidos, que torna possível a um filho exigir a atenção do pai ou da mãe vinte e quatro horas por dia, sete dias por semana. Os franceses, argumenta ela, não têm nenhuma dor de consciência quando garantem com firmeza suas prerrogativas de lazer e defendem suas necessidades de adultos (como tranquilidade e silêncio, por exemplo, ou conversa sem interrupção com outros adultos). Esse é um recado construtivo. Mas, como poucas mulheres norte-americanas têm mães francesas prontas para mostrar o caminho, é melhor que elas aprendam com um modelo que está sempre à disposição: os bons pais e mães que conhecem. Que até podem ser seus maridos. Porque é possível que esses homens tenham alguma coisa valiosa para ensinar.

Explico por quê: sem o peso das expectativas culturais exageradas sobre o que constitui ou não a boa criação dos filhos, e livres do julgamento cultural da sua participação na força de trabalho, os bons pais tendem a se julgar com menos severidade e a trazer menos perfeccionismo à criação dos filhos ("Sente-se aí nesse moisés enquanto eu esvazio a lavadora de pratos, está bem?"), e – pelo menos enquanto os filhos são pequenos – defendem com mais agressividade seu tempo livre. Nada disso significa que amem menos os filhos do que suas mulheres. Nada disso significa que se importem menos com o destino dos filhos.

É claro que as mães não podem seguir o exemplo dos maridos ao pé da letra. Se as mulheres exigirem que os homens cedam seus momentos de lazer, os maridos certamente vão recuar. Essa é também uma solução privada para algo que, num mundo civilizado, seria um problema de todos, como enfatiza Judith Warner em *Perfect Madness*. Seria muito melhor se o governo desse o apoio de que pais e mães precisam. Mas, levando em consideração que as prévias do último presidente republicano perderam o rumo enquanto durou um debate sobre a legitimidade do controle da natalidade – *controle da natalidade!* –, nossos políticos decididamente não estão inclinados nessa direção. Pelo menos ainda não.

Por enquanto, conversar ajuda, especialmente no início. Na pesquisa deles, os Cowan descobriram que os casais que tinham dividido as tarefas ainda na gravidez, e não só depois do bebê chegar, se deram muito melhor do que os que nunca conversaram a respeito disso. Na verdade, os homens que tinham passado por intervenções específicas para esclarecer essas divisões de tarefas ficavam até tristes por não fazer *mais*.

Mas distribuir a carga é apenas um dos desafios. Um outro é redefinir atitudes. É isso que me cativa no Clint. Ele é muito... compreensivo com ele mesmo. Autocrítica e insegurança não escolhem gênero, obviamente. Muitos pais dizem que estão apavorados com a ideia de estar estragando tudo. Mas eu acho que a angústia deles não é a mesma. Na primeira vez que falei com Angie, ela me disse que normalmente achava o trabalho em casa muito mais difícil do que na profissão. E sua profissão envolve lidar com internos esquizofrênicos e psicóticos, muitas vezes em meio a crises violentas. Clint, por sua vez, trabalha em um escritório e diz que acha esse trabalho mais desafiador.

– Eu tive de aprender a ser gerente – diz ele. – Sou comparado com o padrão de outra pessoa. Mas aqui em casa *eu* sou o padrão. Sinto que faço isso como deve ser feito.

Essa geração pioneira de pais engajados tem de enfrentar muitas dificuldades. Mas compará-los com um ideal inatingível – como Donna Reed em Hilldale ou como uma "mamãe tigre" – não é uma delas. *Eu sou o padrão*.

– Pessoalmente – diz Clint –, eu acho que a separação dos meus pais quando eu tinha 7 anos foi a melhor coisa que aconteceu comigo. – Clint viu pouco o pai depois disso. – Eu não tive ninguém me dizendo "é assim que você tem de ser".

Mas Angie diz que nunca sabe se está fazendo a coisa certa, como deve ser. Ao ser questionada se achava que era uma boa mãe, ela respondeu com duas palavras: "Às vezes."

Ela se engana. Angie é ótima mãe. Se conseguisse dizer "Eu sou o padrão", talvez sentisse algum alívio.

capítulo três

simples dons

Ele adora ver a inteligência do filho em casa, sempre se surpreende, porque vai além do conhecimento e do senso de humor dele e da mulher – como trata os cães na rua, imitando o andar deles, o olhar. Ele adora o fato de que esse menino consiga praticamente adivinhar os desejos dos cães pela variedade de expressões que têm.

– Michael Ondaatje, *O paciente inglês* (1992)

NA PRIMEIRA VEZ QUE ESTIVE numa sala com Sharon Bartlett, levei muito tempo para notá-la, apesar de ela ser mais velha do que quase todos à nossa volta, ter quase o dobro da idade. Discreta e sem adornos, ela escolheu um lugar no extremo de uma longa mesa em sua sala do ECFE e não falou até os últimos dez minutos do debate. Nesse ponto, finalmente ficou claro que ela estava criando o neto de 3 anos, Cameron, sozinha. Mesmo então ela não falou muito, mas o que disse foi tão comovente que me fez escrever um bilhete para ela algumas semanas depois, como eu tinha escrito para Jessie e Angie e Clint, perguntando se podia visitá-la.

"Claro que sim", escreveu ela de volta no mesmo dia. "Não tenho problema para falar sobre a criação do meu neto. Acho que há muitos avós como eu, criando os filhos dos nossos filhos mortos, e embora não seja o que planejamos para a nossa velhice, tem lá suas alegrias e tristezas."

Num telefonema pouco tempo depois, fiquei sabendo que Sharon não tinha perdido apenas a mãe de Cameron. Décadas antes, tinha também perdido o filho, Mike, que cometera suicídio aos 16 anos. Sharon ainda tem uma outra filha de 40 anos, de quem é muito próxima, que mora em outro estado, feliz e realizada.

Numa manhã quente do fim de julho fui visitar Sharon. A casa era bonita, centenária e ficava num bairro onde quase todos os moradores são afro-americanos, ao norte de Minneapolis, mas Sharon é branca. Ela abriu a porta para mim, segurando uma caneca de café, com o cabelo grisalho preso num rabo de cavalo. Cam me espiava de trás das pernas dela.

– Continue brincando, Cam – ela diz para ele quando se senta em uma poltrona enorme e verde da sala de estar. – Tenho de acabar de tomar meu café. E depois podemos ler cinco livros. Vá pegá-los.

Cam faz que sim com a cabeça e vai até a estante de livros. Ele é uma daquelas crianças adoráveis, braços compridos e finos e lábios cintilantes.

– Escolha livros diferentes dos que lemos ontem – diz Sharon.

Ela se instala na sua poltrona, querendo aproveitar mais alguns minutos de descanso. Então nota que Cam está se espremendo todo. Ela suspira e se levanta de novo.

– Venha, Cam. Vamos fazer pipi. Estou vendo que você está precisando.

Dois minutos depois eles voltam. Sharon afunda de novo na poltrona. Cam escala a mesa de centro e navega risonho em volta de sua coleção de trens.

– Cam?

Nenhuma resposta.

– Cam Bear.

Ainda nada.
— Camembert...?
Ele dá meia-volta.
— Cam, isso não é um degrau. Desça daí, por favor.
E vai assim o resto da manhã. Sharon e Cam negociando o vasto espaço entre uma cidadã idosa e um menino de 3 anos. Sharon lê para Cam cinco histórias de Richard Scarry. Cam faz uma proposta de brincar de helicóptero depois e ela não aceita. Sharon telefona para a igreja para organizar uma visita para fazer algum trabalho voluntário. Cam corre pela casa com uma toalha sobre a cabeça, fingindo ser um fantasma. Sharon propõe irem ao parque aquático. Cam se recusa a trocar de roupa e botar seu calção de banho até ela contar até três, apesar do calor de 38°C lá fora e da cidade ser um pântano voador. Ela tem paciência com quase todas as provocações e teimosias dele e, quando a ex-professora que existe nela tem a chance de ensinar alguma coisa para Cam, ela ganha vida. ("Olha, ele está fazendo uma careta maluca nessa imagem. Posso ver a *sua* cara maluca?") Mas ela também parece cansada, quase sem força, e há momentos em que a tensão aflora – como quando Cam bate no rosto dela acidentalmente depois de calçar seus Crocs.

— Ah, *Cam* – diz ela, num tom mais ríspido do que pretendia. — *Não* pode fazer isso. Peça desculpa por ter batido nos meus óculos.

— Desculpa por ter batido nos seus óculos.

Mais tarde, ela me diz que se sente péssima em momentos como esse, mas eu já sabia. Quando estávamos conversando ao telefone, poucas semanas depois, ela mencionou que marca no seu calendário sempre que grita demais com Cam, com a esperança de que um dia consiga determinar um padrão em seus humores. Verifico isso quando entro na cozinha para me servir de mais café e vejo que 8 de julho tem uma pequena anotação de reprovação: Dia de Grito. Fiquei aflita por Sharon a manhã toda. Criar uma criança exige muita energia, mesmo para quem é jovem e saudável. Mas para alguém que já tem 67 anos de idade, que já criou três filhos, que vive sozinha e com renda fixa... está longe de ser a situação ideal. A maior parte dos estudos da ciência social poderia prever que uma pessoa na situação de Sharon seria muito mais feliz sem um filho.

Mas há coisas que a ciência social compreende bem e há outras que não seria capaz de definir. E uma dessas coisas muito difíceis de definir, naquele dia específico, seria o que aconteceria quando fomos para o parque aquático.

O Manor Park Splash Pad não passa de uma extensão de concreto pintado com as cores primárias e pontilhado com um sistema modesto de aspersores e alguns jatos d'água que rodopiam. Mas é o paraíso para as crianças; e nesse dia de 38°C é paraíso para os adultos também. Logo que chegamos, Cam já sai pulando e correndo em zigue-zague entre os jatos de água, e Sharon, para surpresa minha, vai junto com ele. Ela abre um grande sorriso, sorriso que não desaparece o tempo todo enquanto ficamos no parque, apesar da fadiga, das dores nos joelhos, dos 67 anos. Espontaneamente penso na primeira cena do livro *A imortalidade*, na qual o narrador observa uma mulher idosa acenar feliz para um salva-vidas e consegue, num segundo de partir o coração, transcender completamente sua idade. Quando Sharon fica embaixo de alguns baldes, rindo com a água caindo na sua cabeça, o mesmo se pode dizer dela. Livre como uma jovem de 20 anos, a imagem da felicidade juvenil. "Uma parte de todos nós", escreve Milan Kundera, "vive fora do tempo."

CRIANÇAS PEQUENAS SABEM ser exaustivas, crianças pequenas sabem ser irritantes e crianças pequenas são capazes de destruir e redefinir os contornos da vida profissional e conjugal de seus pais. Mas elas também trazem alegrias. Todo mundo sabe disso (daí que as chamamos de "embrulhos de alegria"). Mas vale a pena considerar alguns motivos para isso. E não é por serem macios, doces e perfumados à perfeição. Os bebês também criam túneis do tempo, transportam mães e pais para sensações e sentimentos que não tinham desde que eles mesmos eram pequenos. O segredo sujo da vida adulta é o marasmo, a incansável aderência a rotinas e costumes e normas. Crianças pequenas podem intensificar essa sensação de repetição e rigidez pela virtude das novas rotinas que estabelecem. Mas também liberam os pais e mães de seus sulcos já criados pelo caminho.

Todos nós desejamos nos libertar destes sulcos. Mais precisamente, todos nós desejamos nos liberar da nossa identidade de adultos, pelo menos de vez em quando. Não estou falando só das identidades que desempenham um papel público e que têm de cumprir obrigações diárias. (Podemos encontrar alívio simplesmente saindo de férias, ou então nos servindo de uma bebida em dose dupla.) Estou falando das pessoas que vivem demais em suas cabeças, em vez de viver em seus corpos, pessoas que são sobrecarregadas com excesso de conhecimento sobre o funcionamento do mundo, em vez de ser capazes de se animar vendo como o mundo deveria ou poderia ser. Pessoas que têm medo de ser julgadas e de não ser amadas. A maioria dos adultos não vive num mundo de perdão e de amor incondicional. Isto é, a menos que tenham filhos pequenos.

A parte mais vergonhosa da vida adulta é sua capacidade de nos tornar limitados, hostis e mesquinhos em nossos

simples dons

julgamentos. Muitas vezes precisamos de um projeto muito maior para ser adultos que olham para fora de si mesmos, para ser "ilimitados e incansáveis nos atos de desprendimento", como o novelista e filósofo C. S. Lewis escreve em *Os quatro amores (The Four Loves)*. Crianças pequenas fazem muito para arrancar os adultos de suas preocupações bobas e de seus labirintos fechados de interesse próprio – além de aliviar nos pais a carga de seus egos, elas ajudam mães e pais a aspirarem algo melhor.

loucos no melhor sentido da palavra

Depois do parque aquático, Sharon e Cam foram para o parquinho. Cam olha para uma escada horizontal. Muito tentadora.

– Precisa de impulso? – pergunta Sharon.

– Só tenho duas pernas.

– Eu sei que você só tem duas pernas. Dê seu pé aqui.

Ela entrelaça os dedos das mãos formando um apoio e fica com o rosto todo vermelho quando o menino pisa nas mãos dela para subir na escada.

– Quer subir na outra? – pergunta ela.

– Não consigo.

– Tem certeza?

Sharon levanta o neto e o pendura na escada.

Cam parece excitado e assustado ao mesmo tempo.

– Preciso descer.

– Como se diz?

– Por favor, me ajude a descer.

Ela ajuda. Cam vai para outra escada com as barras mais acessíveis. Se agarra nelas e começa a balançar.

– Estou pendurado nas barras!

Ela fica observando de longe. Então ele vê um trepa-trepa mais desafiador.

— Quer se pendurar naquelas também? — ela pergunta.

Ele faz que sim com a cabeça.

Sharon levanta o neto. Ele se pendura um pouco e depois seguem para outro brinquedo. Sharon fica de lado e só observa. Ela não tem pressa. Também não fica olhando para o relógio, para o celular, para as outras mães. Nada além de Cam.

FILHOS PEQUENOS VÊM COM um paradoxo embutido. Os mesmos fenômenos de desenvolvimento que os tornam tão frustrantes — seus córtices pré-frontais imaturos, que insistem em viver no aqui e agora — são os que também podem torná-los libertadores no nosso convívio. A maioria de nós vive com horários, lugares em que precisamos estar e tarefas a cumprir. Mas, olhando para Sharon, que não trabalha fora, não tem marido e nem outros filhos pequenos para cuidar, começamos a ver o que seria se todos nós nos livrássemos dos relógios. Sharon não leva seu celular para o parque quando está com Cam (embora adore e-mails e mensagens de texto) e não tem televisão em casa.

— Não deixo o mundo se intrometer — ela diz. — Ele só pode entrar quando eu deixo.

Quando ela está com Cam, rende-se completamente ao momento infantil e deixa o dia seguir.

Poucos de nós têm essa gloriosa flexibilidade o tempo todo. No meu capítulo sobre Jessie, a fotógrafa mãe de três, eu me concentrei na pouca flexibilidade que temos, detalhei as formas como a vida conspira contra viver no presente o tempo todo. É muito mais fácil saborear o tempo quando estamos aposentados, como Sharon. No entanto, nem todos os e-mails precisam de respostas, às vezes as datas limite existem mais na nossa cabeça do que na realidade. Passar um tempo com Sharon serve para lembrar que é mais fácil do que pensamos deixar o tempo passar e que, dependendo da situação e do estado de espírito, curtir o tempo no presente é um objetivo válido. É possível se juntar aos filhos pequenos em seus mundos sem futuro mesmo que por apenas dez minutos, se só tivermos isso para investir.

No capítulo sobre Jessie, mencionei outra desvantagem de passar o tempo na companhia de criaturas com córtex pré-frontal imaturo: elas têm dificuldade de reger seus sentimentos e isso exige uma dose extra de força de vontade da parte da mãe ou do pai. Mas isso também tem um lado positivo: crianças não se preocupam com o que os outros estão pensando delas. Elas aceitam o ridículo. Não acham nada de mais conversar com objetos inanimados ou atravessar correndo uma sala sem roupa.

"Normalmente os psicólogos agem como se essa desinibição infantil fosse um defeito", escreve Alison Gopnik em *The Philosophical Baby*. "E é claro que, se a sua missão é descobrir como se dar bem no dia a dia do mundo – como fazer as coisas com eficiência –, isso é um defeito." (Alguém tem de ficar na direção.) "Mas, se o seu objetivo é simplesmente explorar o mundo real e todos os mundos possíveis", conclui ela, "esse defeito aparente pode ser um bem valioso. Brincar 'de mentirinha' é essencialmente desinibição."

É espantoso ver que muitos pais e mães do ECFE falam sobre a alegria que sentem ao poder se livrar das suas inibições de adultos, mesmo que apenas alguns minutos por dia. Para as mulheres, isso tendia a ser cantar e dançar: Kenya falou de ver o filho quicar e gritar com a "Firework", de Katy Perry, no banco de trás do carro; outra mulher falou de ir a concertos ao ar livre. ("Ninguém olha para você quando dança que nem louca com o seu filho.") E Jessie também, que adorava suas festas de dança. Na segunda vez que fui à casa dela, dessa vez à noite – com o marido dela, Luke, e os três filhos fazendo bagunça –, ela nos mostrou um novo passo de dança que Abe tinha inventado só de cueca mais cedo aquele dia. A imitação que ela fez foi completamente louca, ridícula e passou um recado em código que o marido dela entendeu melhor do que qualquer outro no momento. Os dois filhos mais velhos entraram na dança e formaram uma fila de conga ao som de "American Boy", de Estelle, que soava ao fundo. Quando ouvimos um chiado vindo da cozinha, Luke tranquilizou Abe, que parecia preocupado, explicando que era só a água das batatas fervendo no fogão.

– Elas estão gritando "arrrrrrrrrrrrrrrrrrgh" – gritou Luke, abanando as mãos no alto. – Vocês vão nos comer, berram as batatas.

Só uma criança de 4 anos dá permissão para você imitar uma batata desesperada.

E essas encenações de Luke eram bem parecidas com os momentos alegres que os pais do ECFE descreveram: com filhos pequenos por perto, eles tinham a autorização para esquecer as obrigações de ternos cinza da vida deles e fazer simplesmente o que crianças pequenas fazem. Um contou uma ida ao zoológico de Minneapolis depois de mais de quinze anos desde a última vez; outro se maravilhava "vendo as crianças correndo lá fora, olhos brilhando, todos os dentes à mostra" (um eco inconsciente, percebi mais tarde, do bordão de *Onde vivem os monstros* (*Where the Wild Things Are*): "... e arreganharam seus dentes terríveis e rolaram seus olhos terríveis..."). E houve também o pai que descreveu de forma mais sucinta: "Eu gosto porque posso bancar o idiota em público."

Às vezes as alegrias transcendentes promovidas pelos nossos bebês não são transcendência nenhuma e sim nossa própria capacidade de "descer". Essas brincadeiras nos dão um descanso da etiqueta, permitem que nos livremos das nossas inibições, tornam possível para nossas personas, que se importam com o que os outros pensam e seguem as regras, colocarem-se na prateleira por um tempo. Por alguns minutos benditos, destampamos e fazemos jorrar nossos ids. É difícil saber que tipo de preço psíquico pagamos por manter nossos ids engarrafados e trancados. Adam Phillips sempre se interessou muito por essa questão. Em um de seus ensaios, ele observa que "escritores tão diversos como Wordsworth e Freud, como Blake e Dickens", todos eles trabalharam a hipótese de que a turbulência e a intensidade que sentimos quando somos crianças são as coisas que acabam nos dando força para viver quando adultos. "Sem essa loucura primordial", escreve ele, "sem poder manter esse esteio emocional de vida com a nossa infância – para nossa persona mais apaixonada – nossa vida pode parecer fútil."

Obviamente pode haver argumentos controversos nesse ponto. E Phillips argumenta consigo mesmo nessa página. Mas ele conclui que há alguma verdade nisso. Cita o analista Donald Winnicott: "Eu era são e, através da análise e da autoanálise, conquistei uma certa insanidade." E a rota para essa insanidade, para Winnicott, foi o caminho dos seus alagados de sentimentos da infância. "Para Winnicott as crianças são loucas no melhor sentido da palavra", escreve Phillips. "Para Winnicott a pergunta não era: 'O que podemos fazer para as crianças criarem juízo?', e sim: 'O que podemos fazer, se é que podemos fazer alguma coisa, para que nós, adultos, tenhamos a mesma loucura de suas mentes infantis?'"

A tragédia, na visão de Winnicott e de Phillips, seria se os adultos não conseguissem manter essa loucura. Crianças pequenas podem ao menos indicar o caminho. Eu penso nisso quando saímos do parquinho. Sharon está muito bem disposta e Cam também. Antes de entrar no carro, ela aponta feliz para os seus dedos dos pés.

– Olhe para os meus pés, Cam! Estão imundos! *De terra!*

E a bagunça continua, a tarde toda. Vamos para a igreja de Sharon, onde Cam é evidentemente uma celebridade, e ele recebe imediatamente uma fatia que sobrou do bolo de aniversário de alguém. (*Cobertura de chocolate!* São oferecidos muitos guardanapos.) Então começa a chover forte e, enquanto Cam come o bolo, os adultos espiam pelas janelas. A chuva engrossa mais ainda, vira granizo. É o tipo de temporal com ventania que vira os guarda-chuvas pelo avesso. Cam anda calmamente até a porta de tela e observa, sem dizer nada. Quando fica claro que não adianta esperar a chuva diminuir, Sharon tem uma ideia: *correr.*

E nós corremos, pulando e gritando, o caminho todo até o carro dela. Cam sobe no banco de trás e Sharon põe o cinto de segurança nele sem nem se dar ao trabalho de entrar também no carro. Ela apenas abre a porta, inclina o corpo para dentro e deixa as costas e pernas ensoparem no temporal. Então assume seu lugar na direção. Vira-se para trás e olha para o neto.

– Bem louco, não é, Cam?
Ele meneia a cabeça.
– Uau! – diz ela.

oficina de infância

Agir feito criança não é só perder suas inibições ou falar bobagem. As crianças aprendem fazendo, tocando, experimentando.

Adultos, por sua vez, tendem a entender o mundo através do cérebro, lendo livros, assistindo à televisão, manuseando telas com a ponta do dedo. Ficam afastados do mundo de objetos comuns. Mas interagir com esse mundo é fundamental para quem somos. Essa é a argumentação que faz Matthew B. Crawford, longa e elegantemente, em seu best-seller de 2009, *Shop Class as Soulcraft*. Ele observa que os participantes da oficina hoje sentem que, "apesar da proliferação das métricas forçadas que eles precisam atingir, seu trabalho carece de padrões objetivos como os que são usados, por exemplo, no trabalho de um carpinteiro". A economia de informação criou tal fetiche das funções do "trabalho do conhecimento" que as pessoas não vivenciam mais o prazer obtido quando se sabem fazer as coisas com as próprias mãos.

Esse tópico foi um tema menor no ECFE. "Eu não achava a minha carreira especialmente gratificante", disse Kevin, um pai que trabalhava em casa para cuidar dos filhos. "Era apenas uma coisa que eu fazia. Até gostava, mas não chegava em casa e dizia: 'Estou muito satisfeito de ter ajudado essa grande empresa a processar dados com mais eficiência!'"

Filhos pequenos, por outro lado, dão aos adultos a chance de se engajarem nos prazeres mais táteis e tangíveis da vida, são conquistas no mundo concreto. Eles oferecem a oportunidade de agenciar, de sermos capazes de fazer alguma coisa e de vermos concretamente o efeito dela. Com crianças pequenas, você "faz um trenó e é uma maravilha", lembrou um pai numa sala. Você constrói torres de Lego, como Clint declaradamente gostava de fazer. Muitos pais descreveram a preparação de biscoitos. Uma mãe falou de aprender a fazê-los – há algo de irresistível no bater da massa de farinha com um filho. Em geral os filhos tornam as pessoas mais afeitas à cozinha. Segundo uma pesquisa da Harris Interactive feita em 2010, a grande maioria dos norte-americanos que sabe cozinhar disse que cozinha para suas famílias, não para eles mesmos. E que habilidade mais elementar, com resultado mais tangível, um ser humano poderia aprender? Os prazeres perdidos da "competência manual" são de grande interesse para Crawford. Em seu livro ele argumenta que "a *experiência* de fazer coisas e de consertar coisas" é essencial para o nosso bem-estar, para "florescer" (palavra dele), e isso acontece "quando tal experiência se afasta da nossa vida comum." Ele cita o filósofo Albert Borgmann, que faz a distinção entre "coisas" e "aparelhos". Coisas são objetos que dominamos. Aparelhos são objetos que fazem o trabalho por nós. "O aparelho de som contrasta com o instrumento, que é uma coisa", escreve Borgmann. "Uma coisa exige prática e um aparelho atrai consumo."

Ora, é verdade que os armários das crianças pequenas, hoje, estão cheios de aparelhos – aparelhos que apitam, aparelhos que badalam, aparelhos que bipam, que brilham, que tocam música, que exibem vídeos, que reagem a um simples toque. Mas a primeira infância é também uma das poucas épocas em que nossa cultura ainda enfatiza a supremacia das – e a maestria sobre – *coisas*. Compramos para nossos filhos martelos para bater e colares para montar; damos tinta para pintar com as mãos e instrumentos de plástico para tocar; nos sentamos no chão e montamos quilômetros de trilhos, construímos torres com blocos, fazemos flores com limpadores de cachimbo. Quando nasce um filho, tem sempre um parente que viaja e compra uma caixa de ferramentas, achando que ele ou ela deve saber como usá-las. Na pré-escola todas as crianças aprendem música, todas as crianças fazem arte e trabalhos manuais, todas as crianças usam blocos de montar, brincam de pegar, dançam. Os pais muitas vezes se surpreendem ao descobrir que os filhos estão tão interessados em usar chaves de fenda para abrir os compartimentos das baterias de seus vários aparelhos, quanto estão interessados nos próprios aparelhos. Eles ainda consideram os aparelhos como *coisas*. Dá para desmontar e montar de novo. As crianças continuam a usar as mãos no mundo.

A explicação para isso talvez seja simples, fundamentada na realidade comportamental básica: é na infância que adquirimos controle do nosso corpo e desenvolvemos nossas habilidades motoras. E, de certa forma, é isso. Bebês e crianças em idade pré-escolar adquirem conhecimento de modo *inseparável* de suas experiências físicas. E é nessa hora que é mais fácil ver o que os seres humanos podem realmente ser – *"inerentemente* instrumentais, ou pragmáticos até o fim", como Crawford sugere. Quando passamos tempo com os filhos pequenos – construindo fortes, fazendo bolos, rebatendo bolas e fazendo castelos de areia –, temos a oportunidade, em alguns casos, de ser mais humanos. É o que nós somos. Criaturas que usam ferramentas, criaturas que criam, criaturas que constroem.

filosofia

Quando o bebê de oito meses dormia e os dois filhos mais velhos assistiam à televisão na sala ao lado, perguntei para Jessie do que ela mais gostava na criação dos filhos. Pensei que ela ia dizer que eram suas festas de dança. E ela mencionou isso.

– Mas numa escala maior – disse. – Eu adoro ver meus filhos aprendendo as coisas sozinhos. É a sensação que deve ter um explorador.

É um certo clichê dizer que as crianças pequenas estão sempre mudando. O que dá mais prazer no *The Philosophical Baby*, de Gopnik, é que ele descreve essas mudanças pela neurociência e às vezes até as quantifica. Parte do que é tão espantoso na mente dos bebês e das crianças pequenas, por exemplo, não passa de uma simples função de volume e frequência: o cérebro deles é tão plástico que seus inventários intelectuais se renovam em poucos meses e transformam a curva do seu aprendizado num verdadeiro espetáculo de se ver. "Imagine", sugere Gopnik, "que suas crenças mais básicas sofressem uma transformação radical em 2009, em 2010 e depois de novo em 2012."

As crianças nos fazem lembrar o quanto dos nossos conhecimentos implícitos, que murmuram inaudíveis ao fundo o dia inteiro, são coisas que um dia tivemos de *aprender*. Elas entram na banheira parcialmente vestidas, põem bananas meio comidas na geladeira, usam brinquedos de formas que o fabricante nunca imaginou. (*Então você quer misturar essas tintas em vez de desenhar com elas? Pregar adesivos um em cima do outro em vez de lado a lado? Usar pedras de dominó como blocos, carros como máquinas voadoras, saiotes de balé como véus de noiva? Mete bronca!*) Para as crianças, o universo inteiro é uma experiência controlada.

E isso é só a parte prática. Uma mulher no ECFE me disse que a filha tinha perguntado se sempre seria menina, não porque desejasse ser menino, mas porque não sabia se o gênero era um traço definitivo ou mutável. Um homem contou para sua turma do ECFE que o filho, mais cedo aquele dia, virou-se para ele depois de ficar espiando pela janela e disse: "Talvez, quando nós virarmos esquilos, vamos subir naquela árvore." (Ele não sabia se nossos papéis – dessa vez no reino animal inteiro – eram fixos ou mutáveis.) Mihaly Csikszentmihalyi, autor de *A psicologia da felicidade*, contou uma coisa semelhante sobre o dia em que levou um dos filhos à praia, na época em que era um jovem pai: "Ele viu banhistas, nadadores saindo da água, ficou imóvel olhando e disse: 'Olha, Gente da Água!' Foi tão..." Csikszentmihalyi não completou a frase. Mas a palavra que ele estava procurando, eu acho, era "lógico", porque ele continuou: "Eu pensei, *é, agora eu entendo, se você nunca os viu eles parecem mesmo extraterrestres*." Claro! Nadadores: alguma espécie de outro mundo que vive no mar.

A MAIORIA DOS ADULTOS CONSIDERA filosofia um luxo. Mas acontece que filosofia é o que as crianças fazem naturalmente e, quando fazem, nos levam de volta para aquele tempo remoto e quase inimaginável de tão luxuoso, quando nós mesmos ainda fazíamos montes de perguntas que não tinham por quê. Na verdade, segundo Gareth B. Matthews, que escreveu *The Philosophy of Childhood*, fazer perguntas sem sentido é a verdadeira especialidade das crianças, especialmente entre as idades de 3 e 7 anos, porque o instinto ainda não foi tirado delas: "Depois que as crianças se adaptam bem à escola", ele observa com tristeza, "elas aprendem que só se esperam delas perguntas 'úteis'." (O que remete à suposta observação de Edmund Burke sobre o estudo do direito: "Afia a mente tornando-a mais estreita.")

René Descartes disse que uma pessoa tem de recomeçar para filosofar bem. "Isso é difícil para os adultos", escreve Matthews, que ensinou filosofia na universidade de Massachusetts em Amherst por mais de três décadas. "É desnecessário para as crianças." As crianças não têm nada para desaprender. Matthews dá um exemplo perfeito — o conceito de tempo – e cita Santo Agostinho: "O que é o tempo, então? Se ninguém me perguntar, eu sei. Mas se quiser explicar para alguém, fico confuso."

Pais e mães, assim como Santo Agostinho, muitas vezes ficam confusos quando os filhos fazem perguntas sobre uma coisa tão básica como o tempo. Mas muitas vezes também se deliciam com isso. Há algo de decadente e ao mesmo tempo intelectualmente aprazível pensar nessas perguntas tão fundamentais. "Duas noites atrás", disse um pai do ECFE, "Graham e eu estávamos aconchegados e ele disse: 'Papai? O que é água?' Graham tinha 2 anos e meio. Era óbvio que ele sabia o que era água. Mas a pergunta dele foi 'É, mas o que *é* água?'" Houve uma reverberação de entusiasmo audível à mesa. *O que é água? Sim!* "E eu falei" – o pai de Graham bateu palmas, aquecendo o assunto como no teatro – "'Bem, tem hidrogênio, tem oxigênio.' ... Foi incrível."

Depois da aula esse pai me contou que a pergunta seguinte de Graham foi ainda mais louca: "Dá para *quebrar* a água?" "Porque eu tinha dito para ele que, se pusermos oxigênio e hidrogênio juntos", explicou ele, "formamos água. Então ele queria saber se podemos quebrá-la."

Ouvi várias perguntas semelhantes naquela semana. ("Por que as pessoas são más?" foi uma das minhas favoritas. E também: "Só existe esse lugar, o lugar com céu?") Os livros de Matthews são repletos desses exemplos também. Ele descreve uma pergunta clássica de uma criança – "Papai, como podemos ter certeza de que tudo isso não é um sonho?" – e uma mãe dizendo que a filha de 3 anos tinha feito a pergunta análoga a essa nos tempos modernos: "Mamãe, nós estamos 'ao vivo' ou em vídeo?" Mais surpreendente do que os exemplos de perguntas existenciais são os exemplos de crianças fazendo perguntas sobre ética. Ele menciona uma:

depois de ver o avô moribundo, a criança perguntou para a mãe, no carro, indo para casa, se atiram nos idosos quando eles estão prontos para morrer. A mãe dele, obviamente assustada, respondeu que não, que isso seria um problema para a polícia. (Resposta estranha, talvez, mas qualquer pai ou mãe que se veja em uma situação dessas é capaz de se identificar com a mistura de instinto e pânico que faz com que mantenhamos a resposta concreta e a discussão breve.) O menino, que tinha 4 anos, respondeu: "Talvez eles possam fazer isso usando remédios."

"Uma parte significativa do filosofar", escreve Matthews, "é esta tentativa do adulto de enfrentar as perguntas verdadeiramente confusas da infância." Muitos adultos gostam de ficar filosofando se tiverem essa chance. Mas têm poucas desculpas para fazer isso no dia a dia, até terem filhos. Aí eles têm a chance, pelo menos por alguns anos, de contemplar – e talvez reconsiderar – por que o mundo em volta deles é o que é. Ele cita Bertrand Russell, que disse a respeito da filosofia: "Se ela não consegue *responder* a tantas perguntas como nós gostaríamos, [a filosofia] tem ao menos o poder de *fazer* perguntas que aumentam o interesse no mundo e mostram a estranheza e o maravilhoso que existe logo abaixo da superfície, até das coisas mais simples da vida cotidiana." As crianças têm uma habilidade toda especial para fazer essas perguntas. E as perguntas, no que concerne a Matthews, são a verdadeira revelação, não as respostas.

amor

A primeira vez em que Sharon viu Michelle, o bebê que um dia seria a mãe de Cam, a menina tinha apenas cinco meses e pesava 4 quilos. "Mal desenvolvida" foi o termo que a agência de adoção usou quando puseram Michelle sob os cuidados de Sharon – a mãe biológica de Michelle, cuja inteligência era bem abaixo do normal, tinha obviamente negligenciado a filha, mas até que ponto não era possível determinar. Sharon a recebeu com alegria e carinho, como às outras nove crianças adotadas das quais cuidou, mas Michelle provocou uma impressão mais profunda nela. Talvez porque fosse tão novinha, talvez porque fosse pequena e vulnerável e doce. Por qualquer razão, Sharon e seus dois filhos biológicos ficaram encantados – "nós a adoramos demais" – e esse amor só cresceu com o tempo. Cinco anos depois, Sharon se viu diante de um juiz, entregando os últimos documentos para tornar a adoção oficial.

Sharon só começou a notar problemas de comportamento quando Michelle tinha 9 anos. Michelle tinha QI de apenas 75 pontos, o que pode ter contribuído para sua atitude desafiadora. A frustração de ter de enfrentar tantas dificuldades cognitivas pode facilmente se transformar em dificuldades sociais, conforme podem testemunhar pais de crianças com comprometimento severo do aprendizado. Ou talvez o comportamento de Michelle fosse resultado daqueles primeiros e cruciais cinco meses de negligência, que, até onde Sharon sabia, tinha envolvido abusos indizíveis. Talvez estivesse gravado em algumas séries obscuras do seu DNA. Michelle também começou a revelar desajustes mais ou menos na mesma época em que o irmão, Mike, morreu, e Sharon acha que não foi coincidência. Todos na família estavam sofrendo demais na época. O suicídio de Mike teve um efeito péssimo em todos.

Mas, quaisquer que fossem as origens da rebeldia de Michelle, Sharon, de repente, estava diante de uma filha que fazia oposição sistemática, uma menina que não terminou o ensino médio e que frequentemente fugia para morar com vários namorados. Os psiquiatras chamaram de "incapacidade de criar laços". Em termos práticos, significava uma coisa muito mais básica para Sharon.

– Michelle levou muito, muito tempo para acreditar que eu a amava – disse ela, quando nos sentamos na sala enquanto Cam tirava a soneca da tarde no andar de cima. – Muito da oposição e dos testes que fazia eram por conta da *completa descrença* de que alguém pudesse amá-la.

Do fim da adolescência até os 20 e tantos anos de idade, Michelle saía de casa e voltava, saía e voltava, e toda vez que desaparecia ficava meses fora. Sharon nunca sabia se estava viva ou morta.

Pessoas próximas de Sharon se espantavam com a tolerância dela.

– Sempre perguntavam por que faz isso com você mesma, por que a aceita de volta? Ela só vai partir o seu coração de novo – disse Sharon. – E eu dizia ora, porque sou mãe dela.

Nesse ponto, confessei para Sharon que eu também me surpreendi com a força que ela demonstrava ao lidar com isso. Não era difícil canalizar tanto amor para alguém que *resistia* ao amor e ao apego?

Ela sacudiu os ombros.

– Acho que é essa coisa de afeto.

Certo. Mas ela estava descrevendo uma filha que *não* tinha afeto.

– Mas eu me afeiçoei a *ela* – ela disse. – Ela podia não sentir isso. Mas eu criei laços com ela.

E isso bastava.

– Não sei dizer *por que* a amava – ela disse. – Mas eu a amava. Sempre amei.

NA PÁGINA 1 DE *Os quatro amores*, C. S. Lewis faz uma distinção entre o que ele chama de amor-doação e o amor-necessidade. "O típico exemplo de amor-doação", escreve ele, "seria o amor que move o homem para o trabalho, para o planejamento e a poupança para o bem-estar da família dele no futuro, um futuro que ele morrerá sem conviver e sem ver; o segundo amor é o que leva uma criança solitária ou amedrontada para os braços da mãe." Nas minhas conversas com pais e mães de crianças pequenas, é o amor-necessidade que mais espanta, e com um bom motivo: não existe nada igual. Ser adorado incondicionalmente, ser posto num pedestal e considerado sem mácula é coisa rara para a maioria dos adultos, por mais que sejam amados pelos cônjuges ou queridos pelos amigos.

– Talvez seja egocêntrico dizer isso – disse uma mulher na turma do ECFE de Angie –, mas você é o mundo inteiro para eles, nessa idade. Eu amo isso...

–... e talvez seja por isso mesmo – concluiu a mulher ao lado dela – que a gente não queira que eles cresçam.

Muitos adultos também precisam das pessoas que eles amam. Mas, nas crianças pequenas, o amor é quase *inseparável* da necessidade, o que torna a adoração deles especialmente potente. Como vivem no presente, o perdão vem fácil para eles, ainda não têm formado o maquinário mental que guarda rancor. ("Quando eu me desculpo, ela fica bem no mesmo instante", outra mulher contou para a turma. "Ela diz está bem mamãe, tudo bem.") Bebês e crianças em idade pré-escolar não guardam a raiva, não abrigam um monte de ressentimentos, não impõem condições para amar. Elas amam. E pronto.

No entanto, é do amor-doação e não do amor-necessidade que os pais e mães falam com mais paixão. O amor-necessidade vem com os filhos. O amor-doação é o que os pais e mães dão. É um arranjo bem menos aconchegante. O amor-doação também pode ser difícil de praticar, ao contrário do que muitos livros otimistas sobre a nova criação de filhos afirmam. Ele não vem instantaneamente para todos os pais e mães no momento em que recebem seu novo bebê no berçário. Ao contrário, ele floresce com o tempo. Alison Gopnik faz essa distinção com um perfeito ditado em *The Philosophical Baby*: "Não é que cuidemos dos filhos porque os amamos", escreveu ela, "e sim que nós os amamos porque cuidamos deles."

Esse é o tipo de amor que Sharon tinha por Michelle. Pelo ato de criá-la quando criança, todos os dias, Sharon passou a amá-la, criou um laço com ela e quis protegê-la sempre, por mais que Michelle resistisse quando adolescente ou adulta.

Não estou sugerindo que pais e mães tenham o controle do mercado de amor-doação, ou que sejam melhores nisso do que os que não têm filhos. São muitas as vezes em que pais e mães se veem amando condicionalmente, qualificadamente, há momentos em que descobrem, para seu horror, que têm dificuldade de amar os filhos. Sharon tem perfeita consciência de suas falhas quando jovem mãe, décadas antes de Cam entrar na sua vida. Ela e o marido se divorciaram cedo, ela ficou sem dinheiro e às vezes nem podia dar aos filhos um sanduíche de mortadela no almoço. Ela se lembra de perder momentos marcantes como os primeiros passos, as primeiras palavras, porque estava gastando a sola dos sapatos à procura de emprego para lecionar. Depois que Mike morreu, combateu uma terrível depressão que ela sabe que teve consequências, ela ficou ausente em casa e fez as filhas sofrerem uma dupla perda, não só do irmão mas da mãe também.

– Não quero dizer que fui uma *péssima* mãe nessa época – disse Sharon. – Mas eu era uma pessoa muito carente, tentava criar esses filhos sem dar o que eles precisavam.

Ela tem compaixão por si mesma quando era jovem. Também sabe que sua vida teria sido mais fácil se, como ela mesma diz, "tivesse mais auxílios sociais". Mas a luta daqueles anos definiu sua vida interior e as escolhas subsequentes.

— Saber que eu não tinha sido capaz de fazer com que meus filhos sentissem que o mundo deles era um lugar seguro, e que teriam ajuda quando precisassem, é o que me orienta para fazer o que faço com outras pessoas hoje — diz Sharon. — E está orientando *tudo* que eu faço com o Cam.

O que Cam deu para ela, muitos anos depois, foi mais uma chance de ser a melhor possível. É isso que os filhos fazem no fim das contas, nos dão essa chance, mesmo que nós muitas vezes e desastrosamente falhemos. O amor generoso requer esforço. "Há sempre alguma coisa em cada um de nós que não pode ser amado naturalmente", escreve Lewis quase no fim de *Os quatro amores*. "Toda criança é enfurecedora às vezes; a maioria das crianças não é odiosa com pouca frequência." Mas, no dia em que somos o que temos de melhor, conseguimos relevar essas imperfeições e amar nossos filhos tendo em mente o que é melhor para eles. "Há muitas maneiras de agir por esse ideal e de cuidar dos outros — maneiras que não envolvam os filhos", escreve Gopnik. "Mesmo assim, criar filhos é uma forma rápida e eficiente de vivenciar pelo menos um pouco de santidade.

PASSARAM CERCA DE NOVENTA MINUTOS. Cam aparece de repente no topo da escada.
— Cameron! — exclama Sharon. — Você acordou! Venha já para cá!
Ele desce a escada correndo, vai até a avó e lhe dá um gigantesco abraço. Ela dá tapinhas carinhosos no traseiro dele.
— Sua soneca foi boa?
Ele faz que sim com a cabeça. É difícil não notar que Sharon está muito mais feliz agora do que de manhã. Pergunto

se ela percebeu que não conseguiu desfazer o largo sorriso o tempo todo quando estávamos no parque aquático. Ela sorri.

– Não. Mas eu adoro água. Em parte deve ser por isso. – Ela pensa um pouco. – Adoro crianças, adoro água. Tudo isso se juntou aqui. E sabia que Cameron estava se divertindo. Fiquei feliz de ver você rindo na água, não foi? – ela diz, virando-se para Cam. – Você estava riiiiiindo. Você estava bebendo a água! – Ela olha bem para o rosto dele. – Aquilo me deixou feliz.

Então Sharon procura, do jeito dela, um pouco de santidade. De fato, ela é uma pessoa religiosa, intensamente ativa na sua igreja católica. Não tem certeza quanto a Deus – "Sou mais apegada a Jesus do que a Deus", ela costuma dizer –, mas acredita nos evangelhos e na justiça social, e resume sua filosofia em termos bem simples: "Devemos cuidar das pessoas que não têm o que precisam."

Era disso que se tratava a vida dela com Michelle. Tentar dar o que ela precisava. "E eu estava recebendo *algo* em troca", diz Sharon, depois de pensar. "Ela era receptiva ao meu amor." Sharon considerava isso um presente. Michelle era o tipo de criança que achava difícil confiar em qualquer pessoa, mais ainda receber afeto. Para Sharon, já significava alguma coisa que Michelle tivesse aprendido a aceitar o dela. "Era bom amá-la", diz ela.

– Além disso, tinha a *minha promessa* de amá-la. Sou muito ciosa das promessas. Não posso ser *quem eu sou* se assumo uma obrigação e não vou até o fim.

Ela se lembra do dia em que compareceu diante do juiz para finalizar a adoção.

– Ele olhou para mim e disse: "A senhora sabe que não pode trazer a menina de volta..."

Sharon ri e finge responder: "*Sim, eu sei. É para a vida toda.*" E o ponto era esse.

– Na época em que fiz a minha escolha, eu tinha outras opções – diz ela. – Mas, assim que fiz a minha escolha, eu me despi dessas outras opções. Era aquilo mesmo e estava bem ali.

E agora ela assume o mesmo compromisso com Cam. Aos 32 anos de idade, Michelle voltou para Sharon depois de mais um desaparecimento de meses, dizendo que estava grávida. O que Michelle não sabia era que tinha câncer cervical em estado avançado, porque nunca fez exames de pré-natal durante a gravidez e o câncer não aparecera em nenhum ultrassom. Cam nasceu de vinte e oito semanas, uma coisinha frágil cuja perspectiva de vida era pouco melhor do que a de sua mãe. Michelle ainda resistiu nove meses. No final foi vítima de muitas dores, ninguém podia encostar nela, ela não podia segurar o filho. O único desejo que deixou claro foi de que Sharon cuidasse dele. Por isso é o que Sharon faz, todos os dias, de modo imperfeito mas com dedicação extraordinária, e Cam hoje ocupa o mesmo quarto em que a mãe dele passou seus últimos meses de vida.

– Estou nisso para a vida toda agora – diz Sharon. – E às vezes penso com meus botões *se ele não estaria melhor com pai e mãe, com gente jovem na vida dele.*

Ela sabe fazer as contas. Tem 67 anos. Cam tem 3. E ela mesma responde:

– Pode ser. Mas onde encontraria esse casal e como teria certeza? E se não posso ter certeza e se não posso encontrá-los, ele tem a mim.

Dizem que Albert Einstein disse que há duas maneiras de se viver: uma é agindo como se nada fosse um milagre e a outra é agindo como se tudo fosse. Sharon olha para a sala de estar. Cam se sentou discretamente numa poltrona, com *A Day at the Airport*, de Richard Scarry, aberto no colo.

– Quando Cam nasceu – ela conta –, pesava um quilo e meio e tinha 35 centímetros de comprimento. E agora, apenas três anos depois, já se senta de pernas cruzadas, lendo um livro. Como não se maravilhar com essa coisa incrível? Ela olha para ele um tempo. Eu também.

– Como pode isso? – ela pergunta. – Nós começamos do *nada*. E hoje, olhe só para ele. Capacidade plena, não é?

capítulo quatro
cultivo orquestrado

Profundo deve ser o afeto que leva um homem a economizar dinheiro para os outros gastarem.

– Edward Sandford Martin em *The Luxury of Children and Some Other Luxuries* (1904)

FOI IDEIA DE LAURA ANNE DAY que eu fosse ao clube de lobinhos com ela. Não era esse o plano quando telefonei para ela. Eu não tinha plano nenhum. Só conhecia os mínimos detalhes da vida dela. Trinta e cinco anos, divorciada e mãe de dois meninos. Trabalhava em tempo integral, secretariando um advogado. E morava em West University Place, uma cidade autônoma e próspera dentro de Houston, lugar onde pais batalhadores costumam ser ambiciosos e muito ocupados. Ela me disse que era mãe dos lobinhos. Escotismo é muito importante em Houston. Laura Anne é capaz de citar dezesseis motivos diferentes para isso, mas nenhum deles explica por que me chamou para ir com ela aquela noite. Ou melhor, Laura Anne achava que a reunião para matrícula dos meninos era o melhor lugar do bairro para ver a encenação dos pais querendo definir os horários dos filhos para o outono. Enquanto íamos para lá, no Toyota Highlander dela, Laura Anne, de óculos escuros no topo do cabelo louro e com a camisa cáqui de escoteiro enfiada na calça jeans, avisou que o clima seria de muitos conflitos e de excesso de questionamentos assim que entrássemos no clube.

– Você vai ver – ela disse quando trancou a porta do carro. Ela estava certa. Na hora em que os pais e mães chegam à Igreja Metodista West University United começam a bombardear os líderes dos escoteiros com perguntas: quantas vezes por semana tenho de comparecer às reuniões? Há alguma flexibilidade para o meu filho participar? Porque...

– Porque meu filho tem pelo menos uma hora de dever de casa todas as noites – diz uma mãe, olhando para o filho – e aulas de piano, de futebol, e o mais novo tem beisebol para crianças...

– Porque ele tem aula de música clássica indiana pelo *Skype* uma vez por semana – diz outra mulher – e impostação duas vezes por semana, e piano e futebol e línguas nos fins de semana, sânscrito no sábado e hindi no domingo...

– Porque, como todos aqui – diz um pai logo depois, resumindo bem as coisas –, estamos seriamente sobrecarregados.

Randy, que era podólogo de dia e o Akelá dos lobinhos a quem eram disparadas as perguntas naquela noite, meneava a cabeça com simpatia para todos.

– Certo. A resposta é: são duas reuniões por mês, uma com a matilha, e a outra com a alcateia...

Quando ele explica, o pai faz uma careta.

– Tudo bem, terei de consultá-lo. – Ele olha para o filho. – Porque, naturalmente, ele tem futebol americano nas noites de terça.

"Naturalmente" porque estamos no Texas e todos jogam futebol americano no Texas. E "naturalmente", por ironia, porque as reuniões do clube de lobinhos são nas noites de terça, também.

– E eu sou o treinador de futebol americano do meu filho mais novo nas noites de terça também – diz o pai. Querendo dizer que estava duplamente impedido de levar o filho para a reunião dos lobinhos. – Tudo bem... – Ele se esforça valentemente para descobrir uma maneira de tudo se encaixar. – Talvez ele fique sem o treino de futebol uma vez por mês – diz o pai e bufa ruidosamente. – Ou quem sabe... – Ele deixa a frase no ar e depois completa: – Talvez a gente possa fazer clones de nós mesmos.

pais e mães sobrecarregados

Foi William Doherty, professor de ciência social da família na universidade de Minnesota e consultor do ECFE, que, em 1999, cunhou a expressão "crianças sobrecarregadas", assim contribuindo com a definição perfeita da repentina proliferação de brincadeira programada e de atividades extracurriculares nos horários dos filhos, como se todos subitamente virassem chefes de equipe. Essa sobrecarga de atividades mereceu muitas críticas dizendo que torna os filhos angustiados e que tira deles as glórias das brincadeiras imaginativas e do tempo ocioso. Mas poucos críticos se lembraram de questionar os danos que esse planejamento excessivo podia causar nos *pais* e nas *mães* dessas crianças. Sim, esses pais e mães em geral são os responsáveis pelos horários da família e portanto cúmplices do problema. Mas vale considerar que forças específicas levariam mães e pais a esse esforço tão extravagante.

Porque *são* mesmo extravagantes. Atrás de todo filho sobrecarregado de atividades existe uma mãe ou um pai preenchendo formulários, correndo do treino de beisebol para aulas de patinação no gelo e xadrez e, em muitos casos, seguindo o mesmo processo do filho, desde aprender a tocar violino pelo método Suzuki até a construção coletiva de réplicas em miniatura do estádio Reliant para a escola. Como uma das mães me explicou.

– Planejei a minha carreira em meio expediente porque queria ficar em casa com meus filhos. E nunca estou em casa.

A socióloga Annette Lareau foi uma das primeiras a examinar mais profundamente esse pandemônio controlado, abrangendo todos os detalhes em *Unequal Childhoods*, que se tornou um clássico logo que foi publicado em 2003. Examinando doze famílias – quatro delas de classe média, quatro da classe trabalhadora assalariada e quatro famílias pobres –, ela não pôde deixar de notar algumas diferenças cruciais nos estilos da criação dos filhos. Pais e mães das classes pobres e assalariadas não procuravam orientar tudo na vida dos filhos. Ela chamou essa abordagem de "realização do crescimento natural". O estilo dos pais e mães de classe média, por outro lado, era bem diferente – tão diferente que ela criou uma expressão para ele: "cultivo orquestrado".

"O cultivo orquestrado", escreve Lareau, "impõe exigências intensas de trabalho para pais e mães ocupados, exaure os filhos e enfatiza o desenvolvimento do individualismo, não raro às custas do desenvolvimento da noção de grupo familiar". Em todo o livro ela examina os pais de classe média com uma sensação mista de empatia e um certo espanto, mas o que parece mais surpreendente para ela é a natureza psicológica insidiosa do envolvimento dos pais de classe média com a vida dos filhos. Ela usa uma família que chama de Marshall para exemplificar isso com mais clareza: "Diferentemente das famílias pobres e assalariadas, em que os filhos têm autonomia para escolher o que vão fazer", escreve ela, "na família Marshall, a maior parte da vida dos filhos está sujeita ao escrutínio *constante* da mãe" (ênfase da autora). Por exemplo, o tipo de ginástica que a filha deve fazer. "A decisão quanto ao tipo de ginástica", escreve, "parecia pesar mais sobre a sra. Marshall do que sobre qualquer outro membro da família." Era como se o futuro da filha dependesse de onde ia aprender a dar saltos mortais e a fazer estrela. Esse foi um dos motivos que me fez ir a Houston e visitar os subúrbios de classe alta da cidade. A área é uma das capitais não oficiais do "cultivo orquestrado", embora talvez não possa ser associada a isso da mesma forma que Nova York ou Cambridge ou Beverly Hills. O lugar possui todos os ingredientes para a presença deste fenômeno. Tem uma classe média alta próspera. Há uma obsessão por esportes. Tem grande população de adultos que trabalha com pesquisa – no Texas Medical Center, nas universidades de medicina Baylor e Rice e na Universidade de Houston, o maior centro de empregos da área de energia. E está explodindo de tantas famílias com filhos menores de 18 anos, de acordo com o censo de 2010.

O beisebol depois das aulas na escola não é como a Liga Infantil daqui. É a equipe "certa" da Liga Infantil e tem professor particular de rebatidas. As crianças do nível avançado participam de torneios de beisebol com clubes, "para os quais não há nem avaliação e seleção prévia", diz Laura Anne. "Precisam ser convidados." Bela Karolyi, antiga treinadora de Nadia Comaneci, de Mary Lou Retton e de Kerri Strug tem um campo de treinamento a 100 quilômetros de Houston. Algumas crianças começam a ter aulas de futebol americano antes de aprender a ler. "Stephen foi para o acampamento de futebol americano no verão", diz Monique Brown, outra mãe que conheci, "e os pais e mães das crianças diziam: temos de dar bebidas proteinadas e fórmulas para aumentar a massa muscular dessas crianças. Como se nossos filhos fossem profissionais. Aos 7 anos de idade."

Os verões podem ser ainda piores, porque têm dias inteiros para preencher. Comecei a telefonar para os pais e mães no Texas em junho e falei com a mãe de dois meninos, um de 11 e outro de 13 anos, ambos dotados em matemática e ciências. A maioria dos pais e mães sabe que os acampamentos de verão de hoje não são como os acampamentos de verão de antigamente, cheios de espirobol, corridas de revezamento e gelatinas intragáveis no lanche. Os acampamentos se transformaram numa série de semanas de cursos de imersão, cada um criado para desenvolver capacidade, força e para abrir as mentes. Mas, mesmo diante desses novos progressos de otimização de talentos, a descrição que essa mulher deu das opções dos filhos no verão foi realmente homérica; era desde um paraíso de *nerds* para os filhos, até um inferno de carona solidária para ela e para o marido. Havia um acampamento de informática para aprender Java, outro para aprender C++ e ainda outro de Visual Basic. Outro acampamento ensinava a criar *mods* para jogos, de modo que os pretensos *hackers* aprendiam formas extracurriculares para "envenenar" seus videogames. Entre as ofertas no Museu Natural de Ciência havia o acampamento de química, acampamento espacial, acampamento dinossauro e acampamento de física (que incluía Academia e Conselho dos Guerreiros das Estrelas); a Academia Americana de Robótica oferecia acampamentos sobre "criações móveis malucas" e "máquinas de Leonardo da Vinci". As crianças mais inteligentes da sétima série podiam participar de um programa de três semanas em que fariam cursos de nível universitário, desde arquitetura até neurociência. Crianças mais excêntricas podiam fazer "criações com fita adesiva" que, exatamente como indica, era um curso dedicado a fazer objetos impossíveis com as fitas grudentas, inclusive capas para celular e chinelos.

Mas a maneira mais simples de contar essa história de ampliação das atividades dos filhos, e do aumento do envolvimento dos pais nessas atividades, é através de números. Nos idos de 1965, quando as mulheres ainda não tinham se tornado presença regular no mercado de trabalho, as mães *ainda* passavam menos três horas e quarenta e dois minutos por semana cuidando dos filhos do que em 2008, segundo a American Time Use Survey, apesar de as mulheres, em 2008, se dedicarem ao trabalho remunerado quase três vezes mais horas. Os pais, enquanto isso, passavam, em 2008, três vezes mais tempo com os filhos que em 1965.

Então, como explicar essa tendência constante do estilo mais exaustivo de criação dos filhos?

Uma explicação é imediata: temos menos filhos, o que significa que temos mais tempo para cada filho. Mas outras explicações são mais sutis. Vivemos num vasto país com casas espalhadas longe dos centros, por isso os amigos dos nossos filhos moram longe e somos tentados a matricular nossos filhos em atividades organizadas para lhes dar a chance de conviver socialmente com outras crianças. (Devo acrescentar que isso é especialmente verdadeiro no caso da região de Houston, cercada de autoestradas com doze pistas que tremem sob SUVs do tamanho de caminhões.) Também vivemos em meio a uma explosão da mídia eletrônica, cujos atrativos os pais e mães acham que devem ser contrabalançados com programação mais construtiva. Pais e mães de hoje alimentam preocupações excessivas – e nem sempre racionais – sobre a segurança dos filhos e isso faz com que queiram controlar mais o tempo deles. E vivemos em um país no qual as mulheres trabalham, fato que ainda gera desconforto e ambivalências, resultando em imperativos mais rígidos para pais e mães, especialmente para as mães, de passar mais de suas horas de folga com os filhos para compensar o tempo que passam longe deles.

O mais essencial talvez seja que esses excessos de controle por parte dos pais e mães reflete uma nova sensação de confusão e ansiedade quanto ao futuro. Hoje a classe média tem a convicção inabalável de que precisa aperfeiçoar e refinar os filhos para prepará-los para o mundo. Mas nossos esforços atabalhoados nesse sentido, muitas vezes de natureza contraditória e até promíscua, sugerem que estamos um pouco confusos em relação ao que é e qual é o nosso papel nessa questão importante. Estamos preparando nossos filhos *para o quê*, exatamente? Como, na condição de mães e pais, devemos prepará-los para isso? Pais e mães sempre agiram assim, cegamente? Ou os papéis de pais, mães e filhos eram definidos com mais clareza – e simplicidade – no passado?

As respostas para essas perguntas podem parecer óbvias. Mas são mais complicadas do que se pode pensar e estão no centro de alguns desafios mais sérios nos anos da criação dos filhos. É nesses anos que as forças e as fraquezas dos filhos começam a se revelar com todos os seus contornos, assim como suas preferências e gostos. As coisas que antes eram hábitos estranhos e por vezes irritantes ou as tendências engraçadas começam a se solidificar em traços de caráter plenamente desenvolvidos. A pessoa começa a se mostrar por inteiro. Os pais de classe média consideram esses anos como um período crucial no qual podem fazer alguma coisa ou nada para aflorar o melhor dos filhos. Mas não sabem ao certo como fazer e sequer sabem se os seus objetivos para os filhos são possíveis.

– Quando as crianças eram pequenas – diz Leslie Schulze, uma mãe que mora no subúrbio de Houston e que você vai conhecer em breve –, a pergunta era: estou começando a dar cereais na hora certa? Isto é, estou tomando a decisão certa para o meu filho?

De fato, como é que ela saberia?

ESTAMOS ACOSTUMADOS A PENSAR que o "cultivo orquestrado" é um produto neurótico dos mais privilegiados da costa leste ou da ambição do estado da estrela solitária – Texas. Mas, quando estava lendo Annette Lareau, as primeiras duas pessoas em que pensei foram duas mulheres que tinha conhecido pelo ECFE em St. Paul, Minnesota. Ambas eram membros de um grupo de mães que se autodenominava "O Comitê", porque todas se conheciam de comitês associados com as atividades dos filhos. "Todas as mulheres de 'O Comitê'", escreveu Marta Shore em um e-mail, "são inteligentes, carinhosas, engraçadas e dinâmicas e estão prestes a enlouquecer."

No dia seguinte, encontrei a autora do e-mail em um café. Marta é professora de estatística e mãe de duas crianças. Ela me contou que estava tão exausta que resolvera neste ano limitar seu envolvimento a apenas uma atividade por filho.

"Por quê?", perguntei.

Ela ficou um tempo confusa.

– Porque, se eu não impusesse esse limite de uma atividade por filho – acabou dizendo –, seriam dezoito atividades.

Mas essa não era a minha pergunta. O que eu queria saber era por que ela achava que precisava fazer alguma coisa, *qualquer coisa*. Ela já levava a filha de 9 anos de carro para aulas de natação, para aulas de hebraico e de piano (ou, no mínimo, coordenava a carona solidária que a levasse para as aulas), e era também líder da tropa de fadinhas da filha. Estava analisando aulas de judô também, além de arte – não que pudesse pagar essas atividades, não que tivesse tempo para isso –, mas pensava que devia pelo menos levar em conta

cultivo orquestrado   155

essas opções porque a filha tinha manifestado interesse por isso. Ela também trabalhava como advogada para o ECFE porque ela e o filho de 3 anos frequentavam as aulas lá. No entanto, Marta não conseguia enxergar um mundo em que *não* fizesse todas essas coisas. Quando perguntei por que exigia um padrão tão elevado para si mesma (tudo com um orçamento modesto e trabalhando fora o dia inteiro), ela não entendeu a pergunta, como se eu tivesse perguntado por que respirava.

No dia seguinte conheci a amiga dela, Chrissy Snider, outra mulher de "O Comitê". Chrissy fica em casa com os quatro filhos e também me disse que estava em "um ano de férias", embora ainda mantivesse o trabalho no conselho da igreja e na equipe do ministério da igreja para crianças. Perguntei sobre os horários extracurriculares dos filhos. Eis a resposta dela, transcrita palavra por palavra:

> Eddie fará dois esportes nesse verão. E terá outras coisas durante o dia – natação cinco dias por semana, durante cinco semanas. E terá aulas de arte também, mas estas são com os irmãos maiores, por isso levo todos de uma vez só. Só que ele terá beisebol para crianças e futebol, num horário diferente do de Henry, que está no futebol itinerante e na liga de bairro de beisebol, e Ian, que está apenas na liga de bairro de beisebol. E os dois têm acompanhamento de leitura. Henry tem aulas de piano e de violoncelo. O violoncelo é na escola e as aulas de piano são particulares. Ele está escolhendo um, por questão de economia, a não ser que ganhe na loteria. Ele quer estudar os dois porque essa é a praia dele. E Ian toca violino. Na escola, mas eu tenho de estar presente, porque usam o método Suzuki.

A filha mais nova dela, Megan, ainda não tinha idade para atividades extracurriculares. Apenas 2 anos de vida.

Nenhuma dessas mulheres tem sobra de recursos. Os filhos estudam em escolas públicas. Chrissy, e o marido e seus quatro filhos moram numa casa de 400m² – não exatamente um palácio. Cada escolha extracurricular que fazem significa abdicar de algum outro prazer. (Diversas vezes, ao longo da nossa conversa, Marta mencionou o alto custo de saídas noturnas com o marido, entre a contratação de uma babá e a própria atividade noturna.) Mas é isso que eles fazem. É o que outros pais e mães em volta deles fazem. É também o que *leem* que devem fazer – é isso que acontece quando criamos filhos em meio aos anéis gravitacionais da era da informação.

– Eu li que meninas que praticam esportes tendem a usar menos drogas e engravidam menos – disse Marta – e a minha reação foi: *ah não, se ela não jogar futebol aos 4 anos jamais praticará um esporte.*

Ela levaria um tempo para entender que talvez isso não tenha importância, que tudo daria certo para a filha.

a criação do filho inútil

Hoje em dia a maioria dos pais e mães de classe média considera ponto pacífico que o estilo de Chrissy e Marta é o correto. No que diz respeito aos filhos, não existem excessos. Se aprimorar a vida dos filhos significa ficarem completamente extenuados, e *pensarem* que são, assim, adequados, que seja. Os filhos merecem nada menos do que isso.

No entanto, os adultos nem sempre tiveram essa visão condescendente dos filhos. Antes do século XIX eram claramente frios em relação à prole, consideravam a infância "um tempo de deficiência e de incompletude", segundo o historiador Steven Mintz. Ele escreve que raramente os pais "se referiam aos filhos com nostalgia ou carinho". Não era incomum para os colonos da Nova Inglaterra chamarem os recém-nascidos de "coisa", ou de "o pequeno estranho", e ninguém se dava ao trabalho de proteger esses pequenos intrusos de qualquer ameaça. "As crianças sofriam queimaduras de velas ou de lareiras abertas, caíam em rios e poços, ingeriam venenos, fraturavam ossos, engoliam alfinetes e enfiavam caroços nos narizes", escreve Mintz. Os adultos também não tentavam proteger os filhos das realidades mais brutais da vida: "O mais cedo possível, ministros forçavam crianças a refletir sobre a morte, e seus sermões continham descrições explícitas do inferno e dos horrores da danação eterna."

Essas citações são do livro meticulosamente detalhado de Mintz, *Huck's Raft*, uma crônica da infância norte-americana desde o início da colonização até os dias de hoje. Para qualquer pai ou mãe que não seja historiador profissional, o livro é uma revelação. Qualquer boa história fornece um contexto útil para as convenções e os sistemas de crenças de hoje, mas ler sobre a história da infância é especialmente espantoso, porque costumamos pensar que as nossas crenças sobre filhos são instintivas, portanto imutáveis, *irredutíveis*. Mas, segundo Mintz, os norte-americanos não tinham a noção de que as crianças são inocentes vulneráveis e adoráveis, embora a ideia não fosse completamente ignorada: no século XVIII, o filósofo Jean-Jacques Rousseau argumentava que as crianças são criaturas puras e espontâneas, livres de inibições e malícia, e John Locke dizia, no século XVII, que crianças nascem como uma tábula rasa, maleáveis à orientação dos pais. Mas foi só a partir do início do século XIX que os adultos começaram a considerar os filhos preciosos. Foi então que surgiu pela primeira vez o cadeirão, significando literalmente o papel elevado e recém-descoberto dos pequenos (eles conquistaram um lugar à mesa, por assim dizer);

a primeira literatura com conselhos para criação de filhos apareceu; e os Estados Unidos viram nascer as escolas públicas. Instituições de proteção ao bem-estar da criança despontaram, assim como hospitais infantis e orfanatos. Tinha começado uma revolução das ideias.

Só que, para a maioria das crianças, essa revolução não se traduziu em novos privilégios. Crianças eram economicamente valiosas demais. No princípio do século XIX, a Revolução Industrial gerou uma demanda maciça de trabalho infantil. Nas cidades pequenas, as crianças iam trabalhar nos moinhos e nas minas que tinham começado a pontilhar a paisagem. Nas cidades grandes, ocupavam o comércio de rua e as fábricas. Quando os produtos agrícolas começaram a ser comercializados, o trabalho infantil nas fazendas se tornou especialmente valioso. Na verdade, as crianças *já* participavam integralmente da economia rural, capinando ervas daninhas aos 5 anos, segundo Mintz, e participando da colheita aos 8. No fim do século XIX, era mais fácil os filhos pequenos ganharem dinheiro para o sustento das famílias do que as mães, e o salário dos meninos adolescentes era maior do que o dos pais.

Só na Era Progressista – definida por alto pela maioria dos estudiosos como o período entre 1890 e 1920 –, os adultos finalmente fizeram um esforço conjunto organizado para acabar com o trabalho infantil. A mudança foi lenta. Os reformistas abriam exceção para o trabalho no campo, porque era considerado moldador do caráter. Durante a Segunda Guerra Mundial, tiveram de aliviar as restrições ao trabalho infantil porque muitos homens jovens foram para o exterior. Mas o fim da guerra foi um momento de pico. A infância como entendemos hoje – longa e protegida, dedicada quase que exclusivamente à educação e ao amadurecimento emocional –

tornou-se padrão para as crianças norte-americanas. Só os adultos trabalhavam em tempo integral. As crianças não, não podiam. Fato é que os pais começaram a dar dinheiro para os *filhos*. Esse estranho costume que conhecemos como "mesada" teve seu início oficial nessa época. O principal trabalho da criança passou a ser o estudo. "O trabalho útil da criança do século XIX", escreveu Viviana Zelizer, em *Pricing the Priceless Child*, "foi substituído pelo trabalho educacional da criança inútil." O dever de casa substituiu o trabalho. E tinha valor, certamente. Mas *não para a família*. "Enquanto o trabalho infantil tinha servido à economia doméstica", observa Zelizer, "o trabalho da criança beneficiava *principalmente a própria criança*." (ênfase minha)

Curiosamente as crianças se tornaram os primeiros membros verdadeiros da economia da informação. O trabalho escolar, que correspondia pouco às habilidades da vida para administrar a casa, passaram a ser sua área de maior experiência. Academia e esportes: surgia a infância moderna.

Como observei na minha introdução, Zelizer encontrou uma frase memorável de cinco palavras para descrever essa transformação histórica. Os filhos (as crianças) tinham se tornado "economicamente inúteis, mas emocionalmente valiosíssimas".

AS CRIANÇAS SE BENEFICIARAM enormemente com esse novo sentimentalismo. Serem consideradas preciosidades insubstituíveis deu-lhes mais poder na hierarquia da família do que jamais tiveram quando contribuíam para o orçamento familiar. Alguns sociólogos chegaram a argumentar que esse status sagrado recém-descoberto virou a tradicional estrutura familiar de pernas para o ar. Escrevendo para a revista *For-*

tune em 1953, o urbanista William H. Whyte descreveu os Estados Unidos do pós-guerra como uma "filiarquia", ou uma sociedade e cultura onde os filhos comandam o espetáculo, e até chamou a influência dos filhos de ditatorial. (Em seguida, ele escreveu o best-seller *Organization Man*, de 1956.) No momento em que as crianças pararam de trabalhar para os adultos, todos ficaram confusos sem saber quem estava no comando.

Essa inversão teve até consequências comportamentais mais pronunciadas para a classe média de hoje. "Os filhos da classe média", escreve Lareau em *Unequal Childhoods*, "discutem com os pais, reclamam da competência dos pais e se insurgem contra as decisões dos pais." Isso não acontecia com as crianças que ela estudou nos lares pobres e da classe assalariada, nos quais os filhos "obedeciam prontamente e em silêncio às ordens dos adultos". Pais com salários mais baixos, observou ela, dão ordens e orientações. Os pais da classe média dão opções e negociam.

As crianças percebem essa solicitude. O tipo de insolência desencorajada e punida pelos pais em outras épocas é algo que os pais de classe média de hoje premiam. Enquanto todas as crianças antigamente ouviam algo parecido com cada um tem o seu lugar, só os menos favorecidos – os sem poder – são educados para pensar assim hoje em dia. As crianças de classe média, por outro lado, aprendem que têm todo o poder. A longo prazo, essa atitude pode ser benéfica para elas, ou não, porque elas entram no mundo com a sensação de que nenhuma estrutura de poder é tão formidável que não possa ser desafiada ou contornada. Mas uma coisa fica imediatamente clara: essa atitude não é muito boa para os *pais*. "As mesmas habilidades que os pais encorajam nos filhos", escreve Lareau, "podem levar os filhos a desafiar e até a rejeitar a autoridade paterna e materna."

O filho recém-empoderado pode ajudar a explicar a atração que exerce o escotismo para tantas mães e pais. O escotismo ensina a ordem. Ensina o respeito. Não é a única instituição que faz isso, obviamente. Instituições religiosas também o fazem. Mas o escotismo põe os *pais* no comando, não estranhos vestidos com mantos. Como disse Randy, o pedólogo e líder dos lobinhos, para mim: "Os meninos nos veem como modelo de comportamento e então começam automaticamente a fazer o que fazemos." Ele pensou um pouco. "É muito *bom* ter filhos educados. Ou ir a um restaurante e eles se comportarem adequadamente."

SE O PAPEL DA CRIANÇA FOSSE o único papel a mudar dentro da família, já seria uma revolução histórica significativa. Mas a industrialização e a modernização mudaram inevitavelmente o papel dos pais e das mães também. Com o passar do tempo, pais e mães perderam sua função tradicional na economia da família. Antes da Revolução Industrial, os pais eram responsáveis pela educação, vocação e religião dos filhos. Também cuidavam deles quando adoeciam, ajudavam a fazer as roupas e punham comida na mesa. Mas, com a industrialização, essas funções foram sendo transferidas gradualmente, uma por uma, para pessoas que não eram da família ou para instituições, ao ponto de a ideia de "economia familiar" praticamente deixar de existir. A única função dos pais passou a ser a segurança financeira e física dos filhos.

Desde então, todo debate que tivemos sobre o papel dos pais e mães – se deviam ser "mães super-rígidas", liberais ou intervencionistas, orientadas para o compartilhamento ou partidárias dos rigores do amor duro – pode ser rastreado até o debate dos papéis tradicionais dos pais e das mães. Hoje em dia temos bem menos clareza sobre o que implica criar filhos. Sabemos o que *não* temos de fazer: ensinar matemática e geografia e literatura (porque as escolas fazem isso); tratamento médico (pediatras fazem isso); costurar vestidos e calças para eles (confecções estrangeiras, cujos produtos são distribuídos pela loja mais tradicional de roupas infantis, fazem isso); plantar alimentos para eles (agronegócio, cuja produção é distribuída pelos supermercados, faz isso); treinamento vocacional (cursos técnicos, vídeos fazem isso). Mas a definição do que é criar filhos é muito mais complicada. A única área em que quase todos os pais e mães de classe média concordam – se fazem o filho estudar violino três horas por dia ou se não exercem pressão nenhuma sobre ele, por exemplo – é que o que quer que estejam fazendo é para o bem do filho e exclusivamente dele. Os pais não criam mais os filhos para o bem da família ou para o bem do mundo em geral.

Nós, pais e mães, às vezes pensamos, equivocadamente, que as coisas sempre foram assim. Não foram. A família moderna é apenas isso – moderna – e todos os nossos papéis nela são novos. A menos que tenhamos em mente que nossas vidas como pais e mães são muito recentes e incomuns, e não históricos, não seremos capazes de enxergar que o mundo em que vivemos, como mães e pais, ainda está em construção. A infância moderna foi inventada há menos de *setenta* anos – tempo para um breve cochilo em termos históricos.

a criança globalizada e otimizada

– Você não teve problema para encontrar o caminho?

Leslie Schulze, 40 anos, adorável e impecavelmente vestida, me recebe à porta de sua casa de tijolos vermelhos em Sugar Land, subúrbio de classe alta a sudoeste de Houston. Apesar de ter cinco quartos e 1.585m² – ela e o marido a compraram mais ou menos dez anos atrás, por 350 mil dólares –, a casa não é maior do que as outras na vizinhança. O quarteirão bem cuidado está cheio de casas desse tamanho (duas salas de estar, cozinhas que parecem catedrais, um banheiro para cada quarto), e o caminho para a casa dela, ao longo da alameda Palm Royale, tem casas ainda maiores, algumas com até 4.300m^2. (No início achei que eram clubes, mas depois vi uma atrás da outra, uma espécie de condomínio de *Dynasty*.) Logo depois da visita a Leslie, outros moradores de Sugar Land me disseram repetidamente que médicos indianos ricos eram os donos de várias daquelas vastas propriedades, fato que não é inteiramente comprovado, obviamente, e que para algumas pessoas pode parecer uma observação racista gratuita. Mas em pouco tempo fiquei sabendo que essa ligação com mudança demográfica estava inserida num contexto maior. Em 1990, Sugar Land era 79% branca. Hoje é 44,4% branca e 35,3% asiática. A política do município era, e ainda é, conservadora – representada por Tom DeLay, líder majoritário até sua renúncia em 2006 –, mas o fluxo recente de imigrantes bem-sucedidos da Índia e da China mudou a aparência da região e, para muitos moradores de Sugar Land, afetou diretamente suas vidas, modificando os padrões de excelência acadêmica nos colégios locais.

– Se uma família caucasiana quiser exigir mais dos filhos aqui – Leslie diz para mim –, é provável que exija nos esportes, como botar o filho numa equipe de natação por um ano inteiro, até destroncar os ombros da criança. Porque as famílias asiáticas dão muita ênfase aos estudos acadêmicos.

Correspondendo à própria distinção, Leslie insiste em que os filhos pratiquem pelo menos uma atividade física por semana. A filha de 13 anos está no time de vôlei, que se reúne todos os dias; o filho de 10 anos joga beisebol duas vezes por semana, faz karatê também duas vezes por semana e *flag foot-*

ball [algo como "futebol bandeira", tipo de futebol americano em que se usa um pedaço de pano na cintura] duas vezes por semana fora da temporada. A área acadêmica é, sem dúvida, importante também para Leslie. Ela fala com orgulho da filha ser excelente aluna e que, no verão anterior, contratou um tutor para o filho porque ele ia participar de uma prova iminente para alunos da terceira série. Mas dava para ouvir na voz dela certa incredulidade por ter chegado a isso.

– Eu fiquei pensando – diz ela. – *Por que estou contratando um tutor para uma criança que ainda está na segunda série?*

Acontece que essa abordagem de Leslie funcionava. Se você se muda para um enclave de classe alta como é Sugar Land e estimula seus filhos a praticarem um esporte e a obterem boas notas, a probabilidade é grande de as crianças um dia conseguirem uma vaga no bom sistema de universidades e depois irem para o mercado de trabalho com um diploma e um punhado de contatos. O lugar deles no mundo estava razoavelmente garantido. O marido de Leslie foi criado no Texas e cursou a universidade de Houston, onde conheceu Leslie. Os dois são apaixonados por sua *alma mater* e publicam muitas atualizações, no Facebook, das partidas de futebol americano a que assistem (*Go Coogs!*).

Mas recentemente houve uma mudança violenta na tão querida ordem das coisas, no Texas. Em 1997, o legislativo estadual aprovou a Lei 588 de Moradia, mais conhecida no estado como a "Lei dos Primeiros 10%". Em essência a lei garante admissão (mas não os meios para pagar) nas universidades estaduais para todos os estudantes que se formam entre os primeiros 10% da turma no ensino médio. A medida teve apoio não só de negros e hispânicos pobres, que gostaram de os filhos serem avaliados em relação às realizações de seus pares (e não em relação àqueles cujos pais podiam pagar moradias em municípios com melhores escolas), mas também dos brancos pobres da região rural do Texas. Essa legislação teve consequências interessantes em subúrbios como o de Leslie. Se um dia a Texas A&M, a universidade do Texas, em Austin, e a universidade de Houston admitiram um número aleatório de alunos das melhores escolas públicas, localizadas em áreas como Sugar Land, agora essas instituições precisariam fazer cortes nesses números. E os jovens que se formam entre os primeiros 10%, na visão de Leslie, são filhos de mães superrígidas. (O livro de Amy Chua, *Grito de guerra da mãe-tigre*, tinha sido lançado poucos meses antes da minha visita).

– Os brancos no colégio da minha filha – diz Leslie – são menos do que 50%.

Na verdade, chegam a apenas 31%, segundo os dados da própria escola.

– A maioria é composta por indianos e asiáticos (53%). Por isso agora está muito competitivo. Essa é uma grande preocupação em termos de admissão nas faculdades. Quando minha filha terminar a oitava série, terá dois créditos de colegial. Mas haverá alunos com cinco ou seis. Então, quando chegar a formatura do ensino médio – diz Leslie –, ela terá sorte se estiver entre os 25% melhores da turma.

As distinções que Leslie está apontando podem parecer simplistas demais, e talvez até as entenda com menos preconceito do que alguns da sua classe. Mas está descrevendo um sentimento comum em seu grupo. As regras para preparação dos filhos para a rede multicultural desse século são novas em folha. Ela menciona um open *house* em que estivera na primeira semana de aulas no ano anterior, quando a filha estava iniciando a sétima série.

– Todos os pais asiáticos levantaram as mãos – lembra ela – e perguntaram sobre um programa da Universidade Duke.

Leslie nunca tinha ouvido falar daquilo.

— E vários outros pais indianos e asiáticos começaram a fazer que sim com a cabeça. Mas não estava ao alcance do meu radar. Saí de lá dizendo *não tenho ideia do que eles estão falando.*

Mais tarde ela se informou. O Programa de Identificação de Talento da Duke é uma organização nacional que, entre outras coisas, convida alunos da sétima série a fazer o SAT ou o ACT que, em geral, são oferecidos no fim do ensino médio. Se o aluno marca pontos acima de um limite, ele ou ela pode participar de vários cursos de verão ou do ano acadêmico em todo o sudeste e o meio-oeste. Quando Leslie soube que a filha, uma menina inteligente, se qualificava, entrou em contato com o conselheiro da escola e perguntou quais eram os benefícios e se era alguma coisa que valia para as universidades. Perguntas sensatas, imaginou ela. Mas ouviu respostas terrivelmente vagas.

— A resposta deles — disse ela — foi "cabe a você".

O programa não ia aparecer nas avaliações da filha e não ia ajudá-la a entrar na Duke um dia, apesar de ter o nome da Duke nele.

— Então eu a encorajei a fazer o cursinho para estes exames— disse Leslie —, mas disse que era ela que resolveria.

A filha resolveu não fazer.

— Olhando para trás agora — disse Leslie —, acho que devia ter insistido. Mas relutei. Ela já tinha muitas atividades. Estava concentrada na pré-avaliação de currículo para a universidade. Eu não quis deixá-la mais nervosa.

MUITAS PESSOAS NÃO SE DÃO CONTA, mas Margaret Mead tinha muito a dizer sobre a criação de filhos nos Estados Unidos.

Suas observações apareceram em uma de suas obras menos conhecidas, *And Keep Your Powder Dry*, originalmente escrita em 1942. Partes do livro parecem antiquadas hoje. Mas as páginas sobre como criamos nossos filhos e as angústias que associamos a isso podiam muito bem ter sido escritas na semana passada. Não foi acidental Mead ter escrito o livro praticamente no mesmo momento em que os filhos estavam perdendo seus papéis tradicionais e quando a infância moderna e protegida foi inventada. Melhor do que muitos críticos sociais e quase sem querer, Mead documentou o que acontece com pais e mães quando sua principal obrigação com os filhos é cultivá-los.

Antropóloga, Mead tinha familiaridade com diversos tipos de estruturas familiares e filosofias de criação de filhos. A diferença que chamou sua atenção nos pais norte-americanos foi que eles não sabiam para onde estavam direcionando os filhos. Se você fosse um aristocrata inglês, seu objetivo seria criar seu filho para ser um aristocrata. Se fosse um plantador de arroz na Índia, sua meta seria ensinar ao seu filho como cultivar na mesma fazenda. Se fosse um ferreiro em Bali, criaria seu filho para ser um ferreiro também. Vivendo no velho mundo, num país em desenvolvimento, ou numa sociedade sem linguagem escrita, você seria um mantenedor das antigas tradições na criação dos filhos, não inventaria novas. "Em outras sociedades, onde os pais estavam criando os filhos em seu próprio estilo de vida", escreve ela, "a tarefa era relativamente clara. Você ensinava o filho a sentar-se como você se sentava." Não importava se não tivesse muito jeito para ensinar. Por trás "da ignorância e da inaptidão de qualquer indivíduo", observa Mead, "existe a certeza da cultura popular". A função do pai e da mãe era simplesmente mantê-la.

Mas Mead notou imediatamente que os norte-americanos eram um caso especial. Não havia uma cultura popular antiga a inspirá-los. Não havia um "modo de vida" para o qual tivessem de criar os filhos. Toda a promessa da América – seu próprio charme, sua própria força – era de que os seus cidadãos não estavam limitados por tradições ou por estruturas sociais rígidas nem imutáveis. Os norte-americanos eram – são – livres para se inventar e reinventar a cada geração. Filhos e filhas fazem coisas diferentes das dos seus pais e mães, de formas diferentes e em lugares diferentes. "Pais e mães norte-americanos esperam que os filhos os deixem", escreveu Mead, "que os deixem fisicamente, que mudem para outra cidade, outro estado; que os deixem em termos de ocupação, que abracem vocação diferente, que aprendam novas habilidades; que os deixem socialmente, que viajem, se possível, com pessoas diferentes."

Em muitos aspectos isso é maravilhoso e incomparável. Mas deixa mães e pais com menos marcos para orientar os filhos. Seguindo Mead à sua conclusão lógica, os norte-americanos estão tentando preparar os filhos e filhas para uma vida que não se parecerá em nada com a vida que eles levam. A palavra que Mead usou para caracterizar a relação de um pai norte-americano com o filho foi "outonal" – bela palavra e mais ressonante ainda no mundo de hoje, de mudanças tecnológicas passageiras –, porque ele está preparando o filho para ultrapassá-lo. "Dentro de pouquíssimo tempo", escreve ela, "estarão operando aparelhos que ele não entende e falando uma língua da qual ele não tem ideia."

A incerteza, observa Mead, deixa vulneráveis até as mães e pais mais brilhantes e competentes. Nos Estados Unidos essa incerteza começa assim que nascem os filhos. Pais de primeira viagem nos Estados Unidos, observa Mead, estão dispostos a experimentar praticamente qualquer moda nova ou loucura pelo bem do bebê. "Descobrimos novas escolas, novas dietas, novas escolas de relações humanas, pipocando como cogumelos, tudo novo, não experimentado, como repolhos no início da primavera", escreve ela. "E encontramos pessoas sérias e com boa formação seguindo suas regras." É por isso que a criação sensível e emocional é considerada a única possível em um primeiro ano e excessiva três anos depois. E por que "deixar chorar" é a maior moda num dado momento e, depois de algumas temporadas, considerado cruel. E por que papinhas orgânicas feitas em casa de repente suplantam os potinhos industrializados, apesar de uma geração inteira ter se dado muito bem com os potinhos e até escrito livros, criado empresas e se tornado cientistas ganhadores de prêmio Nobel. A incerteza é que leva os pais e mães a comprarem produtos da Baby Einstein, embora não haja nenhuma prova de que façam qualquer coisa com a trajetória cognitiva da vida de uma criança, e explica por que um amigo – um homem extremamente brilhante e sensato – perguntou para mim, com a cara mais séria do mundo e a melhor das intenções, por que eu não tinha ensinado a linguagem de sinais para o meu filho quando ele era pequeno. ("Porque minha mãe não me ensinou os sinais", eu disse para ele, "e olha só! Sou inteligente, pago meus impostos e tudo.") E é por isso que em qualquer livraria você encontra centenas, milhares de livros com conselhos para criar filhos, muitos deles contradizendo diretamente os outros. *Não existe sabedoria popular.*

"Nas velhas e estáticas culturas", escreve Mead, "podemos encontrar um padrão de comportamento – a criança será considerada bebê até aprender a andar, ou criança pequena até perder os dentes, ou até aprender a passar o pote de *kava*, ou a levar as vacas para pastar... mas nos Estados Unidos não existe um padrão fixo – há apenas os bebês deste ano." É também por causa da incerteza que os pais e mães de crianças em idade escolar apinham seus horários com o que esperam que sejam atividades enriquecedoras e úteis para a vida. No que diz respeito ao filho, Mead escreve: "Tudo que se pode fazer é torná-lo forte e bem equipado para se virar sozinho." O que fazer para equipar esse filho para que ele possa se virar sozinho é que nunca foi tão confuso, mas ensinar a jogar xadrez para raciocinarem de modo estratégico, matriculá-los em aulas de extensão, encorajá-los a praticar esportes para que aprendam as virtudes do trabalho em equipe, perseverança e recuperação, tudo isso talvez ajude mesmo. Não estamos mais treinando os nossos filhos para o comércio, para fazerem parte de uma guilda, ou para tomarem um lugar na fazenda. Como nota Mintz, a sociedade norte-americana desde a Segunda Guerra Mundial concluiu que "todos os jovens devem seguir um caminho único para a maturidade" – isto é, os degraus do jardim de infância até o colegial, seguidos de uma viagem para a universidade se tiverem sorte bastante de pertencer à classe média. Esse caminho singular transforma todos os pares em potenciais competidores, todos avaliados pela mesma métrica (o SAT, os GPAs [controle de média de pontos], uma série de atividades extracurriculares). A única coisa que os pais podem fazer nesse ambiente é ajudar a dar aos filhos um impulso na batalha, cultivá-los com a mesma assiduidade com que os filhos um dia cultivaram os campos da família. Nora Ephron, no livro *Meu pescoço é um horror e outros papos de mulher* (*I Feel Bad About My Neck*), explicou assim em 2006: "Ser pai e mãe não é só criar um filho, é transformar o filho, alimentando-o à força como se faz para obter *foie gras* de um ganso."

QUANDO MEAD ESCREVEU *And Keep Your Powder Dry*, os Estados Unidos eram um país bastante homogêneo. Só dali a 23 anos a Lei de Imigração e Nacionalidade de 1965, que diminuiu as restrições para imigrantes asiáticos, latino-americanos e africanos seria promulgada pelo presidente Lyndon Johnson. Mas após essa promulgação nós nos tornamos o país mais diversificado do planeta e as observações de Mead conquistaram um volume a mais. Adquiriram maior significado ainda quando a economia foi globalizada e as fronteiras do mundo começaram a se desmanchar. Os pais e mães não estavam mais apenas treinando os filhos para uma vida que era radicalmente diferente da deles, e sim treinando os filhos para uma vida que tinha potencial para ser levada em outra língua. Foi essa angústia que fez com que os pais encorajassem os filhos a aprender japonês na década de 1980 e essa mesma angústia que leva certo tipo de pais a matricular seus bebês em aulas de mandarim hoje (e explica a súbita aparição, em 2007, de *Ni Hao, Kai-Lan* do Nickleodeon). Como se os pais, incertos de para qual futuro preparariam os filhos, estivessem tentando prepará-los para qualquer futuro *possível*.

Leslie manifestou essa angústia de forma bem direta. Mas ouvi isso de outros pais e mães também, formulado de várias maneiras. Como Chrissy, a mãe de "O Comitê" de Minnesota, que enfatizou os fabulosos horários extracurriculares dos filhos para mim. Depois de uma aula do ECFE, um dia perguntei para ela: de onde vinham todas aquelas pressões internas de maternidade?

– Acho que vêm de vários lugares – ela respondeu –, mas uma das coisas que me detonaram foi Tom Friedman.

Ela se referia ao colunista do *New York Times* que escreve sempre sobre a globalização. Eu devo acrescentar que não estávamos falando de nada parecido com globalização naquela hora.

— O livro dele *O mundo é plano — uma história breve do século XXI* — continuou ela — e a ideia de que famílias chinesas e famílias indianas estavam se esforçando tanto para criar os filhos, e que iam pegar todos os empregos. — Ela balançou a cabeça. — Depois de ler isso fiquei assustada. Os empregos dos filhos dela podiam facilmente ser tirados tanto por um estudante em Nova Déli como em Denver. Mas ela não achava que seus filhos tinham muitas vantagens naturais?, perguntei. Eles eram norte-americanos de classe média, frequentavam escolas boas em St. Paul...

— Acho sim que meus filhos têm muitas vantagens naturais — ela disse. — Mas o mundo está mudando e vi muita coisa mudar só na minha vida. Não sabemos o que vai acontecer daqui a dez, quinze anos.

Chrissy não tinha a certeza oferecida pela cultura popular, como Mead teria dito, para orientá-la na criação dos filhos.

a criança globalizada e otimizada, parte II

Leslie pode acreditar que a ênfase que suas colegas dão aos esportes não seja tão útil para admissão na universidade como a geometria talvez fosse. Mas nem todos os pais pensam dessa maneira. Nossas crenças sobre o que empurrará nossos filhos para diante são idiossincráticas mesmo, baseadas numa combinação indefinida de conjeturas e de experiência pessoal. A criação dos filhos com sobrecarga de atividades pode assumir várias formas.

Vejo isso com muita clareza no fim do verão em Missouri City, outro subúrbio de Houston, sentada num parque com Steve Brown. Missouri City é um pouco diferente de Sugar

Land: é mais afro-americana (42%) e não tão rica (mas, mesmo assim, está economicamente bem). O que Missouri City compartilha com Sugar Land, pelo menos na comunidade, é a mania pelos esportes. Steve, especificamente, é *realmente* maníaco por esporte. Estamos ali para assistir ao filho dele de 7 anos jogar futebol.

– Hoje vai ser só treino? – perguntou Steve, juntando duas cadeiras.

Steve e a mulher dele são negros, os dois do sul, e moram em um bairro bonito, mas bem mais modesto do que o de Leslie, com casas que custam em torno de 150 mil dólares. Mas olhando para aquele parque não se vê muita diferença. Ele tem as quadras de esporte mais bem cuidadas que eu já vi.

– Não – diz o filho. – O treino vai ser sábado.

O menino vai para o campo. Nós nos sentamos à sombra. Pergunto para Steve se o futebol foi ideia dele ou do filho.

– Foi... uma ideia da família – ele diz.

Steve é bonito, simpático, animado. Seus ombros estão tensos e ficam mais ainda quando ele vê o filho jogando.

– Sabe, quando eu era criança pratiquei todo tipo de esportes. Só resolvi qual eu queria, tênis, quando cheguei ao ensino médio.

Ele ainda mantém a estética do esporte. Está vestido com a roupa branca do tênis da cabeça aos pés.

– Por isso eu quero expor meu filho a coisas diferentes. Ele está na idade em que *pode* jogar futebol americano. Pusemos num acampamento, no verão, só para ele ter uma ideia. Mas o futebol é um daqueles esportes em que as habilidades são transferíveis.

Steve gosta de dizer que na família dele, quando era menino, "esportes eram tudo". Uma bolsa de tênis deu acesso à universidade. Uma bolsa de basquete tornou outra bolsa acessível para o pai dele.

O filho de Steve se aproxima para beber água.

– Onde *está* todo mundo? – Steve pergunta para ele, olhando para o campo meio vazio.

– Eu não sei.

O filho corre de volta para o campo.

Sei outra coisa sobre o filho de Steve. Ele não é necessariamente o tipo competitivo. Dá para ver, e a mulher de Steve, Monique, praticamente me disse isso. Então pergunto para Steve: e se o filho dele for o tipo de criança que gosta de pintar? Ele dá risada.

– Talvez seja pintor – ele diz. – Mas pelo menos até os 10 anos ele vai fazer isso. – Então ele explica: – Meu irmão não gostava muito de atletismo. Tínhamos doze anos de diferença. E papai não o forçou a nada. Ele não o treinou como fez comigo. – Steve fala com certa delicadeza; depois, com certo cuidado: – Eu não sei que impacto isso provocou no amadurecimento dele, o fato de não ser incentivado. Mas somos bem diferentes, meu irmão e eu.

Na verdade o irmão de Steve se saiu muito bem. Mas Steve... as pessoas *conhecem* Steve. Se ele quiser argumentar que seu engajamento na universidade com esportes competitivos lhe deu uma vantagem na vida, é difícil discutir com ele. Ele tem uma firma em Houston (aliás, fez *lobby* pela Lei dos Primeiros 10%); e é o presidente do Partido Democrata em Fort Bend County. Eu nem fazia ideia de que tivesse um perfil de pessoa pública na comunidade na primeira vez que entrei em contato com ele. Encontrei-o através da organização de pais e professores da escola fundamental Palmer, uma das mais variadas da região. A mulher dele, Monique, e vários outros pais e mães deste capítulo estão na diretoria.

Aconteceu por acaso de ele ser um cara tão conhecido no lugar e, ao mesmo tempo, fazer parte de minha pesquisa. Então, esportes e sucesso, digo eu, estão interligados, no caso dele.

– Hã-hã – diz ele. – Você tem uma força de vontade para vencer que a maioria das pessoas não tem. Acho que isso é uma das coisas que se leva para a vida real. Muita força de vontade e desejo. E ambição.

Ele olha novamente para o campo.

– Onde *está* todo mundo? – ele repete. – Então, por um tempo, vamos continuar fazendo isso – ele diz e continua olhando para o filho. – Isso lhe dá estrutura, ele aprende disciplina e trabalho de equipe, certas coisas que são transferíveis para a vida real. Para garantir que ele tenha um alicerce. Ele pode chegar ao ponto de não querer competir, e tudo bem. Mas acho que atividade física continuará sendo parte das nossas vidas. Para que ele e o filho ainda tenham alguma coisa em comum? Ou para que ele tenha uma boa chance de conseguir uma bolsa para a faculdade?

– Bem, uma bolsa não faria mal nenhum – diz Steve, dando risada. – É uma parte disso – ele reflete um pouco. – É sim uma parte disso – diz ele bem mais sério. – Nós somos competidores na minha família. Fomos criados assim.

Então ele conclui com uma coisa que eu não esperava, que talvez devesse.

– Eu acredito que o futebol vai ser o basquete da próxima geração – diz Steve. – Por isso será um ótimo esporte para dominar. Mais ainda do que quando eu era pequeno.

Em outras palavras, essa é a era da globalização e futebol é o esporte mais popular no planeta. Então se você é aquela mãe ou pai que exige muito dos filhos nos esportes – coisa que Steve admite alegremente ser – e se quiser que seu filho seja competitivo nesse tempo de mudanças – coisa que Steve definitivamente quer –, então futebol é o esporte que se deve jogar.

É FREQUENTE PRESUMIR que o "cultivo orquestrado" é domínio dos pais e mães mais narcisistas. Em alguns casos, isso é verdade. (Daí o termo "filho troféu", uma devastadora nova adição ao léxico da criação de filhos.) Todos nós já conhecemos o pai ou a mãe que esbanja falsa humildade sobre as maravilhas consumadas que são seus filhos. Mas existe também um jeito mais caridoso de interpretar essa correria louca para cultivar os filhos de classe média. Pode-se dizer simplesmente que é a legítima reação de medo, uma reação razoável e profundamente arraigada a um gráfico econômico decadente.

Quando meus pais compraram sua primeira casa em 1974, custou-lhes 76 mil dólares. Conseguiram dar a entrada com a ajuda dos meus dois avôs. Mesmo corrigindo pela inflação, essa quantia é uma merreca hoje. Para comprar a mesma casa teríamos de pagar *três vezes* o preço e duvido que homens com a ocupação dos meus avôs – um administrador de hospital no Brooklyn e um projetista de cinema no Queens (o homem para quem os espectadores gritavam "Olha o foco!" e "Mais alto!" se a imagem e o som não estivessem como queriam) – conseguissem contribuir da maneira decisiva que contribuíram. (E devo dizer que os dois ajudaram com quantias praticamente iguais.) Os dólares de hoje não chegam tão longe e as famílias de classe média não têm tanto dinheiro guardado. Às vésperas da recessão, a dívida média de cada família ultrapassava a renda líquida em 34%.

Em *Perfect Madness*, Judith Warner põe em cena os detalhes do declínio econômico da classe média com doloroso realismo: enquanto um número recorde de casas de famílias norte-americanas valem mais do que 5 milhões de dólares, a renda corrigida das famílias com rendimentos médios não mudou desde os anos 1970; financiamentos da casa tomavam uma parte cada vez maior da renda familiar; os custos de planos de saúde estão agora tremendamente altos (mesmo para as famílias com seguros privados, em média 9% da renda delas, segundo a pesquisa da White House Middle Class Task Force). Especialmente os homens sofreram reveses desmoralizantes em seu potencial de ganhos nas últimas décadas. Entre 1980 e 2009, homens com terceiro grau completo com idades entre 35 e 44 anos (no auge da capacidade de trabalho, pelo menos em teoria) viram seus salários aumentarem menos da metade do ritmo da produtividade. E as mulheres, afinal, pagam um preço elevado por serem mães: segundo Shelley Correll, socióloga de Stanford que estuda desigualdade de gênero na força de trabalho, a desigualdade salarial entre mães e mulheres sem filhos que são igualmente qualificadas é agora maior do que a desigualdade salarial entre homens e mulheres em geral.

Mas talvez o número mais aterrador para pais e mães de hoje venha do Departamento de Agricultura dos Estados Unidos. Eles estimam que uma criança nascida em 2010 custará 295.560 dólares para ser criada por uma família de renda média. Se a família tem renda alta, o número é 490.830 dólares. Se a família tem renda baixa, são 212.370 dólares. Esses valores não incluem o custo da universidade, que está aumentando numa proporção que ultrapassa em muito a inflação.

O custo médio anual de uma universidade particular, para um curso de quatro anos, chegou a mais de 32.600 dólares em 2010, e de uma universidade pública, a quase 16 mil dólares.

Sob essas circunstâncias limitadoras não é surpresa que a classe média de hoje olhe para os filhos e tema que eles tenham pouco poder de compra no mundo quando crescerem. Qualquer pai ou mãe bem-intencionado faria tudo que pudesse para assegurar alguma vantagem para os filhos e dar a eles um destino um pouco melhor.

Ironicamente esse pânico se manifestou de forma mais aparente nas famílias de classe média com mais recursos, isto é, na classe média *alta*, que parece ser a mais assustada com essas mudanças econômicas e a mais ameaçada de perder suas prerrogativas. Em 2005, os economistas Peter Kuhn e Fernando Lozano escreveram que estamos agora num momento crítico: os homens mais bem pagos da força de trabalho dos Estados Unidos são muito mais propensos a fazer hora extra do que os que ganham menos (especificamente os 20% do topo versus os 20% da base). O contrário disso era o padrão durante todo o século XX. E não são as recompensas monetárias que os motivam a trabalhar mais, especulam esses economistas. É mais provável que eles esperem se distinguir num clima de insegurança no trabalho e que, fazendo isso, conquistem mais segurança no emprego. O custo da oportunidade de *não* trabalhar muito é grande demais.

Annette Lareau e seus colegas demonstraram que existe uma analogia entre a criação dos filhos e esse fenômeno. Mães que têm diploma universitário matriculam os filhos em muito mais atividades organizadas – em grande parte, pelos mesmos motivos dos homens mais bem pagos que trabalham tanto. Essas mães também acreditam que o custo de não botar os filhos em montes de atividades extracurriculares é grande demais. É a psicologia problemática de qualquer corrida armamentista: os participantes adorariam não entrar, mas não entrar, na cabeça deles, é o mesmo que ficar para trás.

a mãe irrepreensível

– Você está com meus óculos escuros? – pergunta Benjamin Shou, 13 anos, abrindo a porta de trás do carro. São 14:45 e as aulas dele terminaram. Ele joga a mochila no banco desocupado ao lado. A mãe dele, Lan Zhang, responde em chinês. Ela e Ben sempre falam chinês. Mas, como eu estou ali, ela muda para inglês.

– Você quer comer alguma coisa? Uma fruta? Água? Gatorade?

– Não – diz Ben. – Quanto tempo eu vou patinar?

– Duas horas.

– O quê? – Ele franze a testa.

Ele não é o tipo de criança que se aborrece. Costuma ser seguro, confiante, todo sorrisos. Foi ele que coordenou este meu encontro com a mãe, apesar de a mãe falar um inglês muito bom.

– Eu tenho muito dever de casa – ele diz. – Tenho prova de matemática amanhã.

Lan, que também é dada a sorrir e não muito a formalidades (ela está de calça jeans e sem adorno nenhum, a menos que o elástico de cabelo que tem no pulso conte), olha para ele pelo espelho retrovisor.

– O quê? Devia ser sexta-feira.

– Não. É amanhã. E tenho uma prova de vocabulário também.

– Então quantas horas de dever de casa você tem hoje?

– Três.

Agora é a vez dela de franzir a testa.

— Você quer tirar um cochilo? Tem 25 minutos. Essa é a distância até o Sugar Land Ice and Sports Center.

Ben balança a cabeça.

— Então, o que mais? Alguma novidade da escola?

— Sim. Eu tenho dever de casa demais! — Ele sorri de orelha a orelha.

— É a terceira vez que me diz isso! Talvez possa conversar com o seu treinador. — E ela retribui o sorriso pelo retrovisor.

— Pobre Ben. Todos exigem demais de você.

SE TIVÉSSEMOS A INTENÇÃO DE ESTEREOTIPAR por completo, diríamos que Ben tem a aparência do fruto incomparável de uma mãe tipo tigres asiáticos. Ele frequentou uma escola de prestígio em Houston até a sexta série, hoje estuda na St. John, uma das escolas particulares mais bem faladas da cidade. Começou a aprender acrobacias na patinação no gelo aos 6 anos de idade e hoje treina seis dias por semana, dois desses dias em Sugar Land. Aos 12 anos, em 2011, tirou o décimo quarto lugar na divisão juvenil do Campeonato Nacional dos EUA de Patinação no Gelo. Toda terça à noite tem reunião de escoteiros. Aulas de piano aos domingos, para as quais pratica meia hora por dia. Tira notas muito boas. Como é que uma incansável mãe concentrada na excelência acadêmica *não* estaria por trás de uma parte disso?

Lan, a mãe do Ben, é realmente infatigável. Mas também demonstra perfeitamente as nuances que faltam em qualquer polêmica sobre a criação dos filhos (ou em qualquer assunto, aliás). Lan é muito gentil no trato. Aparenta ansiedade, mas não do tipo que gera agressividade, é muito mais ambivalência e vulnerabilidade. Muitas ocupações de Ben não foram ideia dela. Ele é que ficou obcecado pela patinação no gelo, depois de ver patinadores num natal no shopping perto de casa. Foi ele que expressou interesse por tocar piano depois de ver um vizinho tocar.

E para fins de registro, Lan não leva Ben para o Kumon, o programa que apareceu no Japão nos anos 1950 e que agora tem dúzias de centros só na região de Houston. Ela experimentou uma vez, quando Ben estava na quarta série, mas o menino detestou e ela não insistiu.

– Vou falar francamente – diz ela quando sentamos na galeria acima do rinque de patinação para ver Ben patinar.

– Eu não *gosto* do Kumon. Sou chinesa e o sistema lá é rígido demais. Detestei isso. Quero que Ben cresça como uma criança normal.

Na verdade, Ben está atualmente apenas um ano adiantado em matemática, igual à filha de Leslie, e muitos amigos dele estão dois anos adiantados. Para Lan isso basta. A ideia de que a excelência não é mais suficiente e que a superexcelência se tornou o novo padrão é problema para ela também. Ela diz que se encolhe toda vez que ouve amigas ou pais e mães comparando os resultados de testes padronizados.

– Não quero que Ben ouça isso – diz ela. – Só quero que ele saiba que, se quiser ter sucesso, terá de trabalhar duro. Mas não quero forçá-lo a nada.

Ela leu *Grito de guerra da mãe-tigre*, de Amy Chua?

– Só partes – diz Lan. – Foi meio dramático. E pela experiência que tenho, mesmo que as mães ajam como "mães-tigre", jamais devem *dizer* que são "mães-tigre".

Uma característica das mães concentradas nessa excelência máxima que Lan possui é que desistiram de muita coisa na vida pelo filho. Não era a trajetória que devíamos necessariamente prever para Lan, pois vem de uma família de artistas e intelectuais chineses bem conhecidos e foi criada para acreditar na expressão pessoal. Aprendeu com o pai a tocar violino e começou a publicar poemas e artigos quando tinha apenas 8 anos de idade. Depois de se formar na Universidade Normal de Pequim, tornou-se repórter e editora na China. Só veio para os Estados Unidos quando o MD Anderson Cancer Center ofereceu ao marido dela, Jiang, seu pós-doutorado. Aqui ela trabalhou por um tempo num jornal chinês. Mas então teve Ben e tudo mudou. Ficou os primeiros quatro anos em casa com ele e, quando ele foi para o maternal, resolveu que a vida de repórter não era para ela porque envolvia muitas noites trabalhando até tarde. Em vez disso resolveu fazer um curso de biologia. Agora trabalha no Hospital Infantil do Texas, faz pesquisa de terapia de genes.

Lan acha esse trabalho um desafio. Mas não é sua primeira paixão escrever. O que o emprego dá a ela é um horário compacto que permite que ela esteja em casa com Ben no fim do dia. Toda manhã ela o leva de carro para a escola. Nos fins de semana, ela ou o marido o levam para a aula de piano. Ela também leva Ben de carro para o rinque de patinação nos fins de semana e, nos dias da semana, às vezes o leva para outras atividades esportivas de manhã, antes de as aulas começarem. Há também as atividades do escotismo nos fins de semana e noites de terça-feira.

Menciono que ela deve passar muito tempo dentro do carro.

– É horrível – diz ela. – Se morássemos em Sugar Land, seria muito mais fácil, mas seria longe demais para ir de carro para o trabalho todos os dias. – Ela olha para o gelo pensativa. – E se um dia ele disser para mim: "Eu não quero patinar, quero jogar basquete." Aconteceu com outras crianças que eu conheço. Crianças. Tudo pode acontecer.

Não parece muito provável. Esse verão, Ben passou sete semanas em Colorado Springs, treinando diariamente num rinque enorme, das 6 da manhã até as 18 horas. Depois do treino ia para casa e fazia um curso de matemática online, atendendo à insistência do pai. Lan passou com ele cinco destas sete semanas, usando para isso o que lhe deviam de férias por dois anos de trabalho. O pai de Ben ficou com ele três semanas também.

Bem, digo eu, ela pode dizer para Ben que ele *não pode* abandonar a patinação.

– Eu jamais faria isso – diz ela. – O que falo para ele é: se você gosta muito, posso gastar tempo, dinheiro e energia para apoiá-lo. Só tem de dar o máximo.

No entanto esses gastos – de tempo, dinheiro e energia – são de menos para Lan. Ela diz que o que a assusta mais é todo o capital emocional que investiu na vida do filho.

– Pais e mães querem que os filhos sejam perfeitos – diz ela. – Só que não podem ser. E vemos isso na patinação – ela aponta.

Ben está no meio de uma coreografia muito graciosa, pelo que posso ver.

– Viu esse salto que ele acabou de dar?

Eu vi. Era impossível não ver.

– É um duplo eixo – explica Lan –, mas ele ainda não está firme nele. Fica muito feliz quando consegue fazer, mas triste demais quando não consegue. E eu também fico triste. É muito difícil manter as emoções sob controle.

Uma mulher de rabo de cavalo comprido começa a seguir Ben dentro do rinque, com os pulsos cruzados às costas. Lan explica que é a treinadora dele, Shannon. Ficamos espiando um tempo. O menino é realmente magnífico.

– Ele tem a magia da patinação – diz Lan, evidentemente pensando a mesma coisa que eu.

Ela finalmente se permitiu relaxar, e o prazer e o orgulho ficam legíveis em seu rosto. Como se pensasse: *não dá para acreditar que ele é meu filho.*

– Quando raciocinamos friamente, pensamos, *ora, patinar é só patinar*. *As crianças adoram* – diz ela. – Mas antes das competições não é só diversão. E não podemos ficar de fora. Temos de nos envolver.

Mais uma vez ela olha fixamente para o gelo.

– Minha vida tem três partes – ela diz. – Uma é o trabalho. Outra é Benjamin. E a outra é depois das dez horas da noite, quando escrevo e faço revisão. Mas às vezes estou cansada demais.

E se tivesse mais tempo para ela, se dedicaria mais a escrever?

– Sim – diz ela. – Há muitos livros que quero escrever.

– Lan já teve duas séries de artigos publicadas na China. – Mas tenho de publicar três livros juntos. Para uma série. Não consigo terminar. Não tenho tempo.

Pergunto se Ben alguma vez já leu os livros dela. Ela balança a cabeça. É ela quem tem de conhecer o mundo dele, não o contrário. Mesmo se Ben quisesse ler os livros dela – e se houvesse uma criança que ia querer, essa criança seria Ben –, não poderia. Diferentemente de tantos outros pais e mães do grupo dela, Lan nunca fez o filho aprender a ler chinês.

NO CAPÍTULO DOIS falei das mães que carregam o fardo da maior parte do trabalho de criar os filhos. Esse desequilíbrio vai bem além dos anos em que os filhos são bebês. Em 2008, Lareau e seu colega Elliot Weininger analisaram dois conjuntos diferentes de dados, cada um composto de famílias com filhos no início do primeiro grau e concluíram que "a vida das mulheres é muito mais ligada às atividades dos filhos do que a vida dos pais" – fato que surpreendeu os dois, dado que esse elevado volume de atividades dos filhos à tarde tende a ser de atividades esportivas. (Um motivo, diz a hipótese deles, é que os "pais talvez se envolvam como treinadores em *uma* atividade e as mães cuidem do resto".) As mães, nas amostragens deles, continuavam a assumir os papéis de montar os horários, coordenar a logística e de ser a chata da família, como eram antes. Eram também as mães que continuavam a se preocupar e a carregar o fardo psicológico:

> Eram as mães que matriculavam os filhos nas atividades, que resolviam como transportar os filhos para os treinos, que lembravam que eles precisavam treinar seus instrumentos para as aulas, que passavam as roupas para os recitais ou os uniformes, e que descobriam onde o time itinerante estaria jogando no próximo domingo.

Talvez mais significativo ainda, o estudo de Lareau e Weininger sugere que "pelo menos algumas mães que trabalham fora enfrentem a troca do tempo dedicado ao trabalho remunerado com o tempo dedicado a realizar o lazer dos filhos" – e isso explica por que uma mulher como Lan desistiria da carreira de repórter para encontrar um horário mais flexível trabalhando num laboratório. Lazer organizado *não* é flexível, infelizmente os escoteiros só se reúnem às terças-feiras à noite, e nem sempre previsível ("Espere aí, você venceu as parciais? Então para onde nós vamos neste fim de semana?"). Uma semana cheia de atividades resulta numa semana do que os autores chamam de "pontos de pressão", ou de exigências não negociáveis, e com hora marcada, que recaem sobre as mães desproporcionalmente. "Seus padrões de uso do tempo", escrevem eles, "são mais frenéticos do que os dos maridos." Esses padrões de uso do tempo estão acontecendo como um ponto de inflexão peculiar da nossa cultura. Por outro lado, o número de homens que consideram seu dever ser o principal provedor diminuiu consideravelmente. Entre 1980 e 2000, diminuiu de 54% para 30%. Só que o número de norte-americanos que acreditam que um dos pais tem de ficar em casa para cuidar do filho aumentou. Entre 1989 e 2002, o número subiu de 33% para 41%.

Ou seja, parece que nossas expectativas com pais e mães aumentaram na medida em que nossas atitudes em relação à mulher no mercado de trabalho foram ficando mais liberais. Diante disso, essas tendências disparatadas se contradizem. Mas também podemos argumentar que há relação entre elas: culturalmente podemos ser mais ambivalentes em relação à onipresença da mulher no mercado de trabalho – e aos arranjos não familiares de cuidados com os filhos que resultam daí – do que queremos admitir.

A história certamente sugere isso. No passado, exatamente nos momentos em que as mulheres conquistavam alguma medida de estudo ou independência, o pêndulo muitas vezes fazia um arco violento para trás e a cultura de repente vomitava o recado de que as mulheres deviam ficar sentadas diante da lareira. Vários livros defenderam esse argumento ao longo dos anos, mas o de Sharon Hays, chamado *Contradições culturais da maternidade*, publicado em 1996, ainda figura entre os mais claros para mim. Na visão dela, sempre que a liberdade do mercado ameaça invadir a santidade do lar, as mulheres sentem mais pressão para se dedicarem a ser mães em tempo integral. Mesmo os especialistas mais bem

cultivo orquestrado 187

intencionados fizeram as leitoras sentirem isso. Hays aponta para T. Berry Brazelton, escritor entre os mais vendidos no seu tempo, que declara em seu livro *Momentos decisivos do desenvolvimento infantil* (1985) que, "no local de trabalho, a mulher... precisa ser eficiente. Mas uma mulher eficiente poderia ser a pior mãe para os filhos. Para o lar a mulher precisa ser flexível, carinhosa e dedicada." E esse exemplo parece decididamente cafona hoje em dia, à luz do recém-descoberto entusiasmo sobre envolvimento dos pais e mães na criação dos filhos onde se percebe que este cuidado, embora seja atraente de diversas formas, exige um investimento formidável de tempo e eficiência por parte da mãe que, teoricamente, não pode sair de perto do filho até que esse filho complete 3 anos de idade. Para a família que precisa de duas rendas, esse arranjo não é nada prático, e também não é prático para a mulher que tem outras prioridades para o seu tempo.

Esses são apenas dois exemplos recentes do elo duradouro entre a independência da mulher e as cobranças de mais atenção à criação dos filhos. No seu livro de 2003, *Raising America*, Ann Hulbert faz uma pesquisa virtuosa das práticas da criação dos filhos no século XX e encontra muitos exemplos que antecedem o tempo presente. Na virada do século XX, época em que cada vez mais mulheres estavam cursando alguma universidade, os especialistas da criação de filhos proclamaram que educação universitária era a perfeita preparação para a maternidade porque os filhos eram objetos sempre interessantes de estudos e portanto valiam todo o empenho no cultivo. (Graças ao diploma universitário de sua mãe, escreveu um proeminente pensador da época, "nenhum filho dela chegará àquela idade triste em que pensa que sabe mais do que sua mãe.") Na década de 1920, quando as mulheres começaram a usar cabelo curto e a aproveitar seu novo direito adquirido, o de votar, pesquisadores diziam para as mulheres voltarem para o lar e prestarem mais atenção ao novo campo que emergia, o do desenvolvimento dos filhos. (De um artigo de 1925 no *New York Times*: "Por alguma estranha alquimia cósmica, as mesmas forças econômicas e sociais que desfizeram o lar tradicional e lançaram as mulheres no mundo dos negócios e do prazer praticamente nos mesmos termos que os homens, rompendo com os costumes e a moral da raça, agora destilaram um novo interesse no negócio de criar filhos.") Até o ano em que a palavra "paternagem" ganhou popularidade como indicadora de "criar filhos" pela primeira vez é significativo. Foi em 1970. No mesmo momento marcante em que as mulheres estavam tirando seus aventais, tomando a pílula e lutando pela Emenda de Direitos Iguais, que a palavra "paternagem" passou a ser usada para indicar uma coisa que se podia *fazer* pelo dia inteiro.

Mas talvez o período mais cru deste retrocesso tenha sido durante a era Eisenhower, que formou o pano de fundo para o manifesto de Betty Friedan da segunda onda feminista, *A mística feminina* (*The Feminine Mystique*), publicado em 1963. A Segunda Guerra Mundial provou ser época de florescimento para as mulheres: casavam-se mais tarde, por motivos óbvios, e assumiram empregos no país que eram tipicamente masculinos (a maior parte na indústria da defesa); elas também contribuíram nas linhas de frente como enfermeiras e na corporação feminina do exército. Mas houve um "re-entrincheiramento" nos anos 1950. As mulheres continuavam a trabalhar, mas não entravam no mercado de trabalho com as mesmas ambições das mulheres de dez anos antes. A idade média do casamento para as mulheres caiu para 20 anos em 1950, "a mais baixa na história desse país", escreve Friedan, "a mais baixa em qualquer país ocidental, quase tão baixa como costumava ser nos chamados países subdesenvolvidos".

Ainda bem que muitos problemas sobre os quais Friedan escreveu em *A mística feminina* estão ultrapassados hoje. Mas não significa que não estejamos em meio a um novo retrocesso nas conquistas das mulheres. É apenas de outro tipo. Nos anos 1950, as mulheres sentiam uma pressão maior para manter a *casa* impecável. As palavras "do lar", que as mulheres escreviam nos formulários do censo quando não trabalhavam fora de casa, foram tema dominante no livro de Friedan. As mulheres se sentiam pressionadas a serem ótimas mães também, é claro, mas o símbolo de tudo e o lócus de seus esforços era o lar. Os jantares tinham de ser esplêndidos e pontuais; as camas tinham de estar sempre arrumadas; o chão, esfregado até brilhar. Não importava que a dedicação exclusiva a tudo isso muitas vezes deixasse as mulheres se sentindo vazias e frustradas, um vazio que Friedan chamou de "o problema que não tem nome". A manutenção de um lar impecável era trabalho da mulher, e se ela achasse que não era nada gratificante, bem, tinha de simplesmente virar o prisma alguns graus para ver que estava enganada, que *era* sim um trabalho importante e jamais humilhante. Uma das partes mais reveladoras do livro de Friedan é quando cita documentos internos de pesquisa que obteve secretamente de um consultor:

> Uma das formas de a dona de casa aumentar o próprio prestígio na limpeza do seu lar é usando produtos especializados para tarefas especializadas... quando usa um produto para lavar roupa, outro para os pratos, um terceiro para as paredes, o quarto para os pisos, o quinto para persianas, em vez de limpadores multiuso, ela se sente menos uma trabalhadora sem habilidades e mais como uma engenheira, uma especialista.

Essa era a solução para o problema que não tinha nome. Se as mulheres se sentissem aflitas, ou achassem que o trabalho de donas de casa estava abaixo de sua realização universitária, a resposta era contra-argumentar que suas funções realmente exigiam pessoas bem formadas – as mulheres eram cientistas domésticas.

Hoje as mulheres abandonaram essa forma de ciência doméstica e gastam a metade do tempo com trabalho doméstico que gastavam na época de Friedan (dezessete horas e trinta minutos por semana, para ser mais precisa, contra quase 32 horas por semana, em 1965). Mas elas se tornaram cientistas domésticas de outra maneira: agora são especialistas na criação dos filhos e passam mais tempo com os filhos do que as mães delas passavam. Foi uma mulher em Minnesota que esclareceu essa mudança para mim. Ela observou que a mãe dela se denominava *dona de casa* ou *do lar*. Ela, por outro lado, se denominava *mãe* que fica em casa. A mudança na nomenclatura reflete a mudança da ênfase cultural: as pressões sobre as mulheres foram de manter uma *casa* imaculada para ser uma *mãe* irrepreensível.

E o mercado hoje, que ainda nutre esperança de chamar a atenção para os instintos profissionais das mulheres, oferece para as mães a mesma diferenciação nos produtos para os bebês que oferecia nos produtos de limpeza para as donas de casa há sessenta anos. Na década de 1950, diziam para as mulheres se especializarem nas diferenças entre limpadores de forno e cera para assoalho e sprays especiais para madeira. Hoje em dia, querem que elas se especializem nas diferenças entre brinquedos que afiam a habilidade de resolver problemas e os que estimulam o uso da imaginação. Essa mudança sutil na linguagem sugere que brincar com o filho não é exatamente brincar, e sim um trabalho, assim como era cuidar da casa em outros tempos. O corredor "infantil" é o equivalente de hoje do corredor de produtos no supermercado de 1950 e aquelas estantes cheias de guias de como criar os filhos na livraria são o equivalente de hoje para os livros sobre como cuidar da casa, e que oferecem às mulheres a possibilidade de conquistar o doutorado na criação dos filhos. As reações rebeldes a esses diferentes padrões são moldadas por suas épocas. No final dos anos 1960 e na década de 1970, as mulheres se ergueram contra a dona de casa perfeita. Sue Kaufman escreveu *Diary of a Mad Housewife* em 1967; em 1973, Erica Jong escreveu *Medo de voar* (*Fear of Flying*), que incluía um violento protesto contra a mulher ideal: "Ela cozinha, cuida da casa, faz as compras, faz as contas, ouve os problemas de todos... eu não era uma boa mulher. Tinha muitas outras coisas para fazer." Por outro lado, hoje em dia a típica história de rebeldia não é sobre ser uma péssima esposa. É sobre ser uma péssima *mãe* – que, na verdade, é o título de um livro de ensaios, de 2009, escrito por Ayelet Waldman.

As histórias de malfeitos maternos capturam a nossa imaginação porque o imperativo, a obrigação da "maternidade intensiva", persiste e leva as mães a buscar apoio moral de todos os tipos. Hays, por exemplo, observa que sempre que as mães que ficam em casa para cuidar dos filhos confessam sentimentos ambivalentes sobre a opção que fizeram justificam sua decisão dizendo que ficar em casa é melhor para os filhos. Mas sempre que as mães que trabalham fora confessam que têm sentimentos ambivalentes sobre a opção que fizeram, dizem exatamente a mesma coisa: *trabalhar* fora é melhor para os filhos. "A grande maioria dessas mulheres não reage", escreve Hays, "argumentando que os filhos são um pé no saco e que o trabalho remunerado é mais prazeroso." Em vez disso, ela diz, argumentam que estão dando aos filhos mais renda para conquistas extracurriculares. Ou que servem de modelo para uma ética do trabalho. Ou que o trabalho as deixa mais concentradas como mães e aprimora a qualidade do tempo que passam com os filhos. Elas usam o efeito nos filhos para justificar qualquer resposta.

a mãe solteira irrepreensível

– Pode ser que ela use e pode ser que não use isso – disse Cindy Ivanhoe, tirando um vestido de uma arara na loja JC Penney. – Sar? Sarah? Sarita?

A filha dela, travessa e adorável, olha para ela e franze o nariz.

– Posso botar Botox neste rosto para você – diz Cindy.

Ela é médica, fato que melhora a piada, só que sua especialidade é danos no cérebro e não cirurgia plástica. Cindy trabalhou muito tempo no TIRR Memorial Hermann de Houston, ajudando a criar o programa em que a congressista Gabrielle Giffords acabou se inscrevendo para se reabilitar depois de danos graves provocados por tiros contra seus eleitores em 2011. Poucos anos atrás, Cindy passou a operar na medicina privada, apesar de ainda escrever e ensinar na Baylor College of Medicine.

Sarah pega um vestido preto e branco que é meio provocante.

– Não – diz a mãe. – Você tem só 12 anos.

A filha precisa de uma roupa para ir ao *bat mitzvah* de uma amiga.

Cindy se vira para mim.

– Acho que a pior parte é o cansaço – diz ela. – Porque não nos tornamos a pessoa que queremos ser. Seria útil se eu não trabalhasse, mas, por outro lado, enlouqueceria se não trabalhasse. Passou a ser o meu recreio, o que é meio doentio...

Sarah mostra uma peça que parece uma saia, mas é difícil ter certeza.
Cindy fica olhando para a roupa.
— Não. Isso parece aquelas calçolas antigas.
— Tenho a blusa que combina.
— Você tem a blusa. Mas... não.
Cindy suspira.
Quem ela seria, se não estivesse exausta?
— Seria menos ranzinza no fim do dia, quando tenho de verificar o dever de casa — diz ela. — Ou ouvi-la cantar para seu *bat mitzvah*, ou quando tentasse fazer com que um adolescente — ela se refere ao filho — falasse um pouquinho sobre o que realmente está sentindo, porque ele bloqueia todo o estresse. Eu teria mais tempo para isso. Mas eu tenho todas as responsabilidades.
Cindy e o marido se separaram em 2006. Ele não mora mais em Houston.
Cindy pega um vestido comprido e esvoaçante, estilo anos 1960.
— Prometo que. se você gostar de algum desse tipo. eu mando fazer a bainha.
Sarah reage erguendo uma abominação de tule.
— Sinceramente eu preferia usar *isto* a *isso* aí. — Ela sorri e não está sendo insolente.
Cindy faz que sim com a cabeça.
— Está bem.
Vamos para o provador e nos sentamos na área comum. Sarah desaparece atrás de uma das cortinas.
— Levei anos para relaxar quando chegava em casa — continua Cindy. — Em parte era por ter filhos. Mas graças a outras coisas estressantes, financeiras e mais, eu ainda estou...
Ela não termina a frase, mas a palavra que falta é: *exausta*.

Sarah começa a sair e entrar na cabine, exibindo os vestidos. ("Não." ... "Não." ... "Pode ser." ... "Bonitinho." ... "Curto demais." ... "Vai perder em poucas semanas.")

– E eu me preocupo – diz Cindy – com o que vão se lembrar de mim, como é que vai ser? "Mamãe estava sempre tentando assumir o controle do seu trabalho. Mamãe estava sempre tentando pagar as contas em dia." Ou sei lá o quê. "Mamãe estava sempre tentando melhorar."

Então Sarah aparece, dessa vez sem nenhum traço de ironia no rosto. O motivo é óbvio. Ela está linda. E o mais engraçado é que tinha pegado esse vestido como uma piada. Tem "frufru" como gosta de dizer, um modelo tradicional de cetim. Sarah tinha pegado para se divertir. E agora está nos maravilhando.

Cindy fica contente.

– Deixe-me ajeitar as alças. – Ela mexe no vestido. – Está se sentindo bonita?

Sarah meneia a cabeça, ainda chocada.

– Dê uma volta. – Cindy admira a filha. – Quer esse para a festa desse sábado?

– Quero.

Sarah dá meia volta e desfila na volta para a cabine do provador. Cindy a segue com os olhos.

– Sabe, a gente põe filhos no mundo. Ama esses filhos. *Morreríamos* por eles. – Ela balança a cabeça. – Eu só queria poder descansar mais.

ESTUDOS SOBRE FELICIDADE E CRIAÇÃO de filhos são tremendamente complexos e muitas vezes problemáticos. Mas não importa como são feitos, não importa a metodologia que os pesquisadores usam, ou qual conjunto de dados, ou que pedaço do coração ou da alma eles desejam traduzir em números, as mães solteiras não se saem bem. E a razão para isso deve ser econômica. Mães solteiras não são só as divorciadas mas também as mulheres que nunca se casaram. A regra nos Estados Unidos é que mães que nunca se casaram não cursaram nenhuma faculdade e assim reduziram drasticamente os horizontes econômicos. Ganham menos de um quarto da renda de famílias em que duas pessoas trabalham, têm mais problemas de saúde e menos laços sociais. Dados esses fatos brutais, dá para entender que as mulheres que nunca se casaram afetariam os resultados de qualquer pesquisa que procure avaliar a felicidade materna.

O caso de Cindy é diferente. Ela é divorciada e não alguém que nunca se casou. Ela ganha bem, mora numa boa casa e tem um círculo leal de amigos. Mas a vida dela, que é cheia de confortos de classe média, prova como as mães divorciadas podem sofrer ainda mais do que suas colegas casadas. É verdade que recebem pensão para os filhos, mas a renda delas, em média, é apenas a metade da das famílias com pai e mãe. (Cindy também está batalhando com complicações nas finanças neste momento, assinou um financiamento de um novo consultório médico logo antes do colapso do mercado imobiliário.) Como os filhos passam mais tempo sob o teto das mães do que o dos pais, as mães solteiras ficam com a parte do leão do trabalho emocional que é o consolo dos filhos quanto ao divórcio – uma variação especial do que Arlie Hochschild chama de "terceiro turno", no qual as mães são os gurus da empatia. E as mães solteiras de classe média ficam sobrecarregadas com as mesmas pressões intensivas da maternidade que as mães casadas, mas com menos tempo e flexibilidade para administrar isso. Suzanne Bianchi, que, com tanta agilidade, amassou os números da pesquisa do uso do tempo pelos norte-americanos, nota num ensaio recente que pais e mães solteiros muitas vezes "têm as mesmas cobranças sobre o seu tempo de pais e mães casados, mas só a metade dos adultos para atender a essas cobranças".

Changing Rhythms of American Family Life, de 2006, é um compêndio de dados sobre a utilização do tempo pela família, do qual Bianchi é coautora, conta essa história em números. As mães solteiras são as que mais registram ter pouco tempo para elas mesmas do que seus pares casados (especialmente os pais casados), são as que mais registram multitarefas "a maior parte do tempo". Passam menos quatro horas e meia por semana socializando do que seus pares casados e uma hora e meia a menos fazendo as refeições.

– Às vezes encontro uma amiga para tomar um drinque – diz Cindy. – Vou muito raramente ao cinema. Mas estou sempre atrasada.

Esses problemas de tempo, que se transformam rapidamente em problemas de estresse, se espalham em outras áreas da vida. Como o namoro.

– Eu tinha saído com alguém que conheci esse verão – Cindy conta quando estamos na sala do provador – e eu disse para ele: quer saber? Quando as aulas começarem, você vai correr como o diabo da cruz. No fim de agosto ou início de setembro, o pouco de liberdade que eu tenho vai *evaporar*.

Poucos minutos depois, ela recebe uma mensagem de texto do filho, cujos joelhos estavam preocupando – ele corre *cross-country* na escola. *Dá para você comprar uma tonelada de gelo no caminho para casa?* Ela gira os olhos para cima e fica olhando para o vazio.

– Como já disse para muitos amigos, eu não namoraria comigo – diz ela. – É assim, desculpe, preciso procurar gelo agora.

Logo que saímos da JC Penney, ela corre para pegar o gelo. Não tem mais ninguém para fazer isso. Depois, vai para casa e envolve cuidadosamente os joelhos do filho.

o trabalho do homem nunca acaba

Não são só as mulheres que estão vivenciando essa pressão indevida para ser mães perfeitas ("a mística da mamãe", como chama Judith Warner em *Perfect Madness*). Os homens estão sendo vítimas dessa pressão também. O Instituto das Famílias e do Trabalho chama esse fenômeno de "a mística do novo macho" em um relatório com esse mesmo nome lançado em 2011. Baseado numa amostragem numerosa e nacionalmente representativa da força de trabalho norte-americana, a organização descobriu que os pais de hoje trabalham mais horas do que seus pares sem filhos (quarenta e sete horas por semana contra quarenta e quatro) e que têm muito mais tendência do que os que não têm filhos de trabalhar mais de cinquenta horas por semana (42% versus 33%). Mas o mais surpreendente é a descoberta sobre o conflito do trabalho com a família. Hoje os homens sentem esta separação mais do que as mulheres, especialmente quando são casais com os dois trabalhando fora.

O fato de os homens se sentirem assim pode ser explicado em parte, e nem é surpresa, pelas incertezas, pelo rigor e pelos excessos da economia moderna. Os homens nessa pesquisa se preocupavam muito mais com a perda do emprego do que em estudos anteriores feitos pelo Instituto da Família e do Trabalho. Em 1977, 84% dos homens pesquisados achavam que estavam profissionalmente seguros. Em 2008, antes mesmo da recessão, esse número baixou para 70%.

Os trabalhadores de hoje também precisam aturar invasões constantes do trabalho em suas casas a qualquer hora via tecnologia. Quarenta e um por cento do universo pesquisado registrou receber mensagens do escritório em horários fora do expediente pelo menos uma vez por semana. E em 2008, muito mais homens concordaram com a afirmação "No meu trabalho, eu tenho de me esforçar muito" do que em 1977 (88% contra 65%). E também concordaram em maior número com a afirmação "No meu emprego, eu tenho de trabalhar muito rápido" (73% contra 52%).

Mas Ellen Galinsky, coautora do estudo e chefe do Instituto do Trabalho e das Famílias, suspeita de que os pais de hoje também estejam passando por uma mudança nas prioridades culturais e com ela uma mudança nas prioridades internas. "Eles não querem ser desenhos de palitinhos na vida dos filhos", ela disse para mim.

Ninguém demonstrou isso de forma mais vívida do que Steve Brown sentado lá no campo de futebol, observando o filho. O celular dele era uma máquina de *pinball* tilintando e zumbindo e ele rolava os e-mails durante o treino do filho.

– Essa costuma ser a hora do Blackberry – ele explicou à guisa de desculpa.

Em dado momento perguntei o que ele achava mais difícil na tarefa de ser pai e criar um filho.

– Encontrar tempo para fazer tudo que a gente quer – ele respondeu imediatamente. – Equilíbrio da vida com o trabalho. E agora até equilíbrio na comunidade. Às vezes essas três coisas juntas.

Comunidade porque Steve organizava eventos para angariar fundos e eventos políticos até cinco noites por semana.

– E realmente é um desafio para resolver – diz ele. – Tipo, quais semanas posso ser organizador dos eventos? Que semanas preciso voltar para casa? E que dias Monique precisa ir a algum lugar? Eu tenho de escolher. E Steve tem mais flexibilidade no trabalho do que a maioria dos homens. Como dono do próprio negócio, ele determina seu horário de trabalho. Pode trabalhar nos fins de semana se não conseguir comprimir toda a carga de trabalho nos dias da semana. Mas a questão é que Steve não *quer* trabalhar nos fins de semana. Quer ir para o campo de futebol porque é temporada de jogos e o filho mais velho joga bem futebol. Mas isso requer abdicar de maiores pretensões políticas – que ele tem – pelo bem da estabilidade da família.

– Agora não é boa hora de ir para Washington ou para Austin – ele disse para mim. – Em algum ponto vamos tomar essa decisão, mas quando esses carinhas estiverem um pouco mais velhos.

Gerações de homens antes dele jamais pensaram assim. E alguns ainda não pensam. Mesmo com todos os seus instintos progressistas, Steve prontamente admite que Monique ainda faz a maior parte do trabalho doméstico. E também quase todo o cuidado com os filhos, embora goste de brincar declarando muito sério: "Sou eu que cuido de vocês todos aqui", só para ver como Monique reage. Ela cozinha, mas é ele que lava os pratos. Ela cuida do banho dos meninos e prepara as roupas para o dia seguinte, e de vez em quando é ele que faz isso. Naquela noite, enquanto conversava com Monique, assistente social no centro de Houston, ela me disse exatamente a mesma coisa que Kenya, uma das mães do ECFE:

– A parte mais estressante do dia para mim é desde a hora em que saio do trabalho até as dez da noite.

Esse ano que passou. os meninos ficaram duas semanas na casa dos pais dela em Baton Rouge, para ir ao acampamento de tênis.

— E nós trabalhamos até tarde todos os dias, em vez de sair — ela diz. — Estávamos pondo em dia reuniões que nunca fizemos e resolvendo coisas que nunca resolvemos.

Pergunto o que mudou na sua vida profissional depois que teve filhos.

— Eu costumava trabalhar com crianças adotadas — ela disse. — Que exigiam muito trabalho à noite. Não poderia fazer isso agora. Mas eu *adorava* trabalhar com elas.

Monique olha para os filhos. Já está chegando aquela hora em que as crianças começam a se debater às cegas como mariposas pela casa.

— Às vezes tenho vontade de botar uma coleira no pescoço deles. — Ela começa a rir. — Cuidar desses dois é quatro vezes mais trabalhoso do que cuidar de um só.

— Eu discordo — diz Steve, que está, discretamente, comendo uma quentinha e assistindo ao US Open num canto da cozinha. — Digo duas vezes mais trabalhoso.

Monique rola os olhos nas órbitas como se dissesse *esse cara não sabe de nada.*

Steve olha sério para ela.

— Sou eu quem cuida de todos aqui.

Monique retribui o olhar.

— Se é você quem cuida, sabia que Mathis — o filho de 3 anos — entrou no quarto às 3:30 da madrugada, todo molhado?

Ele arregalou um pouco os olhos.

— Não.

— Fez xixi na cama. Levantei-me, troquei o pijama dele e a roupa de cama.

Steve passou esse tempo todo dormindo. E ela não o acusa de nada. Eles tinham um acordo, esses dois, uma combinação que funcionava.

— É você quem cuida... — diz ela, sorrindo para ele.

a criança dentro de casa

Não há muitas crianças andando de bicicleta por aqui. Passei alguns dias nos subúrbios de Houston até diagnosticar essa estranha ausência, essa versão mais recente do cão que não latiu. Hoje o dia é de sol e está bem abafado, do tipo que durante a minha infância faria minha mãe me mandar para o beco passar o resto da tarde. Mas ali, naquela rua com paisagismo de luxo, a poucos passos da escola fundamental Palmer de Missouri City, no Texas, está tudo quieto.

Chego à porta da casa de Carol Reed pensando nisso, uma casa bonita de tijolos com uma piscina pequena no quintal. Há pouquíssima vida na rua.

Carol vem me receber. Ela, como Monique, é membro da associação de pais e professores da Palmer, apesar de morar num bairro um pouco mais chique, com casas um pouco mais caras. Mas, diferentemente da maioria das mulheres que conheci naquela área, ela foi criada em Massachusetts (e tinha o sotaque para provar), prefere o cabelo bem curto e os óculos grandes. E diferentemente da maioria das mulheres que conheci ali, ou em qualquer lugar, ela está criando filhos com diferença de uma geração inteira entre eles. Ela teve um filho aos 21 anos de idade. Seis anos atrás, ela, aos 47, resolveu com o segundo marido que queriam um filho e adotaram uma bebezinha chinesa. Quando Emily chegou, estava malnutrida e tinha acabado de sofrer uma cirurgia cardíaca. Hoje está na primeira série, com saúde perfeita. Carol fica em casa com ela.

Carol faz um relato misto sobre as diferenças entre a criação de filhos antes e agora. Hoje ela tem uma rede social maior, o que é bom, e mais segurança e experiência – os outros e outras não tentam dizer de que modo ela deve cumprir sua função.

– Mas, como Emily é filha única – diz Carol –, ela quer que eu brinque com ela.

Comento que o filho dela, que hoje tem 31 anos de idade, também era filho único. Por que foi tão diferente?

– Eu não sei – diz ela depois de um tempo. – Mas eu brincava menos com ele. Havia mais crianças na vizinhança. Ele dormia mais na casa dos amigos. – Ela pensa mais um pouco. – Emily gosta de ver gente aqui. Mas não gosta de ir para a casa dos outros.

Claro que é possível que Emily seja aquele tipo de criança que diz: "Mamãe, vem brincar comigo!" Mas Carol me mostra a casa e crio uma outra teoria. Emily não tem apenas um lindo quarto só dela. Tem também um lindo quarto de brincar, dominado por uma casa de bonecas amarela, um cavalete gigante de pintura e uma cozinha incrível. Material artístico, bichos de pelúcia e brinquedos ocupam todos os cantos. São guardados em gavetas transparentes e em caixas de cores vivas, empilhados dentro de um banco que ocupa o espaço sob a janela e empilhados até o alto em todas as superfícies, inclusive sobre as miniaturas de mesa e cadeira. O lugar é como o país das maravilhas para uma criança, igual a muitos espaços de creches e das salas de espera de pediatras. O que é estranho é que esse quarto de brincar não é tão diferente dos quartos de brincar de outras crianças da classe média. Não é mais exótico, com todo aquele equipamento, todos aqueles brinquedos fabricados no exterior e vendidos aqui a preços acessíveis, pela Amazon ou no Walmart.

– Isso é como o apartamento dela – diz Carol quando me mostra os quartos. – É onde ela nos recebe. De vez em quan-

do ela muda tudo. Às vezes é um restaurante, ela faz café ou bolinhos. – Carol aponta para a cafeteira, o processador e a batedeira de brinquedo. – E às vezes é uma loja. – Ela aponta para o carrinho de supermercado e para a caixa registradora. Olho para Carol. Ela dá risada.
 – Eu sei – diz ela, olhando para tudo. – Meu filho não teve nada disso.

A "SENTIMENTALIZAÇÃO" DA INFÂNCIA produziu muitos paradoxos. Mas o mais curioso talvez seja que as crianças adquiriram mais e mais coisas, quanto mais inúteis essas coisas se tornavam. Até o fim do século XIX, quando crianças ainda davam uma contribuição essencial para a economia doméstica, não havia brinquedos como os que conhecemos agora. Brincavam com o que encontravam e com utensílios domésticos (paus, panelas, vassouras). Em seu livro *Children at Play*, Howard Chudacoff escreve: "Alguns historiadores chegam a afirmar que, antes da era moderna, a brincadeira mais comum das crianças não era com brinquedos e sim com outras crianças – irmãos, primos e colegas."

Mas, em 1931, as crianças já tinham coisas suficientes para a Casa Branca de Hoover (e seus seis filhos) declarar que mereciam um quarto só para elas. Numa conferência sobre saúde infantil, conferencistas disseram que as crianças precisavam de "um lugar em que possam brincar ou estudar sem interferência de ou conflito com as atividades dos membros adultos da família". A ideia do quarto de brincar moderno nasceu por decreto do executivo.

Nos anos imediatamente após a Segunda Guerra Mundial – o tempo em que a infância moderna começou para valer –, o quarto dos brinquedos também começou a existir para valer. Em 1940, a venda de brinquedos chegava a modestos 84 milhões de dólares. Em 1960, tinham chegado a 1,25 bilhão de dólares. Muitos brinquedos infantis clássicos foram inventados nessa época, inclusive Silly Putty (1950) e Sr. Cabeça de Batata (1952). E as opções naquele tempo eram poucas, comparadas com o que temos hoje, quando quartos de brincar bem abastecidos como o de Emily se tornam cada dia mais comuns. Em *Parenting, Inc.* (2008), Pamela Paul escreve que as vendas da indústria de brinquedos "para bebês, apenas do nascimento até 2 anos" eram de mais de 700 milhões de dólares por ano. E segundo a Associação das Indústrias de Brinquedos dos Estados Unidos, as vendas domésticas de brinquedos foram de 21,2 bilhões dólares em 2011, valor que não incluía videogames.

Tais oceanos de fartura tiveram consequências involuntárias. Em *Huck's Raft*, Steven Mintz observa que os brinquedos antes do século XX eram essencialmente sociais – cordas de pular, bolinhas de gude, pipas, bolas. "Os brinquedos manufaturados modernos", ao contrário, "pressupõem uma solidão que não fazia parte da vida da criança antes do século XX." Ele pensa em lápis de cera, por exemplo, que foram lançados em 1903. Ou dos brinquedos de montar como Tinker Toys (1914), Lincoln Logs (1916) ou Lego (1932).

Em geral, escreve Mintz, "uma característica que define a vida dos jovens hoje em dia é que eles passam mais tempo sozinhos do que seus antecessores". São criados em famílias menores (22% das crianças norte-americanas de hoje são filhos únicos). Têm mais chance de ter um quarto só para eles do que as gerações passadas e de morar em casas maiores, portanto toda a arquitetura da vida delas conspira contra a socialização com outros membros da família. Também vivem num país de subúrbios e cidades dormitório, em que vizinhos e amigos moram muito longe. O isolamento resulta em mais trabalho para os pais e mães. Os filhos os recrutam como companheiros de brincadeiras, como Emily faz com Carol. Vivem pedindo para os pais os levarem de carro para lá e para cá. E pais e mães aceitam isso, com medo de os filhos se sentirem solitários se não fizerem essas coisas. Esse é mais um motivo para pais e mães marcarem tantas atividades depois das aulas para seus filhos. Lareau notou isso imediatamente nas famílias que estudou. "Pais e mães de classe média se preocupam achando que se o filho não participar de atividades organizadas não terá ninguém com quem brincar depois das aulas, ou durante as férias de verão e da primavera."

Infelizmente o resultado disso – totalmente despropositado – pode ser um ciclo que se perpetua sozinho. Se as crianças levam vidas com horários rígidos desde a mais tenra idade (inclusive nas creches, que cada dia mais adotam a abordagem por módulos para dividir o dia), eles raramente vão sentir tédio e assim não aprenderão a *suportá-lo*, de modo que procurarão os pais e mães para ajudá-los a aliviar essa sensação. Nancy Darling, psicóloga de Oberlin e autora do blog sobre criação de filhos "Thinking About Kids" falou sobre isso numa publicação de 2011. Diz ela que quando era pequena...

... ficávamos entediados o tempo todo. Não havia atividades extracurriculares para as crianças até o ginásio, exceto para os escoteiros, uma vez por semana, talvez a 4H [organização para a juventude] e o catecismo na igreja, aos domingos. Poucas mães trabalhavam fora, de modo que chegávamos da escola às 15 horas e ficávamos de bobeira. Não tinham inventado

Vila Sésamo; Pernalonga e Alceu e Dentinho eram os únicos programas para criança na televisão, a não ser aos sábados de manhã... Por causa disso, nossas mães – sempre ocupadas cozinhando, limpando, assistindo a novelas, encontrando vizinhas e geralmente mantendo uma enorme rede de serviços voluntários (no escotismo, na igreja, na Cruz Vermelha etc.) costumavam responder às nossas reclamações de que não tínhamos nada para fazer, sugerindo que nossos quartos precisavam muito de uma faxina. Aprendemos a não perguntar mais e a inventar alguma outra coisa.

Então é para enlouquecer quando vemos que nossos filhos não conseguem sequer organizar o quarto, mesmo quando cumprimos o nosso papel e diminuímos a capacidade de improviso deles... Não é que essas atividades organizadas não tenham suas virtudes, acrescenta Darling. Mas, por causa delas, especula, "as crianças têm pouquíssima experiência de inventar SOZINHAS coisas para fazer. Elas têm sido PASSIVAS (letras maiúsculas dela, não minhas)." Essa passividade pode ser especialmente difícil quando as crianças terminam o primário e o peso de resolver como vão administrar o tempo livre se torna responsabilidade delas. Como Darling explicou para mim depois: "Nenhuma criança diz: 'Oba, agora tenho tempo livre – vou ser um colecionador de selos!' Os passatempos levam tempo para ser incorporados."

Mas, como os filhos de classe média de hoje ocupam posição privilegiada dentro da família, e porque os pais e mães se dedicaram mais ao bem-estar deles, as crianças sentem que têm poder para tornar o seu tédio responsabilidade dos pais. Lareau também notou isso. "Os filhos da classe média", escreve ela, "muitas vezes sentem que *têm o direito de receber* atenção dos adultos e de que os adultos intervenham nas suas brincadeiras."

PAIS E MÃES CERTAMENTE SE SENTIRIAM muito menos pressionados a manter os filhos ocupados ou entretidos – e mais seguros em relação à capacidade dos filhos de inventarem a própria diversão – se não tivessem problema por mandar os filhos brincarem lá fora. Mas fazem isso cada vez menos. E aqui mais uma consequência paradoxal do nosso sentimentalismo: quanto mais economicamente inúteis os filhos pequenos se tornam, mas agressivamente tentamos protegê-los.

Podemos discernir os contornos dessa moda simplesmente estudando a história do playground moderno. Em 1905, havia menos de cem parquinhos em todo o país. Em 1917, havia quase quatro mil porque os reformistas insistiram neles. Antes disso, as crianças brincavam nas ruas. Mas de repente precisaram de proteção de uma invenção letal nova em folha: o automóvel. Por isso, em 1906, reformistas estabeleceram a Associação de Playgrounds dos Estados Unidos (Playground Association of America).

Hoje em dia, as crianças levam vidas ainda mais enclausuradas. São criadas em lares com mesas de centro acolchoadas, tomadas tampadas, escadas com portões. Elas vão a parquinhos que oferecem proteção, não só das ruas mas do próprio equipamento, com balanços aconchegantes como fraldas e superfícies esponjosas para amortecer as quedas dos trepa-trepas.

Então talvez não seja uma surpresa ver que, quando os filhos crescem e já podem se aventurar sozinhos – ir ao mercado, à casa de um amigo na mesma rua –, os pais e mães ficam ressabiados de deixá-los ir, acreditam que o mundo é um lugar perigoso. O número de crianças que vão a pé ou de bicicleta para a escola caiu de 42% em 1969 para 16% em

2001, segundo uma pesquisa do Departamento de Transportes, apesar de os crimes contra crianças estarem diminuindo gradativamente nas últimas duas décadas, tornando este momento talvez tão seguro para as crianças como jamais foi. (Para citar um exemplo, entre 1992 e 2011, o registro de abuso de crianças caiu cerca de 63%.)

É também possível que essa angústia com a segurança dos filhos seja mais uma manifestação da ambivalência da nossa cultura quanto à mulher inserida no mercado de trabalho. Com tantas mães ganhando salário fora do lar, há menos olhos nas ruas, e com menos olhos nas ruas, cresce o pânico quanto aos perigos potenciais dessas ruas. Mintz observa que, durante a década de 1980 – quando as mulheres estavam marchando para o trabalho com seus tênis Reeboks e ternos de executivas poderosas –, se espalhou, feito rastilho de pólvora, a paranoia de que havia abuso sexual nas creches. "Em retrospecto", escreve ele, "dá para ver que os pais apavorados transferiram as próprias ansiedades e culpa sobre deixar os filhos com estranhos para os cuidadores das creches." Houve uma onda alarmante, quase simultânea, sobre sequestros e loucos pondo giletes nos doces do Dia das Bruxas. Os rostos de crianças desaparecidas começaram a aparecer nas caixas de leite mais ou menos nessa mesma época, quando, na realidade, as abduções por estranhos provavelmente chegavam a quinhentas ou seiscentas por ano, ou uma em cada 115 mil crianças (quando aproximadamente quatro vezes mais crianças morriam como passageiras em acidentes de automóvel).

Hoje a paranoia de sequestro é estimulada nem tanto pelas caixas de leite e sim pelo excesso de notícias via cabo e pela nova transparência nos registros policiais. Essas duas forças eram bem evidentes no Texas. Praticamente todos os pais e mães com quem conversei em Sugar Land e em Missouri City mencionaram o medo de sequestro em certo momento, apesar de viverem em bairros de classe média alta ultrasseguros. Logo fiquei sabendo que o Texas tem um registro público, com acesso via internet, de criminosos sexuais. Qualquer pessoa pode se conectar, digitar o endereço dele ou dela e ver qual o criminoso sexual recentemente libertado mora perto da sua casa. Carol Reed especulou que era um dos motivos de o filho mais velho receber menos atenção quando era pequeno.

– As coisas não eram tão assustadoras como são agora. Ou nós não tínhamos *noção* de como eram assustadoras.

Confesso que, no início, achei esse medo muito irracional, dada a saúde robusta do bairro e da proximidade da casa dela com a escola local. Mas então fui ver online. Um endereço e perfil de um sujeito a 400 metros da casa dela apareceram imediatamente, seguidos de mais três, todos a menos de 1,5 quilômetro de distância. Os detalhes das histórias dos crimes deles não eram muito precisos. Cerca de 90% dos criminosos sexuais condenados atacaram pessoas que conheciam e não filhos de estranhos. Mas esse não é o tipo de notícia que dê segurança para a maioria dos pais e mães. Nem eu mesma sei se acho isso atenuante.

HÁ MAIS UMA COISA QUE MANTÉM as crianças dentro de casa atualmente, algo que as atrai para os sofás de todo o mundo com a força de um superímã: a grande variedade dos divertimentos eletrônicos.

– A metade do tempo – disse uma mãe de Sugar Land com filho de 10 anos – quando meu filho vai lá para fora, volta em poucos minutos com o vizinho para jogar videogame.

O progresso tecnológico nos últimos quinze anos é imenso, claro, e vou explorá-lo melhor no próximo capítulo. Também devo declarar, antes de tudo, que não sou alarmista quanto ao que se refere às novas modalidades da era da informação. Mas se considerarmos apenas os dados brutos dos videogames (um estudo de 2010 da Kaiser Family Foundation diz que crianças de 8 a 10 anos de idade jogam cerca de uma hora por dia) e depois acrescentamos os dados sobre a televisão para o mesmo grupo etário (três horas e quarenta e um minutos, e mais trinta e oito minutos desde 2004) e o uso do computador sem ser para trabalhos escolares (quarenta e seis minutos), não é de admirar por que pais e mães começam a pensar no impacto cumulativo desses entretenimentos – especialmente para uma geração que tem muita dificuldade em suportar o tédio. (Sessenta por cento de todos os usuários "pesados" de tecnologia, no estudo da Kaiser, se descreveram como "frequentemente entediados", comparados com 48% de usuários "moderados".) Tempo de tela consome muito tempo. Um pouco deste tempo é socializado, mas a maior parte é solitário. Um estudo recente descobriu que 63% de meninos na sétima e na oitava séries jogam videogame sozinhos "muitas vezes" ou "sempre".

O medo dessa nova e intensa forma de utilização do tempo ainda dá outra explicação para o fato de os pais matricularem os filhos em mais atividades. E isso também explica, eu acho, a imensa atração pelo escotismo em muitas comunidades que visitei.

O Boy Scouts of America foi fundado em 1910, tempo de rápida urbanização, que gerou temores de que os rapazes estivessem se degenerando em almofadinhas, optando pelos prazeres fáceis da vida na cidade e deixando de lado o trabalho duro do campo. Também foi nesse momento que o trabalho infantil foi criminalizado e as crianças estavam, como diz cruamente Viviana Zelizer, se tornando inúteis. O resultado foi um medo quase histérico de o homem se afeminar. E esse medo existe até hoje, muitas vezes expressado quando os pais reclamam que os filhos jogam Xbox demais e entram demais no Hulu. O escotismo parece o antídoto perfeito para aquelas horas sedentárias passadas diante de uma tela.

– Eu *adoro* os escoteiros – disse Laura Anne, a mãe do clube de lobinhos no início desse capítulo. – Fizemos um acampamento na semana passada. Andrew e Robert fizeram aquelas coisas que os meninos não fazem mais. Trabalho com couro, arco e flecha, atirar com armas de *paintball* –, diversão à antiga.

Não importa que os jogos e aventuras online possam acabar sendo *úteis* para a próxima geração, preparando-a para o futuro escrito em código HTML. Em algum nível primitivo, certos ou errados, ainda associamos habilidade prática com coisas que podemos *fazer fisicamente*. É a saudade desses feitos mais táteis, mais "manuais", que certamente explica a fenomenal popularidade de *O livro perigoso para garotos* (*The Dangerous Book for Boys*), publicado em 2006. O livro dá instruções de como *fazer* as coisas: como amarrar cinco tipos de nós essenciais. Como caçar e cozinhar um coelho. Como fazer um carrinho, uma bateria, uma casa na árvore. Para os adultos acostumados com estas coisas, é muito mais difícil entender o valor dos videogames.

Mas uma criança consegue. Do ponto de vista da criança, videogames oferecem grandes oportunidades de "fluxo". Dão estruturas e regras. Dão acompanhamento e feedback, informando aos jogadores como se saíram. Videogames dão a chance de ser excelente em alguma coisa, conquistar a sensação de maestria.

– Há, hoje, essa estranha tensão estrutural – diz Mimi Ito, antropóloga cultural da Universidade da Califórnia, em Irvine, que estuda o uso da tecnologia. – Vimos uma ampliada corrida para a boa formação escolar e bons empregos. Por isso as crianças veem esses espaços virtuais como a autonomia que perderam – ela se refere a ir a todas essas atividades estruturadas, para ganhar aquela corrida –, enquanto os pais e mães estão mais concentrados em eficiência e consideram esses espaços como total perda de tempo.

E ela também fica imaginando se as crianças teriam menos inclinação para mergulhar por horas nesses entretenimentos dentro de casa se tivessem mais liberdade fora de casa.

o peso da felicidade

Angelique Bartholomew, 41 anos de idade, mora a poucas casas da casa de Carol Reed, numa casa bem parecida, e também a dois quarteirões da escola fundamental Palmer, onde ela também participa do conselho de pais e professores. Mas os desafios na casa dela são diferentes. Carol enfrenta a dinâmica intensa de manter a única filha entretida. Angelique tem quatro filhos sob o mesmo teto, além de uma enteada que costuma passar as noites lá, e por isso o papel dela muitas vezes não se distingue do de um controlador de tráfego aéreo. Esta tarde está tudo bem tranquilo. O filho de 13 anos, Myles, está no treino de futebol americano. A filha de 9 anos, Brazil, está na aula de piano. O mais novo, Niguel, está dormindo. Por isso, Angelique, uma mulher deslumbrante, afro-americana, de brincos de argola gigantescos e pés descalços, está aproveitando aquele momento atípico de calma para preparar o jantar. Numa noite mais ambiciosa, precisaria de dois frangos, sete aipins e uma caixa de morangos para alimentar a sua tropa, mas esta noite fará uma refeição simples com tacos. Enquanto mexe uma panela com peito de peru moído, a filha de 4 anos, Rhyan, desce a escada e começa a pular vigorosamente no sofá da sala de estar. Angelique levanta a cabeça e olha para ela.

– Vamos pegar um livro ou lápis de cera para você colorir um pouco?
– Meu livro está ali. – Ela aponta.
– Por favor. Modos. Por favor. – Angelique pega o livro. – Estamos tendo uma conversa de adultos. Não se meta.

Pergunto para Angelique o que acha mais difícil numa família grande como a dela. Espero que ela diga administrar os horários de todos, ou fazer seu casamento funcionar, ou sobreviver aos pagamentos do financiamento, ou não dormir o bastante, ou ter mais tempo para ela, ou manter a carreira viva. (Ela trabalha meio expediente num laboratório médico forense, mas sua verdadeira paixão é falar coisas inspiradoras.) Nada disso é a resposta que recebo.

– Equilíbrio entre as crianças – ela responde na mesma hora. – Ter certeza de que todos eles se sentem importantes. Porque eu sei quais não sentem que são tão importantes.

Ela fala espontaneamente mas ainda com cuidado, ousa falar o que muitos pais jamais diriam e tem o cuidado de ocultar a identidade do filho ou filha usando o plural "quais".

– Todos os meus filhos são autossuficientes – continua ela.
– Mas querem que eu vá mais devagar e dê um minuto para notar a presença deles. E eu estou num movimento contínuo...

Mesmo agora, nessa hora de tranquilidade, uma grande pilha de papéis para uma reunião amanhã exige a atenção, dela, assim como a pilha de formulários de avaliação do filho mais velho. O marido, que vende equipamento médico para hospitais, está em San Antonio e portanto não pode ajudar, e a irmã dela – Angelique é uma de dez irmãos –, com quem sempre conta, está dormindo no andar de cima porque trabalha à noite.

Mas Angelique e o marido conseguiram fazer funcionar. Eles têm uma casa grande e arejada com uma bela piscina no quintal e um escorrega sinuoso. Podem pagar creche. Ela encontra tempo para fazer seu trabalho durante o dia, é voluntária no conselho de pais e professores e numa organização local que fornece roupas para escolas. E mantém sua sanidade mental acordando às 6 horas todos os dias para meditar e rezar.

Parece cansativo – *fisicamente* cansativo. Mas ela diz que o que é mais cansativo para ela são as exigências e cobranças emocionais da criação dos filhos.

– É engraçado que os mesmos pais e mães possam criar caracteres totalmente diferentes – diz ela. – Não importa o quanto você se dedique aos filhos, alguns vão precisar de mais do que os outros. E esse filho – aquele no qual ela está pensando no momento, aquele a quem se referiu indiretamente antes – vai sempre precisar de mais.

Ela começa a picar morangos para a sobremesa e encaminha a conversa para um tema mais geral.

– Quero que *todos* eles saibam que são muito importantes para mim – ela diz. – Sinto o mesmo amor e carinho por cada um dos meus filhos. Mas o relacionamento com cada um deles é diferente.

O que ela faz para que cada um se sinta importante?

– Peço para um vir ao mercado comigo – diz ela. – Ou ajo como se não conseguisse fazer alguma coisa e peço para me ajudar. Ou deito na cama com um outro. Isso é importante. Rezar junto antes de ir dormir. – Ela abre a geladeira, examina e franze a testa porque não tem queijo suficiente. – E aí, quando *eu* vou dormir – ela continua –, penso no que eu disse para um, ou na minha resposta para outro, ou na reação com outro ainda... e procuro me levantar no dia seguinte e ir ter primeiro com aquele filho, se não gostei do que eu fiz.

Não sei ao certo por que faço essa próxima pergunta para ela, mas parece natural. O que, na opinião dela, faz dela uma boa mãe?

Ela para de fazer o que está fazendo para pensar nisso.

– Olhar para os meus filhos – diz ela depois de um tempo – e dizer: estão com fome? Estão tristes? Identificar a emoção.

Angelique recomeça o trabalho, pega uma caixa com dezoito tacos e bota no balcão.

– Identificar a emoção – repete ela para dar mais ênfase.

– A mãe que consegue detectar antes de ser dito. Ver o lugar em que o filho está antes de o filho dizer. Isso é uma boa mãe para mim.

DE VÁRIAS MANEIRAS ESPERAMOS que a mãe moderna e conscienciosa seja como Angelique. Sem preferidos. Preocupada com a sensibilidade de cada filho. E, acima de tudo, que faça com que os filhos se sintam importantes, alimente sua autoestima camada por camada, peça por peça.

Mas "moderna" é a palavra-chave aqui. Antes da "sacralização" da infância (outra descrição boa de Viviana Zelizer), os corações dos pais e das mães não deviam dobrar como sismógrafos emocionais. Já bastava consertar as roupas dos filhos, alimentá-los, ensiná-los a fazer o bem e prepará-los para as durezas do mundo.

Foi só depois que as principais obrigações dos pais e mães com os filhos foram delegadas completamente às escolas públicas, aos pediatras, aos supermercados, à Gap, que as necessidades emocionais dos filhos entraram em foco. Em *Raising America*, Ann Hulbert cita o sociólogo dos anos 1930 Ernest Groves, que observou: "Aliviada de ter de cuidar de todos os detalhes da criação dos filhos e todas as suas ramificações, a família hoje pode se concentrar em responsabilidades mais importantes, que nenhuma outra instituição é capaz de dar — orientação, estímulo e amizade carinhosa."

Mas o que exatamente significa dar orientação, estímulo e amizade carinhosa? Esses são objetivos abstratos. E praticamente todos os especialistas na criação de filhos insistem neles desde a Segunda Guerra Mundial. "Estímulo e amizade carinhosa" foi a lição central do filme *Mary Poppins* há meio século – o personagem George Banks se metamorfoseia, diante de uma distante família paternalista eduardiana, num fazedor de pipas com elos emocionais (uma lição que quase todos os pais aprenderam desde então) – e é o lema central de quase todos os blogs sobre criação de filhos hoje em dia. (Durante anos, a descrição do blog sobre criação de filhos no *New York Times*, chamado Motherlode, começava assim: "O objetivo da criação dos filhos é simples – criar filhos felizes, saudáveis e bem ajustados.") Em *Contradições culturais da maternidade*, a socióloga Sharon Hays resume a leitura dela das obras de Benjamin Spock, T. Berry Brazelton e Penelope Leach, três dos mais famosos especialistas na criação de filhos da história: "A felicidade individual se transforma naquele bem que escapa e com o qual todos podemos concordar."

Aqui devo anotar que a felicidade individual é exatamente o objetivo que tenho para o meu próprio filho também. Mas, em um de seus ensaios, Adam Phillips, o psicanalista britânico, faz uma observação que sempre me marcou muito e nunca consegui esquecer:

É irreal, eu acho – e por irreal quero dizer uma demanda que não pode ser atendida –, assumir que se está tudo bem na vida de um filho, ele ou ela será feliz. Não porque a vida não é o que vai lhe fazer feliz e sim porque a felicidade não é algo que se possa pedir a um filho. Os filhos sofrem, eu acho – de um modo que os pais e mães nem sempre entendem –, sob a pressão que os pais exercem sobre eles para ser felizes, que é a pressão de não deixar os pais tristes, ou mais tristes do que já são ou estão.

Pais e mães não ficariam tão histéricos para fazer os filhos felizes se os filhos tivessem papéis mais concretos na família. Escrevendo em 1977, Jerome Kagan observou que o filho moderno e inútil não pode "mostrar um campo arado ou uma pilha de lenha cortada como sinal da sua utilidade". Por isso ele previu (e com uma capacidade de prever incrível) que os filhos corriam o risco de ficar dependentes demais de elogios e declarações repetidas de amor para construir sua segurança.

E os pais não ficariam tão ansiosos para respaldar a autoestima dos filhos se, para usar a expressão de Margaret Mead, "a certeza da cultura popular" orientasse seus esforços e eles soubessem para quê, exatamente, estavam preparando os filhos. Dr. Spock, o primeiro especialista na criação de filhos a escrever nesta era da proteção, discute esse problema em *Problems of Parents* (1962) e provavelmente não foi acidental: ele era o pediatra da filha de Mead. "Nós não sabemos como queremos que nossos filhos se comportem", escreve ele, "porque somos vagos quanto ao que desejamos para eles." A menos que tenhamos uma criação "mais do que objetiva" (coisa que não é comum), diz ele, pais e mães da classe média norte-americanos

... recuam diante de objetivos tão genéricos como felicidade, adaptação ou sucesso. Parecem bons assim, mas são muito intangíveis. Há pouca coisa neles que sugira como podemos alcançá-los. O problema da felicidade é que não pode ser buscada diretamente. Ela é apenas um precioso subproduto de outras atividades valiosas.

Acho que isso explica por que *Grito de guerra da mãe-tigre*, de Amy Chua, obteve sucesso tão estrondoso. Pregava exatamente essa mesma ideia. Esqueça toda essa conversa encantada sobre felicidade. Em vez disso busque a excelência. A felicidade por um trabalho bem-feito é o melhor tipo de felicidade mesmo. Leva à estima duradoura.

A ironia é que mesmo Chua tem dúvidas sobre essa abordagem. "Se eu pudesse apertar um botão mágico e escolher felicidade ou sucesso para meus filhos", escreve ela em seu site, "escolheria felicidade num segundo."

dever de casa é o novo jantar em família

— Essa pá é ótima... onde encontrou? — pergunta Laura Anne.

As inscrições dos lobinhos terminaram, os meninos já jantaram e agora estamos todos sentados à mesa da cozinha: é hora de fazer o dever de casa. Robert, o filho de 7 anos de Laura Anne, trabalha quieto em seus deveres mais modestos. Mas Andrew, o de 9 anos, precisa transformar um grande boneco de papelão em uma espécie de cientista. Ele escolheu um arqueólogo. Ele gira habilmente a pá entre os dedos e prende no boneco.

– É do meu Lego – responde.

– E o que você quer que ele faça? – pergunta Laura Anne.

– Do que mais ele precisa?

Andrew desenha uma barba no boneco, põe uma bermuda e um cinto nele.

– Olha!

O menino acrescenta um chapéu cinza.

– Adorei isso! Onde estão seus lápis pastel a óleo? Ele precisa de um pouco de terra.

Laura dá um pulo e tira a caixa dos lápis pastel a óleo de um armário.

Nesse momento pergunto para Laura Anne: por que se oferece para ajudar? Com todo respeito ao Andrew, esse projeto, afinal, não passa de um boneco.

Laura Anne diz que sabe disso. Mas agora já se acostumou. Alguns projetos que os professores dão são muito mais complicados e praticamente exigem a assistência dos pais. Ela se sentiria negligente se só ficasse sentada sem fazer nada enquanto ele completava os projetos.

– Deixe-me mostrar o projeto Escócia – disse Laura para mim quando ia para a garagem.

Era um projeto de ancestralidade que as crianças tiveram de fazer no ano passado. Ela volta poucos minutos depois com um tríptico preto espetacular. "Escócia, por Andrew Day" estava escrito em cima. Um kilt pende como ilustração no painel central.

– Não pude jogar fora.

De fato, é impressionante, cheio de fotos e ensaios sob títulos bem desenhados: "A terra e o povo". "Entrevista com tocador de gaita de foles moderno." Perguntei se tinha sido o projeto mais incrível apresentado naquele dia.

Ela balançou a cabeça.

– Teve um de uma girafa que chegava até aqui – ela esticou os braços para cima, até onde dava. – E houve um outro projeto no qual as crianças tinham de fazer um prédio da cidade e um menino fez o telhado retrátil (do estádio Reliant).

Ela passa a mão no kilt.

– Eu ia *fazer* um kilt caso não conseguisse um – diz ela. – Já tinha montado a máquina de costura com o tecido...

Robert interrompe nesse ponto, diz que já terminou seus deveres de casa. Laura Anne vê os deveres dele.

– Nossa. Que boas frases! Você terminou o pacote todo de dever de casa e é só terça-feira!

Ela se senta em uma cadeira e recomeça a trabalhar no boneco arqueólogo de Andrew. A mesa foi toda ocupada por equipamento de arte, cadernos, blocos, marcadores e lápis. Podia ser uma bancada numa sala de aula.

– Acho que dever de casa substituiu o jantar em família – diz Laura Anne.

Ela deixa a frase ecoar um pouco, depois arruma a camisa do arqueólogo.

– Talvez seja triste, mas é verdade. Porque é aí que seus filhos contam as coisas para você. É quando estamos sentados junto com nossos filhos e criando alguma coisa com eles.

Ela admite que um dos motivos do dever de casa ter substituído o jantar em família na casa dela é que ela não cozinha muito bem. Numa cidade é fácil não ser boa cozinheira. As crianças comeram lanches para viagem e as caixas de isopor ainda estão espalhadas por todo canto.

– Eu sempre soube que minha mãe gostava de mim porque ela me alimentava, certo? – Ela levanta a cabeça do projeto do filho. – Ela dedicava amor e tempo no preparo da refeição. Mas eu não sou assim.

Ser boa dona de casa era para a geração da mãe dela. A geração de agora transforma a cozinha em oficina de dever de casa. Ela rasga um pedaço de tecido e dá para o filho.

— Então essa sou eu — diz ela —, doando e prestando serviço. Dedicando amor e tempo.

SUZUKI É UM MÉTODO CRIADO depois da Segunda Guerra, destinado a ensinar todas as crianças pequenas a tocar violino. No centro do método existe uma teoria muito generosa que é que toda criança é capaz de aprender se lhe derem as ferramentas, as técnicas e o ambiente certos. O método Suzuki exige um nível alto de comprometimento dos pais também. Pais e mães precisam assistir às aulas de música e prestar atenção no que está sendo ensinado. Devem supervisionar a prática do aluno todos os dias. Devem cercar o filho de um ambiente musical, pôr sinfonias para tocar em casa e levá-lo para concertos nas horas livres.

Hoje em dia as pessoas usam o método Suzuki para ensinar todo tipo de instrumento musical, não só o violino. Também serve como uma ótima metáfora para a maneira como os pais e mães de classe média abordam as atividades dos filhos. Tudo que fazem tem de ser com envolvimento ao máximo de saturação, feito lado a lado. Não é só o violino. É fazer o carro de pinho para os escoteiros. É fazer o papel de agente esportivo na temporada de viagens do time. É supervisionar os verões em seis tipos diferentes de acampamentos. É brincar de restaurante quando sua filha está entediada. É tomar as tabuadas do Kumon. É trabalhar como colaboradora nos projetos da escola. É dar sua contribuição nos deveres, prática que mais e mais escolas parecem exigir. *Dever de casa é o novo jantar em família.*

Mas o que se perdeu em tudo isso? Dá para pensar se os *verdadeiros* jantares em família, cujos números caíram bastante desde o fim dos anos 1970, poderiam ocorrer com mais frequência se a sala de jantar não tivesse sido trocada por sala de estudo e se esse tempo, dividido com a alimentação, não seria mais bem empregado e de mais recuperação – o estofo dos costumes e das histórias e das lembranças queridas, o estofo que cria laços.

Tempo em família não é a única coisa que diminui com esse novo arranjo. O tempo do casal também modifica-se. Se dever de casa é o novo jantar em família, o treino de futebol é o novo namoro à noite (ele mesmo, uma invenção moderna). Steve Brown falou nesses termos, quando nos sentamos na lateral do campo, vendo o filho dele jogar.

– Na semana passada, minha mulher e eu conseguimos fazer isso juntos – ele disse. – Isso, sem interrupção, é um bom tempo para mamãe e papai conversarem.

Sentimos uma brisa que mexeu as folhas das árvores e dedilhou a grama e ele fechou os olhos.

E eu entendi o que ele quis dizer. O sol se punha, a sombra era fresca, o lindo filho dele jogava um ótimo jogo. Mas tem de haver um caminho melhor para o tempo mamãe-e-papai do que um jogo de futebol. A pressão da criação de filhos reformulou nossas prioridades de forma tão drástica que nós simplesmente nos esquecemos. Em 1975 os casais passavam, em média, doze horas e vinte e quatro minutos a sós, por semana. No ano 2000 só nove. O que ocorre, quando esse número diminui, é que as nossas expectativas encolhem com ele. O tempo do casal passa a ser um tempo roubado, arrancado dos interstícios ou na garupa de outras conquistas.

Dever de casa é o novo jantar em família. Fiquei impressionada com a linguagem de Laura Anne ao descrever essa nova realidade. Ela disse que o ritual noturno de acompanhar os filhos em suas tarefas era sua "doação de serviço". Sem dúvida é. Mas essa forma específica de serviço é direcionada para dentro de casa e não para a comunidade ou para o bem-estar comunitário, e esses tipos de esforços voluntários e engajamento público também vêm decaindo constantemente nas últimas décadas, pelo menos em termos do número de horas de transpiração que investimos nisso. Nossos préstimos de serviços hoje são mais pelo bem dos nossos filhos. E assim o nosso próprio mundo fica menor e a pressão interna que sentimos, de criar bem a prole, seja lá o que isso signifique, só aumenta. O jeito de uma pessoa criar um filho, como observa Jerome Kagan, é agora uma das poucas coisas que restam da vida pública na qual podemos provar nosso valor moral. Em outras culturas e em outras épocas, isso podia ser feito cuidando dos idosos, participando de movimentos sociais, sendo líder cívico e voluntário. Agora, nos Estados Unidos, a criação dos filhos tomou o lugar de tudo isso. Os livros sobre criação de filhos se tornaram, literalmente, nossas bíblias.

É compreensível que pais e mães façam esforços tão elaborados pelo bem dos filhos. Mas eis uma coisa para pensar: enquanto *Unequal Childhoods* de Annette Lareau deixa bem claro que filhos da classe média têm muito mais sucesso no mundo, o que o livro não pode dizer é se esse "cultivo orquestrado" *provoca* esse sucesso ou se os filhos da classe média se dariam tão bem se fossem deixados à mercê dos próprios recursos. Pelo que sabemos, a resposta pode ser essa última.

No final dos anos 1990, Ellen Galinsky, presidente e cofundadora do Instituto das Famílias e do Trabalho, teve uma ideia inspirada. Em vez de especular superficialmente sobre como os filhos vivenciam os esforços dos pais e das mães para equilibrar trabalho e casa, ela resolveu perguntar diretamente. A organização dela fez uma pesquisa detalhada e abrangente com 1.023 meninos e meninas de 8 a 18 anos e, em 1999, publicou e analisou os resultados em *Ask the Children: What America's Children Really Think About Working Parents*. Os dados são bem claros: 85% dos norte-americanos podem acreditar que pais e mães não passam tempo suficiente com os filhos, mas só 10% dos filhos, na pesquisa de Galinsky, queriam mais tempo com as mães e só 16% queriam mais tempo com os pais. No entanto, um total de 34% desejava que as mães fossem "menos estressadas". Talvez o jantar devesse ser o novo jantar em família.

capítulo cinco
adolescência

Eles não contam, quando você vira pai ou mãe, que a parte mais difícil é bem mais para frente.

– Dani Shapiro, *Family History* (2003)

NOITE QUENTE EM LEFFERTS GARDENS, um daqueles bairros bonitos do Brooklyn que ainda era acessível para nova-iorquinos de classe média antes da inflação do mercado imobiliário da cidade, e seis mães, todas ligadas por laços comuns (trabalho, filhos, grupos comunitários), estão reunidas em torno da mesa na cozinha de uma antiga casa, conversando sobre os seus adolescentes. A discussão é animada e um tanto maldosa, mas não tão surpreendente a princípio. Então Beth, professora de escola pública e a mais jovem do grupo, menciona que o filho de 15 anos, Carl, ultimamente "tem usado sua inteligência para o mal".

As mulheres param de falar e olham para ela.

– Em vez de tirar boas notas, ele descobre como dar a volta no administrador da escola – diz ela, referindo-se ao programa que instalou para regular o uso que o filho faz do computador. – Ele vive no Facebook e não tem feito o dever de casa. E aí eu vejo coisas como três entradas para "prostituta russa".

Ou foi o que pensei que ela disse na primeira transcrição que fiz da gravação. Algum tempo depois conferi com Beth e ela informou que eu tinha ouvido mal: era *"entrada três*: prostituta russa"*.

De qualquer modo, Samantha, que também leciona em escola pública, reage nesse momento como um tiro de canhão.

— Tire a droga do computador, Beth! — grita ela. — Tire dele!

— Ele precisa usar. Eles fazem coisas online.

— Que seja no seu, então — retruca Samantha. — Tire dele, tire dele!

— Ponha uma mesa na cozinha — sugere Deirdre, a anfitriã da noite.

Beth e Deirdre trabalham no mesmo prédio.

— Foi o que fizemos — diz Beth. — Pusemos um na sala de estar.

E ela explica que o filho navegando à procura de pornografia não é o que a está incomodando propriamente (apesar de não achar graça nenhuma nesse *tipo específico* de pornografia, pois considera que está distorcendo as ideias dele sobre sexo). O que realmente a incomoda é que ele passa tempo demais conectado, com isso desobedece às ordens dela e suas notas estão caindo.

Samantha ainda não está satisfeita.

— Mas se ele abandonar a escola, Beth, o que vai acontecer?

— Ele não vai parar de estudar. Ele só tirou uma nota D.

— Então ela para e reconsidera. — Mas, quando liguei para a terapeuta e disse que tinha encontrado horas de pornografia no computador dele, a terapeuta não sabia de nada. Então ele não está falando sobre isso.

— É, mas eu passei por isso também — diz Gayle, professora substituta, de repente.

Até o momento ela tinha falado pouco. Todas se viram para ela.

– Mae, filha dela e melhor amiga da mais velha de Samantha, Calliope, estava fazendo terapia e gastou um ano do dinheiro do meu trabalho sem falar do problema real para a terapeuta: ela estava se automutilando. Em vez disso, elas conversaram sobre o quanto Mae odeia violino.
E assim as histórias foram surgindo devagar. Kate, que tinha conhecido Deirdre no parque do bairro quando os primogênitos das duas ainda eram bebês, diz que sua mais velha, Nina, fez uma coisa nesse verão que gerou tanta tensão entre ela e o marido que nem tinha coragem de falar a respeito. (Mais tarde, fiquei sabendo que tinha sido um furto de loja.) Na faculdade, no início do ano, Nina também tinha cometido o erro de entregar para o professor um trabalho que continha as propostas de edição ao texto, bem visíveis, feitas pelo pai dela.

Nesse ponto, Samantha acabou cedendo. Botou os cotovelos na mesa, abaixou a cabeça e encostou a testa nas mãos.

– Todas somos do mesmo clube – diz ela. – Todas temos as mesmas histórias. – Ela levanta a cabeça e olha para o grupo. – Quero dizer, pelo amor de Deus, eu tenho histórias de *polícia*.

Histórias de polícia? O tempo todo em que as amigas de Samantha falavam, eu tive a impressão de que ela vinha sendo poupada daquelas infelicidades e que estava até um pouco escandalizada com elas. Mas, no fim das contas, era bem o contrário. Ela estava se identificando com os problemas de todas desde o início.

a transição é de quem?

Quando futuros pais e mães imaginam as alegrias da maternidade e paternidade, raramente pensam nos anos da adolescência. Adolescência é a parte da criação dos filhos que todos sabem que não é divertida, o prolongamento da infância que Shakespeare descarta como inútil, a não ser para "emprenhar empregadas, fazer maldade com os mais velhos, roubar, brigar", e que Nora Ephron acha que só podemos sobreviver a isso comprando um cão ("para que, pelo menos, alguém na casa fique feliz ao ver você"). Acabaram os primeiros sorrisos, os chamegos carinhosos, as alegres brincadeiras de pega-pega. Isso foi substituído por treinos de hóquei às 5 da manhã, renovadas aventuras em trigonometria (secante, cossecante, *que m... é essa?*) e pedidos de carona para casa no meio da noite. E essas são as dificuldades geradas pelos adolescentes *bons*.

Mas eis a verdade dessa questão. Sabem os filhos daquelas mulheres, aquelas em torno da mesa da cozinha de Deirdre? Também são adolescentes bons. Quase todos frequentam universidades muito boas ou colégios de ensino médio públicos bem competitivos da cidade de Nova York (um dos filhos estuda num colégio particular, também bom); todos têm interesses e talentos bem desenvolvidos fora da escola. Pessoalmente, todos passam a impressão de ser seguros, sensatos, bem-educados.

Mas, mesmo assim, seus pais estão enlouquecendo. E isso gera uma pergunta importante: será possível que os adultos vivenciem a adolescência diferentemente dos filhos? Que essa categoria, na verdade, talvez seja mais útil para identificar o que os *pais* e *mães* querem mostrar do que para os próprios filhos adolescentes?

Laurence Steinberg, psicólogo da Universidade Temple e possivelmente a maior autoridade do país em adolescência hoje, acha que essa ideia tem fundamento.

— Não me parece que a adolescência seja um tempo difícil para os jovens – disse ele. – A maioria deles parece levar a vida de modo prazeroso. É quando converso com *mães* e *pais* que noto alguma coisa. Se examinar a narrativa, é "meu adolescente está me enlouquecendo".

Na edição de 2004 do seu livro best-seller, *Adolescence*, Steinberg desmonta o mito do adolescente desaforado com mais vigor ainda. "As mudanças hormonais da puberdade", escreve ele, "produzem um efeito direto apenas moderado no comportamento adolescente, rebelião na adolescência é atípica, não é normal, e poucos adolescentes vivem uma crise de identidade tumultuosa."

Para os pais, entretanto, o quadro parece ser bem mais complicado. Em 1994, Steinberg publicou *Crossing Paths*, um dos poucos relatos em livro de como os pais acompanham a transição dos primogênitos para a puberdade, baseado num estudo longitudinal que ele fez com mais de duzentas famílias. Quarenta por cento dessa amostragem sofreu um declínio da saúde mental quando o primeiro filho (ou filha) entrou na adolescência – quase a metade das mães e um terço dos pais. Os pesquisados relataram que tiveram sensação de rejeição e de baixa autoestima, que sua vida sexual piorou e que sofreram aumento dos sintomas físicos de estresse, incluindo dores de cabeça, insônia e problemas de estômago. Pode ser tentador desprezar essas descobertas e considerá-las subprodutos da meia-idade, não da presença de adolescentes em casa.

Mas os resultados de Steinberg não sugerem isso. "Nós conseguimos prever com mais facilidade o que um adulto estava vivenciando psicologicamente", escreve ele, "observando o desenvolvimento do filho dele ou dela, do que ao saber a idade do adulto."

Isto é, uma mãe de 43 anos e uma de 53 têm muito mais em comum, no sentido psicológico, se ambas tiverem filhos ou filhas de 14 anos de idade, do que mães com a mesma idade e filhos de 7 e 14 anos. E as mães dos adolescentes, segundo a pesquisa de Steinberg, são muito mais propensas a ficar estressadas.

Steinberg tem uma teoria sobre o motivo disso. Na visão dele, adolescentes são equivalentes humanos ao sal, intensificam qualquer mistura da qual participem. Eles exacerbam os conflitos que já estão em andamento, especialmente os do trabalho e do casamento, às vezes até desmascaram problemas que os pais não tinham reconhecido ou percebido conscientemente há anos. Steinberg chega até a dizer que as chamadas crises de meia-idade seriam bem menos problemáticas sem adolescentes por perto. Mas adolescentes têm uma habilidade incrível de realçar os problemas, sejam eles quais forem.

Todos os filhos fazem isso, é claro, até certo ponto. A questão é: por que os adolescentes causam esse efeito, mais do que, digamos, crianças de 7 anos? Para isso uma explicação histórica é útil, e seria mais ou menos assim: a adolescência, mais do que qualquer outra fase na criação dos filhos, é quando os paradoxos da infância moderna se afirmam com mais nitidez. É um tempo especialmente problemático para filhos inúteis, como diria Viviana Zelizer.

Adolescência é uma ideia moderna. Foi "descoberta" por Stanley Hall, psicólogo e educador, em 1904, vinte e oito anos *depois* que Alexander Graham Bell patenteou o primeiro telefone. Não é que a adolescência não existisse antes de 1904 e que não se tratasse de um fenômeno fisiológico distinto, acompanhado de mudanças biológicas discerníveis. Certamente que é assim, e falarei sobre estas mudanças nesse capítulo. Mas adolescência é um fenômeno cultural e econômico também, nascido em um momento particular no tempo. Não foi acidental Hall ter "descoberto" a adolescência exatamente quando o país estava ficando sentimental sobre seus jovens, dando-lhes proteção especial e mantendo-os em casa, em vez de mandá-los para fora, para trabalhar nas cidades e fábricas que se expandiam. Pela primeira vez, pais e mães se viram protegendo e sustentando filhos mais velhos. E a conclusão deles, vendo bem de perto esses filhos em seus anos de adolescentes, foi que deviam estar passando por um período terrível de "turbulência e estresse", como descreveu Hall. Senão, como é que os pais explicariam o caos que estavam vivenciando?

Mas talvez fosse apenas o advento da infância moderna – esta infância protegida – especialmente problemática para filhos mais velhos. Pais e mães hoje em dia não têm escolha, é claro, além de abrigar os filhos por tempo cada vez maior. Os filhos não podem mais largar os estudos para trabalhar e o mundo agora exige mais e mais estudo para se obter sucesso. E mais: pais e mães sentem uma enorme *necessidade* de proteger os filhos. Muitos, especialmente os de classe média, esperaram uma eternidade para tê-los. Temem por sua segurança física e econômica. Ouviram dizer – de especialistas, de outros pais e mães, em diversos veículos de mídia – que devem passar horas incontáveis estimulando os filhos. Esse estímulo se transformou em seu estilo de vida.

Mas, à medida que as crianças ficam mais velhas, passam a desejar independência, agir por elas mesmas, ter uma sensação de objetivo pessoal. Mantê-las protegidas e sujeitas a ordens rígidas por tanto tempo, enquanto estão evoluindo biologicamente e se tornando adultas, se esforçando para ser o que devem ser, pode ter consequências exaustivas e bem estranhas. O lar contemporâneo se torna um lugar de tensão liminar perpétua, todos tentando resolver se adolescentes são adultos ou crianças. Às vezes o marido acha que a resposta é uma e a mulher acha que é outra; às vezes pai e mãe concordam, mas o filho ou a filha não. Mas seja qual for a resposta – e não costuma ser óbvia –, a pergunta gera estresse.

EU DISSE NA INTRODUÇÃO deste livro que ele trata dos efeitos dos filhos sobre os pais. Durante a adolescência, esses efeitos podem ser especialmente intensos, capazes de nos expor em nossos estados mais vulneráveis e existenciais. Não é por acaso que a maioria dos blogs sobre criação de filhos são escritos por mães e pais com filhos pequenos. Em parte sim, é porque esses pais estão reagindo à novidade da situação deles. Mas, por outro lado, é que os desafios sobre os quais escrevem costumam ser tão genéricos que eles não sentem que estão cometendo qualquer inconfidência ao revelá-los. Não violenta a privacidade dos nossos filhos dizer que eles detestam ervilhas e também não é um reflexo negativo do modo como os criamos. No entanto, escrever sobre adolescentes é diferente. Eles são adultos incipientes, com hábitos idiossincráticos e vulnerabilidades complicadas, não costumam aceitar publicações diárias em blogs sobre suas vidas escritas por mães e pais. E pais e mães também não se sentem à vontade para divulgar essas histórias, pelo menos não publicamente.

Os medos que os pais têm não tratam mais do alimento que dão para os filhos, nem das atividades que deviam ter. São sobre a moral dos filhos, se eles são produtivos, se estão bem, se são sensatos e capazes de se defender sozinhos.

Mesmo assim, é evidente que há um desejo reprimido de falar sobre esse estágio. Quando Steinberg começou a trabalhar em *Crossing Paths* (que acabou escrevendo com a ajuda da mulher dele, Wendy), ele identificou 270 famílias que

cumpriam suas exigências como objeto da pesquisa. No fim, 75% delas aceitaram participar. Na maior parte dos projetos de ciências sociais, observa ele, o número de participantes dispostos fica mais próximo de 30%. "Ficamos atônitos com a resposta entusiástica", escreve ele na introdução, "e logo descobrimos o motivo disso: pais e mães de jovens nessa faixa etária ficam extremamente perplexos com as mudanças que veem na família e querem saber por que esse período de suas vidas é tão perturbador."
Como esse período pode ser muito complicado, uso apenas os primeiros nomes – e não são os verdadeiros, são nomes que foram escolhidos pelos próprios entrevistados – nesse capítulo. É o único lugar do livro em que faço isso. Mas parece necessário. Na adolescência, a vida dos filhos fica difícil e desordenada. Os danos potenciais são muitos e não tem muito sentido revelar suas identidades, nem as dos seus pais e mães.

pais e mães inúteis

Apesar de estar vestida para ir trabalhar, ainda dá para ver a hippie que Samantha foi um dia – tem uma bela cabeleira grisalha, que eu não tinha observado bem na casa de Deirdre, mas que agora vejo em todo o seu esplendor porque ela desmanchou o rabo de cavalo depois de correr. Estamos sentadas na cozinha dela em Ditmas Park, um daqueles milagrosos bairros do Brooklyn que sempre surpreende os de fora da cidade, com suas casas grandiosas bem separadas umas das outras, com gramado em volta, e entrada para aquela rara comodidade em Nova York, o carro da família. Samantha e o marido, ambos professores do ensino público da cidade de Nova York (Bruce também é músico), tiveram o bom senso de comprar o imóvel ali dezenove anos atrás, quando o preço ainda era baixo para o padrão urbano (234.500 dólares) e a vizinhança um pouco mais diversificada. Samantha é afrodescendente, Bruce é "o cara mais branco que existe", segundo Calliope, a filha deles. Calliope é muito linda, tem 20 anos de idade e veio para casa nas férias do verão, já no terceiro ano em uma das universidades mais competitivas dos Estados Unidos. Ela se junta a nós à mesa da cozinha.

– Qual *bagel*? – pergunta Samantha.

Calliope olha para ela com um misto de irritação e afeto.

– Hum... você me conhece?

(Como se dissesse: "Oi? Quantas vezes eu comi *bagels* com você?")

Samantha rola os olhos nas órbitas, pega um e começa a cortar em fatias.

A família começou a chamar Calliope de Alfa, como "menina alfa", quando ela ainda estava no ensino médio e já era, para dizer o mínimo, muito segura do que queria. Durante todo esse lanche, vou ouvir todo tipo de histórias de quanto ela é formidável.

– Calliope pedia as coisas – diz o irmão dela, Wesley, magro, 16 anos e supertranquilo, entrando devagar na cozinha, vindo da sala de estar – e *conseguia* o que queria.

Ele está com sua guitarra e começa a dedilhar. Ele toca guitarra, piano e bateria com a mesma destreza.

– Isso não é verdade! – diz Calliope, meio rindo, meio espantada.

– Calliope, você simplesmente *dominou* a casa por um tempo.

– *Eu* dominei a casa? A *mãe* é que dominava a casa.

Talvez porque as duas tenham personalidades marcantes, mãe e filha brigavam muito quando Calliope ainda morava em casa. Quando a conheci na casa de Deirdre, Samantha tinha contado uma briga especialmente dura entre as duas, embora nunca tivesse mencionado como começou. Então hoje eu perguntei. Samantha nem sabe ao certo se se lembra da história. Mas Wesley se lembra, e ele entra logo na conversa.

– Bem, Calliope tinha que escrever um trabalho para entregar no dia seguinte na escola e tinha que escrever um ensaio para entregar na universidade dali a um mês. Então você – ele olha para a mãe – queria que ela fizesse o trabalho da universidade, mas você – agora ele olha para a irmã – queria escrever o trabalho para o dia seguinte. Por isso você disse: "Mãe, desista, preciso fazer esse trabalho esta noite."

Ele conta a história de forma surpreendentemente equilibrada.

– E você – Wesley olha para a mãe de novo – tentou enfatizar o seu lado, de que o ensaio para a universidade tinha de ser feito.

Samantha espera. Mas parecia que a história era essa.

– Vocês ficaram nisso bastante tempo – diz Wesley. – E então papai interferiu.

Samantha parecia confusa.

– Isso é muita bobagem. Por que eu não ia querer que ela fizesse o ensaio para o dia seguinte?

Wesley respondeu com tato mais uma vez.

– Bem – diz ele –, relembrando agora, você consegue entender o ponto de vista dela. Mas na hora você queria ser ouvida. Por isso a discussão continuou.

Essa discussão, como tantas, não era sobre nada importante. Mas o que se agitava sob a superfície era o que incomodava Samantha. Ela tinha ideias para as prioridades da filha, mas as ideias da filha eram diferentes e Samantha sentiu que a autoridade lhe escapava. Podia sentir até um certo tom de zombaria nas respostas de Calliope para suas sugestões. Samantha detesta quando zombam dela.

– Os xingamentos não me incomodam – diz ela, um pouco mais tarde na conversa, procurando descrever o que sentia quando os filhos falavam palavrões para ela. – O problema é o *tom*.

– Ou quando dizemos "calma" – diz Calliope. – Ou "fique tranquila".

Samantha se projeta da cadeira como se estivesse sentada em uma catapulta.

– Sim! *Ah, meu Deus.* – Ela começa a andar de um lado para outro. – Isso me diminui muito. É como dizer "você não é importante".

– Bem, você realmente se irrita às vezes – diz Wesley com calma. – Como quando nos faz lembrar pela décima vez que é dia da faxineira...

Samantha interrompe.

– Isso porque, quando eu digo "lembrem-se de que a faxineira vem amanhã", você responde – ela muda para o registro de voz mais baixo de um garoto de 15 anos impaciente – "Calma aí, mãe, eu sei o dia. Que saco!"

Todos nós, inclusive ela, rimos.

– É isso que eu ouço.

O CONSENSO POPULAR sobre a adolescência é que é uma repetição do tempo de bebê, dominado por uma criança emburrada, faminta, que cresce rápido, e que é parte precoce, parte egoísta alternadamente. Mas as lutas que os pais enfrentam quando seus filhos chegam à puberdade muitas vezes são exatamente o oposto. Quando os filhos eram pequenos, os pais costumavam desejar mais tempo e espaço só para eles e agora se veem desejando que os filhos gostassem mais da sua companhia e pelo menos os tratassem com respeito, se adoração for pedir muito! Parece que foi ontem que os filhos não desgrudavam deles. Agora é praticamente impossível obter a atenção deles.

Eu encontrei um estudo extremamente meticuloso de 1996 que conseguiu quantificar a diminuição do tempo que os adolescentes passam com a família. O universo do estudo era de 220 filhos de famílias de classe média e baixa dos subúrbios de Chicago, quando cursavam da quinta à oitava série, e depois entre as nona e décima segunda séries. A cada intervalo, os pesquisadores passavam uma semana acompanhando esses jovens aleatoriamente, pedindo para identificar o que estavam fazendo, com quem estavam e se estavam se divertindo. O que descobriram, 16.477 entrevistas depois, foi que, entre a quinta e a décima segunda séries, a proporção de horas que os filhos passavam com suas famílias caiu de 35% para 14% por semana.

Outra mãe do Brooklyn, cujo círculo de amigos se mistura com as mulheres na casa de Deirdre, comparou a filha de 15 anos com um piloto de corrida.

– Eu troco todos os pneus, dou polimento no carro e saio da frente – ela disse para mim. – Aí ela parte a toda. Eu sou uma mecânica do box.

É preciso ter um ego muito equilibrado para ser mecânico do box, porque isso significa ceder algum poder para os filhos. Para começar, decisões que um dia foram suas passam a ser deles, e significa também recuar um pouco, aceitar que eles reordenaram suas vidas sem você, ou sem os seus objetivos no centro de tudo. Joanne Davila, psicóloga da SUNY Stony Brook, descreve assim: "Na infância, ajudamos nosso filho ou filha a desenvolver o que ele ou ela vai ser. Na adolescência, temos de reagir a quem eles *querem* ser." E esta é uma interpretação generosa, feita a partir do ponto de vista dos pais. Na visão do adolescente, muitas vezes é bem mais complicada. "O adolescente", escreve Adam Phillips em seu livro de ensaios, *O que você é e o que você quer ser*, "é alguém que está tentando ser sequestrado de um culto." Os pais e as mães são parte protetores, parte carcereiros e ouvem inúmeras vezes que isso é uma chateação.

Na verdade, uma das formas mais espantosas e concretamente mensuráveis de ver como os filhos são críticos ferrenhos dos pais nesse estágio pode ser encontrada em *Ask the Children,* de Ellen Galinsky que, conforme eu disse no capítulo anterior, se baseia numa pesquisa com mais de mil jovens da terceira até a décima segunda séries e que cobre uma vasta gama de assuntos. Em certo ponto, Galinsky pede para os entrevistados darem uma nota para os pais. Em quase todas as categorias, adolescentes da sétima à décima segunda série deram notas consideravelmente piores para pais e mães do que os mais jovens. Menos da metade das mães e pais receberam nota A dos filhos mais velhos nos quesitos: "envolvimento na educação dos filhos", em "ser alguém a quem os filhos podem recorrer caso tenham problemas", em "passar o tempo conversando com os filhos", em "estabelecer rotinas e tradições na família", em "saber o que está acontecendo na vida dos filhos" e no "controle do temperamento deles". (Para ser justa, os filhos mais jovens também deram notas ruins para os pais e mães nessa questão de controlar o temperamento.)

Ingratidão é uma das maiores tristezas da criação de filhos. (Shakespeare já o disse por intermédio do *Rei Lear*: "Mais afiado do que as presas de uma serpente é ter um filho ingrato.") E durante a adolescência, essa ingratidão recebe o tempero extra do desprezo. É muita coisa para enfrentar,

especialmente para uma geração de pais que fizeram dos filhos o centro de suas vidas. Meses depois que a conheci na casa da Deirdre, Gayle, mãe de Mae, mencionou que podia contar nos dedos das mãos o número de vezes em que tinha deixado as filhas com uma babá quando eram pequenas. Gayle e as irmãs, por sua vez, eram deixadas com uma babá duas semanas inteiras quando eram pequenas.
– E sabe de uma coisa? – ela disse. – Nós éramos *felizes*. Mas ela queria se dedicar mais como mãe. Queria estar *presente*. E esteve. Então veio a adolescência e as meninas chegaram à idade de poder andar sozinhas no metrô de Nova York. Mae, a mais velha, ficava irritadiça perto dela, e as conversas das duas foram ficando cada vez mais tensas. O envolvimento intensivo de Gayle com as filhas não a vacinou contra a rejeição, nem contra todo o sofrimento.

LUTAR CONTRA A TENSÃO DA SEPARAÇÃO na adolescência já é bem difícil, mas, na avaliação de Steinberg, o que torna isso ainda pior é o contraste com o período de união razoavelmente tranquilo que precedeu esses anos. Alguns psicólogos observaram que a adolescência cria uma drástica descontinuidade em todo o sistema familiar, desestabiliza a dinâmica, os rituais e uma hierarquia bem assimilada que funcionou durante quase todo o ensino fundamental. O *Blackwell Handbook of Adolescence* afirma que a adolescência "só perde para a infância" em termos da revolução que gera. O poder tem de ser renegociado. A família precisa se realinhar. Os ritos têm de ser revistos. O "velho roteiro", escreve Steinberg em *Crossing Paths*, "não se encaixa mais com os novos personagens."

Dessa maneira, os desafios da adolescência são uma reprise dos primeiros anos: no início havia ordem, agora não há mais. E não são só os dramas da infância que se repetem, são os dos bebês também: mais uma vez o filho está brigando por autonomia, só que dessa vez com mais habilidade de raciocínio e com capacidade física de levar adiante os seus planos. Steinberg levanta uma hipótese em *Crossing Paths* que é sutil e desafiadora ao mesmo tempo: "Eu acredito que nós temos subestimado os sentimentos positivos que pais e mães têm por poderem controlar fisicamente os filhos quando são pequenos. Não me refiro a isso no sentido negativo. O poder físico que eles têm sobre os filhos reafirma a sensação de controle e importância dos pais e das mães."

Mas os pais de adolescentes precisam aprender, por estágios, a ceder o controle físico e a segurança que foi deles um dia. No fim, restam apenas palavras. Essa transição é quase uma receita certa para o conflito. De repente há muita gritaria e, aparentemente, muito desaforo gratuito. Pedidos simples para estudar ou recolher as roupas "levam a crises de mau humor", como disse outra mãe do Brooklyn, advogada do ministério público.

– É só pedir alguma coisa que meu filho explode.

Nem todos os pesquisadores concordam que adolescentes brigam *mais* do que crianças menores, mas quase todos concordam que brigam com mais veemência e habilidade, que discutem mais intensamente com os pais entre a oitava e a décima séries. (Aliás, essa é exatamente a conclusão de um metaestudo de 1998 que leva em conta 37 pesquisas diferentes de conflitos entre pais, mães e filhos adolescentes.) Filhos nessa idade são mais capazes de raciocinar também, e de virar a lógica dos pais contra os próprios com um potencial terrível de sofrimento. Como diria qualquer pai ou mãe de adolescente, o adolescente sabe exatamente onde machuca mais.

– Lembro-me de ter descoberto bem rápido no ensino médio as coisas que podia dizer para realmente afetar minha mãe – confessa Calliope em certo momento.

Samantha olha para ela incrédula.

– É mesmo? Isso é tão *cruel*...

Em seu trabalho, Nancy Darling oferece uma análise detalhada do que, exatamente, torna a luta dos adolescentes pela autonomia tão controversa. Ela observa que a maioria dos jovens não se opõe quando os pais tentam impor padrões morais e convenções sociais. *Não bata, seja gentil, limpe as coisas, peça licença* – tudo isso é considerado normal. O mesmo se aplica às questões de segurança: os filhos não consideram violação de limites se dizem para eles que devem usar cinto de segurança. Mas os filhos se opõem às tentativas de regular preferências mais pessoais, questões de gosto: a música que ouvem, os entretenimentos que procuram, as companhias. Quando os filhos são pequenos, essas preferências pessoais não costumam provocar muita ansiedade nos pais e nas mães porque, na maioria dos casos, são benignas. Barney? Irritante, mas sem problemas. Aquele menininho do outro lado da rua? Um pouco bagunceiro, mas decente. Os Jonas Brothers? São meio melados, mas um pouco de doçura não faz mal a ninguém.

O problema, diz Darling, é que durante a adolescência as questões de preferências começam a permear as questões de moral e de segurança, e muitas vezes se torna impossível discernir onde fica a linha divisória: "Sabe aquele garoto com quem você tem saído? Não gosto de como ele dirige, nem das coisas que está ensinando para você." "Sabe esses jogos que você anda jogando? Não gosto da violência e das mensagens nojentas que enviam sobre as mulheres." Mesmo uma questão banal, como ir de calça jeans para a igreja, escreve Darling em uma das suas publicações no blog, vira uma tempestade. Afinal, estas coisas fazem parte de uma expressão pessoal? Ou são uma violação de mau gosto dos costumes sociais? E muitas vezes são os problemas banais que se tornam os mais explosivos. À mesa da cozinha, Samantha conta uma briga que teve recentemente com Calliope sobre as qualidades da Beyoncé. Ou melhor, mais precisamente, devíamos chamar de *mal-entendido* quanto às qualidades da Beyoncé. Samantha se enganou e achou que a cantora e atriz era outra pessoa, mais vulgar. Mencionou para Calliope que não entendia como a filha podia adorar um ser humano tão pouco refinado.

Este ponto de vista esnobe (e que acabaria sendo um engano) deixou Calliope muito aborrecida e a fez ficar imaginando por que a mãe insistia tanto naquela bobagem. A música que ouvia era problema seu, prerrogativa sua. Mas, para Samantha, aquele era quase um problema moral: ela achava que Beyoncé representava valores errados e estava profundamente decepcionada de ver que a filha admirava aquela pessoa.

Então, durante a conversa, Samantha percebeu que não estava falando da mesma mulher. A filha mostrou uma foto de Beyoncé online e Samantha descobriu na hora que estava confundindo-a com outra pessoa. Isso apenas tornou a discussão duplamente irritante para a filha e duplamente mortificante para Samantha – e duplamente irrelevante.

EM SUA PESQUISA, STEINBERG DESCOBRIU que a experiência dos pais com filhos adolescentes pode ser exacerbada por uma série de fatores. Um dos fatores é ser divorciado. Existe um grande diferencial de saúde mental entre pais casados e divorciados quando os filhos entram na puberdade. Steinberg suspeita de que uma das razões para isso é que o relacionamento entre o divorciado – especialmente a mãe – e os filhos pode ser tão intenso que machuca quando os filhos começam a se separar.

Steinberg também descobriu que pais de filhos do mesmo sexo não enfrentam os anos pubescentes tão bem quanto pais com filhos de sexo diferente dos deles. (Os conflitos entre mães e filhas, acrescenta ele, são especialmente intensos – descoberta que foi duplicada inúmeras vezes por outros pesquisadores além de Steinberg.) Ele especula que as dificuldades podem mais uma vez ser explicadas por uma ruptura abrupta do equilíbrio: antes da adolescência, pais e mães tendem a ser muito *mais próximos* do filho do mesmo sexo, o que torna o esforço desse filho de se separar muito mais doloroso.

Mas existe outra explicação possível para esse fenômeno, uma que encontro com certa frequência nas entrevistas. Ter um filho do mesmo sexo abre uma incômoda oportunidade de identificação. O filho ou filha, agora mais velho, faz o pai ou a mãe se lembrar de si mesmo, ou de quem era na época do ensino médio.

– Acho que é muito mais fácil criar um filho antes das batalhas dele começarem a refletir as suas batalhas – diz Brené Brown, pesquisadora da universidade de Houston que se especializou na ideia de vergonha.

– A primeira vez que seus filhos não conseguem se sentar à mesa dos colegas mais interessantes, ou se não são chamados para sair, ou se levam um bolo... isso dispara a vergonha.

Mais complicado ainda, o filho ou filha pode representar adolescentes ameaçadores da própria juventude do pai ou da mãe. Samantha levantou esse assunto na casa de Deirdre quando disse que às vezes achava Calliope intimidante.

– Às vezes olho para a minha filha – ela disse para o grupo – e sinto muito medo dela. Voltamos para quem éramos no ensino médio. Tenho que me lembrar: *espere aí, a mãe aqui sou eu.*

Além disso, Steinberg descobriu que a adolescência é especialmente dura para os pais que não têm outros interesses, seja de trabalho ou passatempo, para se dedicarem quando o filho está se afastando. Nessa amostra isso era verdade, estranhamente tanto fazia se o pai ou a mãe se envolvia muito com a criação do filho, ou se era indiferente, como um helicóptero ou um drone com controle remoto. "A variável protetora crítica não era, como se podia esperar, se o indivíduo investia ou não grande parte da sua vida na criação dos filhos", escreve ele. "Era a *ausência* de investimento fora da criação dos filhos." Mães que optaram por ficar em casa eram especialmente vulneráveis a um declínio na saúde mental. Mas também os pais sem hobbies, e os pais que não se sentiam gratificados em seu trabalho e o consideravam mais uma fonte de renda do que motivo de orgulho. Era como se o filho, saindo do palco central, redirecionasse o holofote para a vida do próprio pai ou da própria mãe, expondo o que era gratificante nela, e o que não era.

Isso fica mais evidente para mim quando converso com Beth, a professora de escola pública que na casa de Deirdre reclamou que o filho de 15 anos "estava usando sua inteligência para o mal". Ela já tem uma filha na faculdade. E a filha? É espantoso. Sua adolescência passou sem muito drama. Beth se surpreende demais com ela. Mas o filho Carl... A passagem dele para a adolescência é outra história, completamente diferente. A pornografia ela conseguia enfrentar (qual menino adolescente não tem curiosidade sobre sexo?), mas os desaforos, os xingamentos, as horas intermináveis que ele ficava enfiado em casa jogando StarCraft – tudo isso a esgotava sobremaneira. Na verdade, ela achava pior do que esgotamento: era a morte da segurança, como se ela estivesse fazendo tudo errado. Ele era um garoto inteligente, candidato a uma escola pública de ensino médio, mas ela percebia que ele estava se debatendo academicamente, brigando, em geral, com problemas de motivação e de iniciativa. Tudo se transformava num combate cansativo de vontades, tudo acabava em briga.

– Parecia que sempre que saíamos para algum lugar – diz ela –, tirá-lo da cama era sempre uma discussão enorme.

Os humores dela dependiam dos dele. Numa semana em que as relações eram boas, ela se sentia melhor. Se ele se afastava, mesmo sem muita discussão, "eu ficava deprimida", dizia ela.

E então chegou o verão entre o primeiro e o segundo anos da faculdade, quando ele ficou tão indolente que dormia no colchão sem roupa de cama.

– Eu dizia para ele: Carl, levante-se daí e ponha um lençol na sua cama. E ele dizia: saia daqui. Você é um fracasso de mãe.

No fim de agosto ela deu um ultimato ao filho: que ele respeitasse as regras da casa ou fosse morar com o pai. Ele foi. Antes disso, o menino tinha passado todas as noites, todos os fins de semana, praticamente toda a *vida* dele, com ela.

– E a sensação foi: *qual é o meu objetivo?* – diz ela. – Eu nunca pensei que meu trabalho ou a minha carreira pudessem ser alvos da minha *dedicação*. Meus filhos sempre foram prioridade absoluta.

Agora, com Carl na casa do ex-marido e a filha voltando para a universidade, ela compreende que não queria que o novo ano letivo começasse.

— Se a única coisa que eu tinha era o meu trabalho — diz ela —, eu queria algo mais. Mas ela teve uma reação construtiva a esse desgosto. Escreveu uma carta para Carl e outra para o ex-marido também, procurando companheirismo, empatia, tentando aceitar a culpa que era dela. Levou Carl a um psiquiatra e fez uma avaliação adequada, que, no fim das contas, resultou num diagnóstico bastante comum — DDAH — distúrbio de déficit de atenção e hiperatividade — para o qual havia um tratamento também comum: medicação. As notas dele melhoraram um ou dois pontos cada. Depois de encontros com ela, ele passou a deixar mensagens de voz para a mãe como essa: *Oi mãe, é o Carl. Só queria dizer que foi muito bom estar com você hoje e agradecer muito. Eu sei que eu fui, bem, você sabe, fui muito irresponsável com o laptop... com tudo na vida. Eu fui, você sabe, um filho muito difícil. Só queria dizer que sinto muito e agradecer a você por ter apostado em mim outra vez, mesmo tendo tantos problemas comigo no passado. Eu realmente amo você...*

Ele deixou essa mensagem seis meses antes de nós nos encontrarmos para conversar.

— Vou guardar para *sempre* — ela diz, depois de repassar para mim.

Ela não pressionou Carl para voltar para casa e morar com ela. E ele não voltou. O relacionamento dos dois continuou frágil, facilmente reversível. Mas Beth começou a detectar uma mudança sutil em sua atitude com relação ao trabalho. No inverno, ela entendeu que realmente *gostava* dos seus alunos. Havia dois que a emocionavam especialmente e que ficaram muito ligados a ela — um menino que queria que ela fosse vê-lo atuar numa peça e uma menina extraordinariamente forte, que tinha perdido a mãe.

– Eu estava recebendo dos meus alunos o que não recebia dos meus filhos – diz ela. – Estávamos conectados, eles me davam valor. Mas eu precisava chegar ao ponto de reconhecer isso, de entender que não podia ter tudo da minha família, dos meus filhos.

tensão conjugal

– Houve um problema recente sobre o qual discordamos *demais* – Kate disse –, e eu tinha razão.

O marido dela, Lee, homem de 50 e poucos anos, de cabelo grisalho comprido, olha para ela espantado.

– Eu nem sei de que problema você está falando.

– Da festa na casa do Paul.

Lee engole em seco.

– Mas foi lá que...

– Deixa que eu conto, está bem? Isso me afeta muito.

Lee sufoca sua frustração. Ele cede a palavra.

É um momento de tensão. Kate e Lee estão juntos há vinte e dois anos e o casamento deles é bastante sólido. Fazem exercício juntos, fazem as compras juntos, jantam sempre juntos. Os dois trabalham em casa e conseguiram manter a paz. Mas, quando o filho e a filha entraram na adolescência – os filhos agora estão com 15 e 14 anos, respectivamente –, Kate notou uma transformação na dinâmica conjugal. Ela falara sobre isso sem rodeios na noite em que estávamos todas sentadas à mesa da cozinha de Deirdre.

– Há muito mais desentendimento entre nós com adolescentes por perto. Imagino que, quando os dois saírem de casa, isso vá diminuir muito.

Nesta manhã, na casa deles, no mesmo quarteirão de Deirdre, Kate e Lee estão falando sobre esse desentendimento, ou pelo menos tentando, com boa vontade. É difícil.

– Se as crianças vão a uma festa na casa de alguém – Kate retoma o relato –, eu quero saber se haverá um pai ou mãe presente. E se não quiserem dizer se haverá um dos pais, eu ligo para lá e descubro.
Ela fala sério. E faz isso.
– E dessa vez – diz Kate – eu deixei passar, porque era um amigo do Henry que achamos muito confiável antes.
Então o filho dela foi à festa e os pais não estavam em casa.
– Foi um daqueles casos em que o filho mentiu – diz Kate.
– Ele disse para os pais que estavam fora que ia dormir na casa de alguém e, em vez disso, convidou todos os colegas da turma e a polícia apareceu.
Quando os pais do menino voltaram, ficaram constrangidos, enviaram e-mails pedindo desculpas para todas as famílias envolvidas e fizeram o filho ligar pessoalmente para cada um dizendo a mesma coisa.
E eu pergunto: qual foi a discussão que Kate e Lee tiveram?
– Sobre permitir ou não que ele fosse à festa – diz Kate. – Lee não achou nada de mais.
– E *continuo* achando isso – diz Lee.
– Não devia – diz Kate. – Se *nós* saíssemos de casa e déssemos uma festa aqui, e viesse a polícia, e *nossa* casa virasse um pardieiro, seria um pesadelo. Eu não quero que o meu filho faça parte disso.

SE OS ADOLESCENTES SÃO MAIS COMBATIVOS, menos cordatos a respeito de ordens e estão saturados da companhia de adultos, é razoável concluir que a tensão desses novos componentes afete o casamento dos pais. Mas avaliar a influência de filhos adolescentes nos relacionamentos é bem complicado. Há muitos fatores que se confundem – dilemas de carreira, problemas de saúde, as dificuldades de lidar com pais idosos –, tudo isso pode entrar na mistura e tornar muito difícil a distinção entre os efeitos de filhos adolescentes e outros acontecimentos comuns à meia idade. Também não é incomum a satisfação conjugal decair constantemente com o tempo, porque se transforma em hábito. (Certamente a frequência sexual dos casais declina com o tempo.) Mas isso não impediu alguns pesquisadores de tentarem medir o impacto dos adolescentes na vida do casal, e alguns chegaram à conclusão de que os níveis da satisfação conjugal realmente caem quando o primogênito do casal chega à puberdade – *além de* um declínio mais geral normalmente esperado por causa de outros fatores.

De fato, muitos estudos vão aos extremos de elaboração para demonstrar de que forma o início da puberdade e a queda da felicidade conjugal coincidem. Uma pesquisa de 2007 publicada no *Journal of Marriage and Family* chegou até a rastrear "os picos de crescimento, o aparecimento de pelos no corpo e mudanças na pele" dos filhos das 188 famílias que participaram – assim como a mudança de voz dos meninos e a primeira menstruação das meninas – para ver se os níveis de amor e de satisfação conjugal caíam com mais intensidade quando aconteciam essas mudanças. E caíam sim.

Esse conflito não é imperioso, de forma alguma. Há casais que dirão que reconquistaram suas noites a sós e que retomaram suas conversas de adultos desde que os filhos chegaram à puberdade, que interagem quase como faziam antes de os filhos nascerem. Thomas Bradbury, pesquisador do casamento na Universidade da Califórnia, gosta de dizer que, se um casal superou a passagem do filho para a adolescência, esses pais são "sobreviventes", com um casamento muito mais duradouro do que a média. "Eles amadureceram através de inúmeras tempestades e se estabeleceram com hábitos que funcionam bem para eles." Mas a prova em geral, tanto em pesquisas orientadas como no ambiente clínico, parece indicar que a dinâmica do relacionamento sofre uma tensão com a adolescência. Andrew Christensen, professor da universidade da Califórnia que faz pesquisa de terapia de grupo e exerce a clínica prática – portanto vivencia conflitos familiares diariamente, *ao vivo*, e não só no papel –, dá um exemplo perfeito do tipo de conflito mais sutil que vê entre os pais e mães de adolescentes:

> É inevitável que nos vejamos nos nossos filhos. E então vemos nosso parceiro ou parceira agindo com nossos filhos como agem *conosco*. Por exemplo, digamos que mamãe está aborrecida com papai porque ele não é muito ambicioso – ele é um pouco preguiçoso, não se deu bem na vida como devia. Então ela vê o filho adolescente manifestando características semelhantes, sem ter iniciativa. Ela pode ficar zangada com o pai por não ser exemplo melhor para ele, e teme que o filho se transforme em outro desleixado. Mas, pelo ponto de vista do pai, ele vê a mãe criticando o filho do jeito que o critica e passa a proteger o filho. *Esse costuma ser um dos piores cenários de conflito que vemos clinicamente* (itálico meu).

Longe vai o tempo em que as brigas começavam assim: "Eu cuidei do bebê a noite *passada*", ou "O que você ficou fazendo o dia inteiro?" Direta ou indiretamente, as brigas giram cada vez mais em torno de quem o filho é, ou no que ele está se transformando. Identificação agora é impossível. Quer dizer que competitividade, ciúme, aversão – tudo isso é possível, tudo isso pode aflorar. Não são sentimentos evocados por filhos pequenos. São trazidos por outros *adultos*.

Confundir adolescentes com adultos pode ser especialmente problemático nos relacionamentos com alto grau de conflitos. À medida que os filhos amadurecem e desenvolvem a capacidade de raciocinar e de se solidarizar com o outro, cresce a tentação entre os pais de recrutá-los em suas discussões, o que apenas piora essas discussões. "Agora você está envolvendo Charlie nisso?" (Em um estudo intrigante, meninas adolescentes sentiam maior pressão para ficar do lado das mães quando os pais ainda eram casados e os meninos adolescentes se sentiam mais pressionados a fazer isso quando os pais eram separados – o que talvez sugira que filhos adolescentes se sintam obrigados a assumir o lugar de protetores das mães quando os pais não estão mais em casa.)

Em *Crossing Paths*, Steinberg dá mais um exemplo de como a identificação com o filho ou filha adolescente pode desgastar um casamento. Antes de tudo, é preciso dizer que não vi esse estudo replicado. (Não tenho certeza de que alguém tenha se dado ao trabalho de tentar.) Steinberg notou um declínio substancial na satisfação conjugal de seus pesquisados homens quando os filhos adolescentes começaram a namorar. "Na verdade", escreve ele, "quanto mais o adolescente namorava, mais infeliz no casamento ficava o pai desse adolescente." Se esse adolescente era menino, observou Steinberg, o efeito era muito ruim. Ele conclui que isso tem a ver com a combinação de ciúme sexual e saudade de uma época perdida com muitas possibilidades em aberto. Mas ele admite que não achou possível apresentar essa pergunta diretamente aos seus pesquisados.

NÓS TAMBÉM NÃO DEVEMOS subestimar o efeito que adolescentes podem ter em relacionamentos ao introduzirem novos assuntos sobre os quais divergir. Antes de os filhos nascerem, pais e mães não costumam discutir quais serão suas atitudes para com, digamos, namoro, saias curtas, ficar fora de casa até tarde.

– Pelo menos há orientadores para amamentação e sono – diz Susan McHale, psicóloga da Penn State. – Mas aí chega a adolescência e você não sabe o que esperar, nem como enfrentar isso. Especialmente se o filho estraga tudo.

– Um dos pais costuma ser o bonzinho e o outro é o disciplinador – diz Christensen. – Isso acontece muito e é um desafio muito grande. O pai compartilha suas lembranças do uso de drogas e álcool e a mãe lembra-se de alguma coisa ruim que aconteceu. E depois vem o "racha" por isso.

Esse é o tipo de discussão que Kate e Lee parecem ter muito. Na partida de futebol do filho, eles acabam me contando a briga que tiveram quando a filha Nina tentou furtar uma saia, uma pequena experiência pela qual a família pagou uma pesada multa. Ambos concordam em que as circunstâncias que levaram a filha a agir dessa forma foram incomuns e que o comportamento dela foi atípico – era verão, ela havia se formado no ensino médio e morava numa cidade desconhecida, onde não conhecia praticamente ninguém. Mas as reações deles na época foram bem diferentes. Kate ficou tão furiosa que se recusou a atender o telefone quando a filha ligou para conversar sobre o assunto. E Lee fez de tudo para consolá-la.

– Como sempre – diz Lee. – Eu não fui para cima dela com ferro e fogo. Percebi que ela estava se sentindo péssima. Em vez de reagir ao fato, eu estava ouvindo *Nina*.

– Mas meu problema com isso – explica Kate – foi o mesmo do trabalho do final do ano.

Ela se refere ao trabalho que Lee editou e que ainda exibia as marcas das sugestões de revisão dele quando a filha o entregou para o professor.

– Quando se faz isso num certo nível e somos pegos – diz ela –, se configura um problema que pode afetar a nossa *vida*. Eles precisam, sim, saber que isso é muito, muito sério.

– Mas não foi plágio.

– É, mas ele a estava *acusando* de plágio, e o simples fato de acusá-la poderia ter-lhe custado a bolsa de estudos.

– Bem, tudo bem, está certo, mas, seja como for...

– Não – diz Kate. – Não está nada bem, nem certo. São 20 mil dólares por ano. Então. Não.

Considerem essa conversa, à mesa de Deirdre:

KATE: "Sou *realmente* rígida com as crianças e ele sabe que eu sou, por isso não tem conversa. Nós acabamos de ter uma briga por isso hoje. Eles o procuram para contar coisas que têm medo de contar para mim. Ele diz que está tudo bem e conta alguma história engraçada."
SAMANTHA: "É isso que eu reclamo do meu marido também. Ele minimiza as coisas."
BETH: "A mesma coisa comigo. Eu determino as regras e ele é o amigo."

Essa ideia também é sugerida pelos dados – particularmente num grande e conhecido estudo longitudinal feito pela Universidade de Michigan, parte do qual vigora desde 1968. Numa amostragem bem recente de 3.200 pais e mães de crianças com idades que vão de 10 a 18 anos, uma parte desproporcional de mães disse que a tarefa de disciplinar recaía exclusivamente sobre elas (31% contra apenas 9% dos pais). Mães também relataram que estabelecem mais limites para os seus filhos adolescentes: 10% a mais do que os pais no que se refere aos limites em jogos de computador e em videogames; 11% a mais no que se refere aos limites de atividades que os filhos e filhas têm online; e 5% a mais a impor regras de quantas horas de televisão a que os filhos podem assistir por dia. Na última década, diz Nancy Darling, a pesquisa – inclusive a dela – tem mostrado com bastante consistência que tanto meninas quanto meninos adolescentes cometem mais ataques verbais às mães do que aos pais, e fazem mais ameaças físicas contra as mães também (embora meninos e meninas tendam a encenar mais seus impulsos agressivos contra os pais). De acordo com a pesquisa de Steinberg, as mães também brigam mais com os filhos adolescentes do que os pais e (talvez como resultado desse conflito mais frequente) levam mais estresse para seus locais de trabalho.

Essas dinâmicas complicadas podem explicar por que mães, ao contrário da sabedoria popular, tendem a sofrer menos do que os pais depois que os filhos saem de casa. Kate prontamente admite que seu relacionamento com Nina melhorou consideravelmente depois que ela foi para a universidade. Como Steinberg observa, de forma concisa: "As crises pessoais das mulheres na meia-idade não surgem com a emancipação de seus adolescentes e pela vida com eles." As mães são mais sintonizadas com todo o processo da separação dos filhos – discutem mais com eles, recebem mais zombaria e desprezo. Enquanto que, para os pais, a saída de casa dos filhos parece mais abrupta e ocasiona mais perguntas e arrependimentos.

o cérebro adolescente

Quando Wesley estava avaliando os conflitos entre sua irmã e sua mãe, pensei que discernia claramente o papel que ele tinha assumido por conta própria na família. Ele era o pacificador e o diplomata, o menino que fazia questão de não ser difícil e de não perturbar. É isso que se faz com uma mãe forte e com a irmã mais velha: mantém-se a cabeça baixa.

Mas foi Wesley, o sensível Wesley, tão controlado e empático em todos os sentidos, pelo que pude ver, e tão talentoso que faria qualquer pai ou mãe inchar de orgulho, que chegou em casa arrastado pela polícia às 4 horas da manhã. Calliope ia se formar, a família estava esperando a chegada da sogra de Samantha no dia seguinte e já tinham um hóspede no quarto extra. Wesley entrou nesse cenário, saído do banco de trás de uma viatura da polícia. Ele e o amigo estavam jogando ovos nas janelas das casas na vizinhança.

– Nós não tínhamos levado em conta que era uma infração – diz Wesley quando estávamos terminando nossos *bagels*. Ele descreve o incidente com calma: – Nós só fizemos aquilo porque era divertido.

Nem é preciso dizer que a mãe dele não vê da mesma maneira.

– Uma daquelas casas tinha um menino com quem Wesley joga beisebol – diz Samantha. – Ele não sabia.

Wesley troca um discreto olhar com a irmã. Ele sabia.

E parece que havia outras coisas que Samantha não percebera antes de termos essa conversa. Por exemplo, como foi que Wesley saíra sem que ela soubesse. Ele esperou até os pais estarem dormindo, quando os ventiladores faziam muito barulho, então desceu na ponta dos pés. Depois de um tempo os métodos dele ficaram ainda mais elaborados.

– Passei a pular do telhado – ele explica para ela, com a calma de quem conta um fato corriqueiro. – E aí era impossível vocês me rastrearem.

– Espere aí – Samantha se espanta. – De qual telhado?

— Do *telhado*. Eu subia pela minha janela e pulava do telhado. E na volta para casa escalava de novo.

Samantha olha fixamente para ele, sem dizer nada.

— Como é que você entrava?

— Escalando — ele diz. — Tem uma superfície grande na beirada, onde eu podia pisar. Não pensava que podia fazer isso até experimentar. Isso tornou tudo muito mais fácil. Antes era uma trabalheira danada para mim.

PODEMOS ACHAR QUE ADOLESCENTES são adultos precoces num minuto, mas no minuto seguinte percebemos que não são. Suas armações de independência dão pistas fáceis de excessos espantosos, como se estivessem fazendo experiências não só com ideias de autonomia e de autodeterminação, mas com a própria mortalidade — e junto com isso, experimentando a misericórdia e o perdão da lei.

Como ocorre com os comportamentos misteriosos dos bebês, essa conduta tem uma base neurológica distinta. Há apenas vinte anos os pesquisadores não se interessavam muito pelo cérebro dos adolescentes, supondo que estes eram essencialmente adultos com um juízo estragado. Mais recentemente, com o advento da ressonância magnética que permite o exame detalhado da topografia e das funções do cérebro, pesquisadores descobriram que adolescentes não andam por aí com um defeito que impede uma boa avaliação de risco. B. J. Casey, neurocientista da Weil Medical College na Universidade de Cornell, observa que, na verdade, adolescentes reconhecem e até *supervalorizam* o risco, pelo menos quando se trata de situações que envolvam a própria mortalidade. O verdadeiro problema é que eles dão muito mais valor à *recompensa* que terão assumindo esse risco. Acontece que a dopamina, o hormônio que sinaliza o prazer, nunca está tão ativa e explosiva nos seres humanos como na puberdade. Nunca no curso de nossas vidas sentiremos assim com tanta intensidade, ou de modo tão exultante de novo. Para piorar as coisas, o córtex pré-frontal, a parte do cérebro que governa a maior parte das nossas funções executivas mais elevadas – a capacidade de planejar e de raciocinar, a habilidade para controlar impulsos e de refletir sobre nós mesmos –, ainda está passando por mudanças estruturais cruciais durante a adolescência e continua assim até que os seres humanos cheguem à metade dos 20 anos e até mais. Não quer dizer que adolescentes não tenham as ferramentas para raciocinar. Logo antes da puberdade, o córtex pré-frontal passa por uma atividade muito grande, capacitando as crianças para entender abstrações e outros pontos de vista. (Conforme avaliação de Darling, essas novas habilidades são o motivo de os adolescentes gostarem tanto de argumentar e discutir – porque realmente podem *fazer* isso, e até fazem bem, pela primeira vez.) Mas o córtex pré-frontal deles e delas ainda está acrescentando mielina, a substância branca de gordura que acelera as transmissões dos neurônios e aprimora as conexões neurais, de modo que os adolescentes ainda não conseguem pensar em consequências de longo prazo e nem fazer escolhas complicadas como os adultos. O córtex pré-frontal ainda está se formando e consolidando as conexões com as partes mais primitivas e emocionais do cérebro – conhecidas coletivamente como o sistema límbico –, por isso os adolescentes ainda não têm o nível de autocontrole que os adultos têm. E também lhes faltam sabedoria e experiência, por isso podem passar um longo tempo discutindo passionalmente e defendendo ideias que os adultos mais vividos consideram inúteis. "É como se voassem por instrumentos", diz Casey. "Se tiveram apenas uma experiência bem intensa, isso é o que vai guiar seu comportamento." Com o tempo, os pesquisadores que estudaram o cérebro do adolescente criaram uma série de metáforas e analogias para descrever seus excessos. Casey prefere *Star Trek – Jornada nas estrelas*: "Os adolescentes são mais Kirk do que Spock." Steinberg compara adolescentes com carros que têm aceleração potente e freios fracos. "E aí os pais e mães terão brigas com seus adolescentes", diz Steinberg, "porque vão tentar *ser*, eles mesmos, os freios."

É um negócio complicado ser o pré-frontal de alguém por procuração. Mas resistir ao impulso de ser o córtex pré-frontal de um filho exige muito controle. Significa permitir que a criança cometa seus próprios erros. Só através da experiência o adolescente, ou qualquer pessoa, aliás, pode aprender a dolorosa arte do autocontrole.

Para complicar ainda mais, o cérebro dos adolescentes é mais suscetível ao abuso e à dependência de substâncias do que o dos adultos, porque está criando muitas conexões e sinapses e mergulhado em muita dopamina. Praticamente todos os possíveis vícios aos quais os seres humanos recorrem para obter alívio e fuga, bebida, drogas, videogames, pornografia, têm efeitos mais duradouros e intensos em adolescentes. Estas conexões e sinapses também tornam as explosões de humor muito mais tentadoras para eles. "Eu costumava pensar que, se trancasse meu filho até ele completar 21 anos, eu ficaria bem", diz Casey. "Mas o cérebro não amadurece no isolamento. Os adolescentes estão aprendendo com suas experiências, o que é bom, o que é ruim e o que é feio."

Se for algum consolo, B. J. Casey e seus colegas especulam que há uma razão em termos de evolução para Kirk, e não Spock, ser tantas vezes vitorioso na busca por controle sobre uma mente adolescente. Os seres humanos precisam de incentivos para deixar o ninho da família. Sair de casa é perigoso, sair de casa é difícil. Exige coragem e o aprendizado das lições de independência. Pode até necessitar de uma ousadia proposital.

Num texto que escreveu para a *National Geographic* sobre o cérebro do adolescente, em 2011, o escritor de ciência David Dobbs começou com sua experiência pessoal, relembrando quando seu filho mais velho tinha 17 anos e foi pego pela polícia dirigindo a 180 quilômetros por hora. Uma das partes mais estranhas desse episódio, escreve ele, foi quando ele percebeu que o filho não dirigia feito louco acidentalmente. Ele planejava aquilo. Ele *queria* dirigir a 180 quilômetros por hora. E, na verdade, o garoto achou uma loucura a polícia multá-lo por direção imprudente. "Imprudente soa como se eu não estivesse prestando atenção", disse ele para o pai. "Mas eu estava."

E quando perguntei para Wesley por que estava jogando ovos nas casas dos vizinhos, ele também reagiu com a mesma calma, e com explicação parecida.

– Porque eu queria fazer – ele respondeu. – Não tem um motivo específico.

E por que essa atividade especificamente?

Ele olhou para mim como se achasse engraçada a pergunta. Só um adulto exige lógica naquela situação. Lógica é a prerrogativa do vulcano Spock. Para Wesley não tinha muita utilidade.

– Foi espontânea – ele respondeu – Um impulso. Jogar um ovo. Parece divertido.

o adolescente inútil

Eis um ponto histórico a levar em consideração: é possível, apenas possível, que os adolescentes tivessem menos inclinação a jogar ovos nas casas, a dirigir a 180 quilômetros por hora numa rodovia e a se darem ao luxo de fazer todo tipo de idiotice se houvesse maneiras mais positivas e interessantes de expressar seu lado que procura correr riscos. Essa é a teoria de Alison Gopnik, a psicóloga e filósofa de Berkeley: essa adolescência moderna gera muita "esquisitice" (palavra dela) porque a nossa cultura dá às crianças maiores poucas chances de assumir riscos construtivos e concretamente relevantes. Ela não é a primeira a concluir isso. Na década de 1960, Margaret Mead reclamava que a vida protegida dos adolescentes modernos os estava privando de um período de improvisação no qual poderiam experimentar em segurança quem iriam se tornar; o resultado dessa privação era muitos ataques de teimosia. Recentemente, numa entrevista na NPR, Jay Giedd, que pesquisa o cérebro de adolescentes no National Institute of Mental Health, explicou muito bem: "Essas tendências da Idade da Pedra agora estão interagindo com maravilhas modernas, que podem, às vezes, além de ser anedotas divertidas, levar a efeitos mais duradouros." Como dirigir motocicleta sem capacete, ficar de pé no teto dos trens em movimento – todo o horror que as crianças fazem porque acham, com razão e tragicamente, que será divertido.

Sem romantizar ou superestimar as vantagens do passado, vale notar que já existiram válvulas de escape mais objetivas para a energia incansável dos adolescentes. No início da nossa república, escreve Steven Mintz, "o comportamento que consideraríamos precoce era o normal". Ele menciona Eli Whitney, que abriu sua fábrica de pregos antes de ir para Yale, aos 16 anos, e Herman Melville, que largou a escola aos 12 anos para trabalhar "no banco do tio, como vendedor numa loja de chapéus, como professor, mão de obra numa fazenda e camareiro numa baleeira, tudo isso antes dos 20 anos".

George Washington tornou-se oficial supervisor do condado de Culpepper aos 17 e major comissionado da milícia aos 20; Thomas Jefferson perdeu pai e mãe aos 14 anos de idade e entrou na faculdade aos 16. "A metade do século XVIII", escreve Mintz, "dava muitas oportunidades para os adolescentes que tinham ambição e talento deixarem sua marca no mundo."

A partir do século XX, no entanto, com a diminuição das taxas de mortalidade, mais pais e mães sobreviviam para proteger seus filhos e mais crianças sobreviviam à infância. Além disso, as famílias diminuíram. A era progressista trouxe um tipo muito mais humano de política e criou leis que proibiam muitas formas de trabalho infantil, tornando a escola pública obrigatória e universal. (Entre 1880 e 1900, o número de escolas públicas nos Estados Unidos aumentou cerca de 750%.) Todo esse desenvolvimento era positivo, nenhuma pessoa deseja as práticas de trabalho infantil do passado de Dickens. Mas, mesmo naquela época, havia críticos sociais liberais que imaginavam se essas novas leis não acabariam inadvertidamente privando as crianças de sua coragem e independência. Na publicação de dezembro de 1924 de *Woman Citizen*, uma escritora ousou perguntar se "o caráter de Lincoln poderia ter se desenvolvido num sistema que o forçasse a não fazer nada além de jogar bola depois das aulas". E *Woman Citizen* não era uma publicação que nutrisse qualquer hostilidade em relação à causa progressista. Publicaram uma versão como ensaio de "The Case for Birth Control", de Margaret Sanger, naquele mesmo ano.

Mas não importa. Depois da Segunda Guerra Mundial, as crianças mais velhas não exerciam mais papel central na força de trabalho. Os caminhos divergentes para a idade adulta dos norte-americanos convergiam para uma única rodovia, com quase todas as crianças zunindo na mesma velocidade, pelo mesmo programa: escola pública, do jardim de infância até a décima segunda série.

Alguém pode argumentar que a escola representa uma oportunidade para adolescentes correrem riscos, mas seria exagero. (Se é que se justifica, é mais fácil entender os riscos das atividades depois das aulas – esporte, digamos, ou teatro musical – do que sobre a própria escola.) Nem todas as crianças são boas na escola. Alunos se destacam em momentos e assuntos diferentes; mas as escolas dos Estados Unidos, com sua mania de ensinar para a prova e currículos padronizados, não atendem às diferenças muito bem. Hoje a educação formal é estruturada com tanta rigidez e é tão regimentada, com tanto esforço, que quase não há mais espaço nenhum para flexibilidade, quem dirá assumir riscos...

Outra pessoa poderia argumentar com maior credibilidade o oposto: que o desaparecimento do período do improviso explica a súbita emergência do que os sociólogos agora chamam de "idade adulta emergente" – aquele último desabrochar em que jovens universitários vivem em repúblicas e pulam de um emprego mal pago para outro, para descobrir onde querem morar e o que querem fazer. Essa fase se tornou o novo período do improviso, o novo tempo de experiências. Alguns críticos chamam esse período de "adolescência estendida". Mas não é isso, se você pensar bem: essa dita "idade adulta emergente" na verdade é a própria adolescência, a primeira vez que as crianças têm a chance de experimentar e de descobrir elas mesmas, coisa que já fizeram muito mais cedo em outro tempo por uma simples questão de costume.

OUTRA COISA COMEÇOU A ACONTECER quando as crianças foram sincronizadas e sequestradas de seu direito de improvisar e experimentar. Elas começaram a desenvolver uma cultura própria. Essa cultura só ficou mais poderosa com a era da mídia de massa e da propaganda, que também começou a florescer depois da Segunda Guerra. Um mercado comercial explodiu em torno dos adolescentes, que passaram a criar modas na cultura popular. Não é coincidência que a palavra *teenager* [adolescente] tenha surgido no vocabulário norte-americano nos anos 1940 e tenha tido sua primeira aparição impressa em 1941, na *Popular Science Monthly* e na *Life*. ("Eles vivem num mundo animado de gangues, jogos, filmes e música", proclamou essa última.) Esse foi o mesmo momento em que tanto a infância moderna como a mídia de massa nasceram. "Adolescentes, pela primeira vez, compartilhavam uma mesma experiência e podiam criar uma cultura autônoma", escreve Mintz, "livre da supervisão de adultos." Os próprios colégios de ensino médio se tornaram foco de escrutínio sociológico. *The Adolescent Society*, um retrato da cultura secundarista no meio-oeste, tornou-se um clássico da sociologia em 1961.

À medida que o século XX avançava, criou-se um paradoxo, para resumir: quanto mais tempo as crianças passavam na companhia de outras crianças, mais poderosa sua cultura independente se tornava; quanto mais poderosa era essa cultura, menos maleáveis eram os adolescentes à influência dos pais. Mas, mesmo quando adolescentes levavam vidas cada vez mais separadas dos pais, e mesmo quando criavam atrito sob a influência deles, se viam cada vez mais dependentes dos pais em termos de recursos (carros, dinheiro), de apoio emocional e de conexões num mundo cada dia mais complicado.

O resultado foi o adolescente moderno, uma classe de seres humanos que são acusados simultaneamente de serem baderneiros ao extremo e indefesos demais. Foram comparados, de repente, a cavalos xucros e bezerros estabulados.

O psicólogo nascido na Áustria, Bruno Bettelheim, deu o que provavelmente foi a melhor descrição nos anos 1970: "Nós sabemos muito melhor o que os motiva e somos muito menos capazes de viver com eles." Essa distância diminuiu de diversas formas nos anos recentes. Por mais ferozmente protegida que seja a adolescência norte-americana, o mundo desses jovens é mais diversificado do que foi o dos pais e mães deles, e mais repleto de arranjos fora da família tradicional. A internet apresentou para eles mais sexo, violência e horrores da vida real (fitas de sexo de celebridades, corpos desmembrados em ataques de terror, o enforcamento de Saddam Hussein) do que qualquer geração anterior poderia ter sido exposta, e a adolescência de hoje está mais consciente da instabilidade financeira do mundo, já que são cada vez menos aqueles que vêm da classe média tradicional. Quanto aos pais e mães, por mais agressivamente protetores que tenham sido, estão mais inclinados à abertura do que os pais e mães deles estiveram, são eles mesmos veteranos de sexo, drogas e rock-and-roll. Podem não ser tão fluentes na cultura pop consumista dos filhos, mas estão cercados pela mesma atmosfera eletrônica: todos leram *Jogos Vorazes* e assistiram a *Friday Night Lights*. "Em outras palavras", escreve Howard Chudacoff na conclusão de *Children at Play*, "surgiu a 'era das aspirações das crianças', enquanto a dos adultos caiu. Um menino de 11 anos não pede mais um bicho de pelúcia ou um caminhão de bombeiro; em vez disso, deseja um jogo de futebol americano eletrônico chamado Madden NFL, um celular, um iPod ou um CD da Beyoncé Knowles, enquanto que um homem de 35 anos também pode se satisfazer comprando o jogo Madden NFL, o celular, o iPod ou um CD da Beyoncé Knowles."

Mas há também outros fatores que fizeram o paradoxo da existência dos adolescentes – dependentes indefesos e rebeldes impertinentes ao mesmo tempo – ter se intensificado. Por quê? Porque os adolescentes de hoje, mais do que nunca, são estudantes profissionais em tempo integral em ambientes altamente estruturados que os mantém em casa e dependentes da renda da família, aparentemente para sempre. E os pais deles, que esperaram tanto tempo para tê-los e que fizeram deles o centro de suas vidas, passam mais tempo protegendo e satisfazendo suas necessidades do que as gerações anteriores. A combinação conspira contra a independência.

– Nós dois éramos mais independentes na idade deles – disse Kate quando assistíamos à filha dela, de 15 anos, jogar futebol.

Ela mencionou a mais velha que ainda está na faculdade.

– Nina sempre vem nos consultar sobre tudo que faz, coisa que eu *nunca* fiz com a minha mãe.

– É, eu não ligava para meus pais tanto assim – concordou Lee.

– Não é nem para saber como estamos – disse Kate. – É para saber *o que fazer*.

Ao mesmo tempo, os adolescentes estão passando mais tempo com os seus iguais do que em qualquer outra época nos últimos três séculos e estão fazendo isso num momento de furiosa mudança tecnológica e da influência da mídia, o que quer dizer que se socializam e estão socializando de uma forma que a maioria dos pais e mães ainda acha misteriosa, mesmo que usem o Facebook (ou o "Myface", como disse Hillary Clinton num discurso na Universidade Rutgers, resumindo o problema sem querer). Quando perguntei para Gayle, mãe de Mae, qual era a coisa mais difícil para ela na criação de filhos adolescentes, ela respondeu imediatamente:

– Não saber, ou não saber *realmente*, o que eles fazem. Ela se lembrou de um tempo quando a caçula, então na nona série, disse que ia passar a noite na casa de uma amiga. A filha ligou para ela duas vezes do celular para dizer que estava tudo bem. Na manhã seguinte, Gayle recebeu uma ligação de um juizado de menores da rodoviária querendo confirmar se tinha dado permissão para a filha passar a noite em Nova Jérsei. Não tinha. Mas um bando de amigas da filha quis ir e o celular tornava fácil a mentira.

tecnologia e transparência (o fator xbox)

Desde o surgimento da cultura "teen", os adolescentes têm levado vidas à parte, mas os avanços recentes da tecnologia lhes deram uma maneira nova de afirmar sua independência e de explorar tudo sozinhos. "E isso está *enlouquecendo as pessoas*", diz Clay Shirky, um filósofo da mídia da Universidade de Nova York. "Porque tudo aquilo com o que *você* foi criado, e que achava normal, e a criação dos seus pais, que eles achavam normal, não parecem normais para qualquer uma das duas gerações. Parece que foi escrito por Deus. Como se estivesse no Levítico."

Quase todas as revoluções da mídia costumam gerar no público uma gritaria de descontentamento. Cientistas sociais nos anos 1920 achavam que filmes "alimentavam desejos de vida fácil e festas loucas e que contribuíam significativamente para a delinquência juvenil", segundo Mintz. A reação às revistas em quadrinhos poucas décadas depois foi ainda pior. Em 1954, o psiquiatra Frederic Wertham, autor de uma polêmica contra quadrinhos de crimes, disse para os membros do Comitê Judiciário: "Se coubesse a mim, sr. Presidente, ensinar delinquência às crianças, dizer para elas como estuprar e seduzir meninas, como machucar as pessoas, como invadir lojas, como enganar, como forjar, como perpetrar qualquer crime conhecido... se coubesse a mim fazer isso, eu teria de contratar a indústria das revistas em quadrinhos." Talvez a principal diferença hoje seja que a mudança tecnológica esteja acontecendo com tanta rapidez que seja difícil para pais e mães acompanharem – enquanto seus filhos, cujos cérebros ainda estão plásticos e maleáveis, podem se ajustar a essas mudanças em alta velocidade em tempo real. Tais adaptações se traduzem em diferenças genuínas de sensibilidade, capazes de confundir completamente a dinâmica dos pais e mães com os adolescentes, mesmo que os dois lados tenham as melhores das intenções.

Os adolescentes, por exemplo, agora têm uma noção diferente da nossa de tempo – e, portanto, da etiqueta do planejamento. Fiona, outra amiga do círculo ampliado de Deirdre, explicou dessa forma.

– Se minha filha diz "Ah, amanhã eu quero me encontrar com amigos no centro da cidade", e eu digo "Que horas você vai?", *ela simplesmente não sabe*. Fazer esse tipo de plano não lhe ocorreu. A vida deles é muito mais fluida.

Perguntei por que isso era um problema.

– Porque eu quero planejar! – exclamou ela. – E eles não sabem o horário do filme. Depois podem se encontrar para comer uma pizza, mas não sabem... todos têm celulares, podem ver na hora o que fazer, vai depender...

Adultos e adolescentes podem ter celulares, mas os adolescentes usam como rastreadores, da mesma maneira que o centro de controle da NASA costumava monitorar naves espaciais. Os adolescentes estão sempre se comunicando por mensagens de texto e monitorando o paradeiro uns dos outros, sempre têm a noção de onde os seus pares estão. Isso faz com que a necessidade de planejar as coisas (que já não é o forte de nenhum adolescente) seja muito menos urgente.

Eles podem simplesmente combinar as coisas no caminho. Mas os pais e mães deles – que são as pessoas responsáveis pelas vidas e pela segurança dos filhos – ainda têm ideias antiquadas sobre a hora, obedecem a agendas de horários e acordos verbais, e outras medidas concretas e articuladas.

– Para as gerações mais velhas – diz Mimi Ito, a antropóloga da mídia social –, você tem de abrir explicitamente um canal de comunicação, em geral com um telefonema, para ter o encontro cara a cara. E adolescentes não fazem isso. O modo *normal* deles é estar sempre conectados. Estão sempre com os seus telefones celulares e assim atrasos não significam mais grande coisa.

Essa sensibilidade, toda essa forma de pensar em relação ao tempo e à interação social, é motivo de confusão e frustração para os pais que procuram atender às necessidades de independência dos filhos adolescentes. Querem incentivar a capacidade dos filhos de terem vidas gratificantes e separadas das deles. Mas não conseguem evitar a sensação de indefinição nesse processo. ("Talvez a gente vá comer uma pizza mais tarde, podemos ir para a casa do Sam, mas podemos estar na casa do Jack.")

O mesmo problema de administração do tempo ergue a cabeça, acrescenta Ito, quando os filhos jogam videogame.

– Esses jogos são realmente acessíveis – diz ela, falando de qualquer aparelho – e costumam não ter começo e nem fim.

Enquanto os pais ficam eternamente tentando fazer com que os filhos parem de jogar e desçam para jantar, estão tentando impor limites artificiais de tempo, quando esses limites naturais não existem.

MAS TALVEZ O MAIS PROBLEMÁTICO e confuso para os pais e mães seja a estrutura de poder invertida criada pela fluência tecnológica dos filhos. O filho de 14 anos se torna o principal conhecedor de tecnologia da casa, os pais o procuram para perguntar onde está Pandora no novo aparelho de televisão, ou como fechar todas as janelas em seus iPhones. Mães e pais descrevem a sensação de impotência diante dos novos aparelhos, inclusive aqueles que estão tentando limitar.

– E não é só isso – diz Shirky –, porque pais e mães vivem numa sociedade que lhes dá a sensação de que são *seus* filhos que têm de dar a permissão para *eles* fazerem as coisas. Como pedir para a sua filha aceitar sua amizade no Facebook.

Todas falaram sobre isso na casa de Deirdre. Algumas mulheres eram amigas dos filhos, outras não, e outras ainda tinham acesso limitado. Beth disse que o filho tinha aceitado e desfeito a amizade com ela várias vezes, e que a filha sempre deu visibilidade total da vida dela. Samantha disse que a filha primeiro avisou que adotava a política de não aceitar amizade de adultos. Só que ela era amiga do primo-irmão de Samantha, que também tem 50 e poucos anos. Deirdre se mantinha informada sobre os filhos através do marido, que tinha Facebook, apesar de ela mesma não ter.

– Pedir para ser amigo do filho... Essa é uma atividade angustiante, qualquer que seja a resposta – diz Shirky.

Se seu filho ou sua filha aceitar, você talvez veja coisas que não esperava. Se a resposta for não, ficará magoada e imaginando sem parar se publicações duvidosas estão se acumulando no mural dele ou dela.

– E *esse* problema – diz Shirky – é novidade.

Antes da mídia social, telefone e televisão eram utilidades meio públicas na casa. Mesmo que os filhos se trancassem em seus quartos com o telefone da família, os pais sabiam que estavam lá, falando com alguém. Com uma ou duas perguntas bem formuladas, podiam até descobrir quem estava na linha sem parecer uma intromissão. O mesmo valia para a televisão. Mesmo se os pais odiassem os programas a que os filhos assistiam, podiam saber, passando rapidamente pela sala de estar, quais eram esses programas, quando iam terminar e se estava começando um outro.

— O que é interessante sobre os celulares e o Facebook — diz Darling — é que não há como monitorá-los passivamente. E essa é a palavra crucial, para Darling: "passivamente".

— Você tem de aceitar — diz ela — que espiar essas coisas é invasão de privacidade. É ser *ativa*. Você tem de fazer uma coisa que é se intrometer e a sensação é de que está espionando.

Para alguns pais e mães, essa é uma linha difícil de atravessar. Significa dar a eles mesmos a licença para xeretar quando conhecem bem (e também se lembram de quando eram adolescentes) o valor da privacidade. De muitas maneiras, eles provavelmente consideram a privacidade até mais sagrada do que seus filhos. Os pais e mães sempre xeretaram, é claro. Sempre existiram mães folheando os diários das filhas e pais vasculhando os quartos dos filhos à procura de cigarro escondido. Mas hoje em dia a sensação é de que essa intromissão é uma imposição, não acontece ao acaso, portanto uma invasão extra é também *trabalho*. Em geral, há mais de um aparelho ou plataforma para ser monitorada (Facebook, Tumblr, Flickr, mensagens de texto, fotos do celular, informações do Twitter, horas de Xbox) e quase tudo requer um certo conhecimento para fazer. As mulheres na casa de Deirdre discutiram muito essa questão, debateram a ética da supervisão (ou "xeretice", como dizem os filhos). Uma mulher disse que prometeu para a filha que jamais leria seu mural no Facebook e cumpriu. Outra disse que nunca prometeu nada disso e que espionava o tempo todo. Mas foi só quando

Deirdre falou que uma verdade emocional maior pareceu se cristalizar para todas elas. Perceberam que o desafio não era só se permitir xeretar, e sim de aceitar o que descobrissem.

— Uma vez — disse Deirdre —, eu fiquei perturbada com uma coisa que encontrei quando espionava. E meu marido disse: "Deirdre, talvez seja melhor não procurar. Isso está apenas incomodando *você*."

— Exatamente — disse Beth. — Tem vezes que eu preferiria não saber. Porque saber significa correr o risco de ver coisas complicadas. Fotos do seu filho ou filha bêbados numa festa, porque alguém publicou no mural do Facebook. Fotos da sua filha nua no celular — sem terem sido enviadas, até onde você pôde ver... Então o que estão fazendo lá? São para enviar para alguém mais tarde? Ou foram tiradas só para experimentar, para ver como ficavam? (Beth teve essa experiência.) Kate viu uma vez, quando estava espionando, que o filho planejava se drogar.

— Será que quero ver coisas que não quero ver — ela perguntou retoricamente — e tentar enfrentar coisas que eu não devia conhecer?

— Quando éramos crianças — diz Shirky —, evidentemente experimentávamos bebida, mas, se não chegássemos em casa fedendo a gim, havia um certo respeito quanto a isso — querendo dizer que era um acordo tácito de que aquilo não seria discutido — E os cinemas eram os lugares socialmente aprovados para os adolescentes experimentarem beijos. Nós vivíamos algumas coisas que os pais e mães sabiam, mas *sobre as quais não falavam*. E agora isso tudo acabou.

É a renegociação desses acordos tácitos e a procura de modos de enfrentar isso com novas normas de transparência que fazem com que todos improvisem e se atrapalhem.

Nessa era de transição não existem normas. E isso torna a vida de pais e mães mais confusa. Às vezes a política de "não pergunte, não conte" é mais fácil do que enfrentar as possibilidades da revelação completa.

Mas, para os pais e mães que enfrentam isso, essa tecnologia também pode ser uma boa notícia. O mundo online é tão sedutor que os filhos agora cometem indiscrições muitas vezes da segurança de seus próprios quartos e não no mundo real, onde as ameaças físicas realmente estão.

– A eletrônica facilita, de certa forma – disse Beth para o grupo na casa de Deirdre –, porque eles estão fazendo essas coisas proibidas online. Não estão *na rua*, como eu estive.

– Eu sei – concordou Gayle. – Eu queria sair sempre. Mas eles voltam para casa quando ficam entediados.

Mensagens de texto também permitem que os filhos se comuniquem rápida e facilmente, frequente e discretamente com seus pais e mães – se estiverem numa festa em que todos estejam bêbados demais para dirigir, por exemplo. E os pais e mães podem fazer a mesma coisa, sabendo dos filhos nos momentos em que, em outros tempos, estariam inatingíveis, enviando recados rápidos para dizer oi se um telefonema parecer impositivo demais.

O modo como os adolescentes usam a nova tecnologia de certo modo encorpa o paradoxo da adolescência moderna: estão fazendo coisas que você não sabe, mas as fazem bem embaixo do seu teto, num computador comprado por você. Estão usando seus celulares para mentir sobre onde vão passar a noite e os usam para enviar mensagens de texto para contar sobre seus colegas de quarto da universidade. (Segundo Barbara Hofer, professora de psicologia de Middlebury, calouros em seu primeiro semestre na faculdade se comunicam com os pais e mães mais de dez vezes por semana.) A tecnologia de hoje intensifica a existência dupla dos adolescentes. Estão hiperconectados com suas famílias. Mas também levam vidas separadas e bem distantes.

os excessos são de quem?

Ainda estamos conversando sobre os ovos que Wesley jogou. Pergunto para Samantha como foi que ela reagiu a essa história naquela noite.

– Dei um piti – responde ela.
– Até hoje – diz Wesley, olhando reto para frente. – Ainda.
Como era a versão dela de um piti?
– Berrando como uma pessoa histérica aqui nessa cozinha.
Era piorado pela sensação de insegurança, dúvida?, perguntei. Ela ficou pensando que tinha feito alguma coisa errada?

– Não – responde ela. – Eu culpava o outro garoto. Não acho que Wesley ia pensar em jogar ovos sozinho. Talvez esteja errada, mas...
Wesley interrompe:
– Fui eu que inventei isso.
Ele olha bem nos olhos dela.
– Interessante – dessa vez Samantha mantém a calma.
O que é intrigante é seu raciocínio. Ela olha para mim.
– Sabe, eu me senti um *pouco* responsável – ela diz –, porque nós costumávamos ter nozes de carvalho no carro e, quando alguém fazia alguma besteira, jogávamos uma noz. E eu sempre quis que fossem ovos, mas nunca *joguei* um ovo em alguém. – Ela olha confusa para o filho. – Por isso achei que ele tinha herdado isso um pouco de mim.

Duvido disso. Mas não é o que importa. O que importa é que ela consegue se identificar com os impulsos dele. Porque já sentiu isso.

OS EXCESSOS DA ADOLESCÊNCIA são assustadores demais para pais e mães. Mas a razão disso, se lermos o que o psicanalista Adam Phillips tem a dizer sobre o assunto, não é que esses excessos sejam estranhos. Ao contrário, é porque são familiares demais. Os pais podem se identificar com eles muito bem. Por exemplo, os adultos conhecem bem o desejo de ter "ataques de fúria". (Como observei antes, os filhos deram aos pais e mães as piores notas na capacidade de controlar a raiva em *Ask the Children*, de Ellen Galinsky.) Adultos estão perfeitamente familiarizados com o canto de sereia do e-mail, dos videogames, Facebook, pornografia na internet, mensagens de texto, envio de fotos sensuais. Os adultos estão perfeitamente familiarizados com a necessidade de beber demais, de fazer sexo em contextos extremos e proibidos e de socar o patrão ou jogar ovos na janela do vizinho. Em certo ponto na cozinha de Deirdre, Samantha mencionou o que parecia uma mudança de assunto:

– Uma vez fugi de casa e fiquei fora dois dias.

– Eu fazia isso o tempo todo – concordou Beth.

– Já *adulta*, Beth! – Samantha respondeu. – Já *mãe*. Eu saí de casa.

"Os adultos", escreve Phillips, "não são menos excessivos em seus comportamentos do que os adolescentes. Campos de concentração não eram administrados por adolescentes. Adolescentes não são, em sua maioria, alcoólatras ou milionários."

A única diferença, na opinião de Phillips, é que os adultos passaram mais tempo vivendo com esses impulsos e por isso, com um pouco de sorte, aprenderam a tolerar em vez de obedecer-lhes. Infelizmente, é isso que a idade adulta deve ser: uma "superação" ou (melhor ainda) deve "disciplinar uma insanidade adequada ao desenvolvimento". Adolescentes são apenas um lembrete de que essa insanidade permanece escondida em algum lugar dentro de nós, esperando para se esgueirar até a superfície. Podemos invejar essa insanidade na mesma medida em que a tememos. Mas, como adultos, o máximo que nos é permitido fazer é sublimar nossos sentimentos caóticos. Somos proibidos de agir de acordo com eles. "Os adolescentes e seus pais que já foram adolescentes estão simplesmente vivenciando dois tipos de impotência", observa Phillips. "A impotência que nasce com a experiência e a impotência da falta de experiência."

Mintz nota que, embora os adultos gostem de tratar os problemas da adolescência como se fossem estranhos e distintos, na verdade eles aumentam e diminuem juntos com os problemas dos adultos. Se verificarmos os dados dos últimos vinte e cinco anos do século XX, as modas de fumar, beber, usar drogas, de nascimentos fora do casamento e da violência tenderam a seguir uma curva semelhante nos dois grupos. A questão é que os adultos gostam de projetar suas ansiedades de cima para baixo, sobre uma geração que acreditam que podem controlar.

Ou não. O ex-marido de Beth, Michael, é um viciado que está em recuperação. Ele começou a abusar das drogas e do álcool no fim da adolescência e só parou quando estava quase chegando aos 30 anos. Até hoje – ele está com 50 anos, é gerente de projeto e instalação de sistemas de segurança e casado de novo com uma advogada –, ele suspeita de que gasta tempo demais se comportando como um menino junto com seu filho e seu enteado adolescentes.

– Provavelmente estou me curvando demais ao nível deles – disse-me ele quando tomávamos um café –, brincando com eles mais do que devia. Ele estava bem animado quando disse isso. Tive a sensação de que um dos prazeres, que nem são tão secretos assim, de ter adolescentes por perto, pelo menos para ele, era a chance de jogar hóquei de patins e de poder fazer aquelas brincadeiras brutas de lutas. Mas ao mesmo tempo ele agora estava sóbrio, em todos os sentidos da palavra, e sabia o que uma vida madura exigia.

– Você tem de construir uma família – ele disse solenemente – com areia e pedras.

lembranças, sonhos e reflexões

Talvez isso seja, para os pais, o que há de mais poderoso na adolescência: nós agora estamos contemplando nós mesmos, assim como contemplamos nossos filhos. Bebês e crianças pequenas podem fazer com que reavaliemos as nossas escolhas e podem até mesmo despertar arrependimentos. Mas em geral são os adolescentes que mexem com os nossos sentimentos de autocrítica. São os adolescentes que nos fazem pensar quem vamos ser e o que faremos da nossa vida quando eles não precisarem mais de nós. São os adolescentes que refletem nossa imagem para nós, em forma de protótipo de adulto, que refletem a soma total das nossas decisões na criação deles e nos fazem imaginar se fizemos as coisas certas (enquanto os filhos pequenos ainda não estão formados, são ainda obras em progresso, ainda há tempo para mudar de rota se for preciso).

Como parte desse estudo com pais e mães de adolescentes, Laurence Steinberg pediu para os participantes desenvolverem uma "avaliação da meia-idade das experiências e sensações ruins do passado" que incluía esse item: "Eu me vejo desejando ter a oportunidade de começar tudo de novo, sabendo o que sei agora." Quase dois terços das mulheres registraram que se sentem assim frequentemente. E mais da metade dos homens também.

Quando escreveu os resultados para seu livro *Crossing Paths*, Steinberg fez uma distinção crucial nessa questão. Ele notou que o item da pesquisa não perguntava para os participantes se eles queriam ser *adolescentes* de novo. Essa é a informação clichê – que o que os adultos realmente desejam na meia-idade é a exuberância estridente e a liberdade da juventude (daí os clichês sobre homens comprando carros esportivos vermelhos e mulheres fugindo com seus professores de tênis). O que Steinberg percebeu, nas entrevistas de acompanhamento que fez com seus pesquisados, foi que eles não queriam uma segunda adolescência de jeito nenhum. "O que eles querem", escreve Steinberg, "é uma *segunda idade adulta*" (itálico meu). Ele descobriu que a adolescência dos filhos deles muitas vezes provocava inventários extensos de suas vidas, senão uma revisão completa das suas escolhas. "Cheios de dúvidas sobre a escolha da carreira, do parceiro ou da parceira, do estilo de vida", escreve ele, "eles querem a chance de ter outra vida."

Esse inventário é exatamente o que Gayle faz quando converso com ela em sua ensolarada cozinha numa manhã de domingo, enquanto suas filhas adolescentes de 14, 17 e 20 anos começam a acordar. Ela conta a história dela, se as coisas tivessem sido diferentes. Mas não rebobina a fita até o início. Ela volta até o momento em que saiu de casa.

– Se eu tivesse optado por estudar mais no ensino médio – diz ela –, poderia ter ido para uma universidade diferente, terminado mais cedo e talvez ter escolhido uma outra carreira antes, e com isso teria trilhado outro caminho. E isso, no plano da minha vida, poderia ter sido uma opção melhor. A escolha de Gayle foi ficar em casa para criar as filhas. Quando tomou essa decisão, tudo fazia sentido emocionalmente.

– Eu parei de trabalhar fora porque não suportava ficar longe das minhas filhas – diz ela, enquanto as filhas entram e saem da cozinha. – Sair de casa por apenas uma hora, ir ao banco, simplesmente *doía*.

Ela nunca desprezou as amigas que continuaram a trabalhar e fizeram arranjos alternativos para cuidar dos filhos. Só não tinha motivação para isso.

– E agora eu penso: *que tipo de exemplo eu fui?* – questiona. – Tenho três *meninas* e *larguei o emprego*? Eu fiz faculdade e me formei! – Ela balança a cabeça. – Se fossem meninos, talvez isso não me incomodasse tanto.

As filhas prestaram atenção nas escolhas dela.

– À Lena incomodou – filha do meio, de 17 anos –, eu sei com certeza, porque ela perguntou para mim: "por que você não trabalhou mais tempo?" E eu respondi que queria ficar com elas.

E como Lena reagiu a isso?

– Ela é educada. Não vai dizer: "Eu não preciso de você." Mas eu fiquei em casa tempo demais. Agora eu sei.

Quando as filhas chegaram à adolescência, Gayle tentou reverter o curso. Já está há algum tempo procurando emprego, quer lecionar em escola pública, formação que teve originalmente. Mas encontrar trabalho num setor que está sofrendo cortes orçamentários terríveis, aos 53 anos, não é fácil e o processo não serviu propriamente para levantar seu moral.

– Se você examinar qualquer escola – diz ela –, os professores são jovens e muito ativos. O que é ótimo. Mas para mim é um certo golpe. Acho que sou bem ativa. Mas não sou jovem.

No correr dos anos, ela também foi forçada a encarar as consequências financeiras da sua decisão de ficar em casa. Lembra-se de uma das viagens que fez com Mae no primeiro ano da faculdade, numa excursão pelas escolas do sistema universitário do estado de Nova York. Elas discutiram muito. Mae achou que a qualidade de algumas era baixa e que era perda de tempo se registrar nelas.

– E eu sempre dizia que ela devia fazer isso – diz Gayle. Aquelas universidades eram as que Gayle e o marido, que tem um pequeno negócio de compras pela internet, podiam pagar.

Quando Mae era pequena, Gayle passou a ideia de que poderia ir para qualquer universidade que quisesse, desde que estudasse bastante. Foi uma ilusão útil, criada basicamente por amor, para fazer Mae se sentir segura, otimista, confiante, poderosa, motivada, num mundo que às vezes é assustador e difícil de navegar.

– Você pode criar os filhos para que acreditem que as possibilidades do mundo são deles – diz Gayle. – E por algum motivo pensamos: ah, nós vamos ganhar dinheiro, ou, ah, elas vão conseguir uma bolsa de futebol. E então, de repente, elas estão com 18 anos e a realidade é: não, você não pode fazer aquela faculdade.

Na última excursão pelas universidades, Mae pagou para ver o blefe da mãe. Ela avaliou com olhar aguçado as limitações do mundo à sua volta e declarou que não gostava delas. Foi aí que Gayle entendeu que o feitiço que tinha lançado so-

bre a filha, a história que contara com tanto carinho, talvez
fosse consolo para ela, não só para a filha.

– Nós estávamos vivendo naquele mundo de sonho também – diz ela para mim.

ERIK ERIKSON, UM DOS PSICANALISTAS mais inovadores do século XX, escreveu sobre esses momentos de revisão existencial em seu trabalho sobre o ciclo da vida humana. Um argumento bem conhecido é que todos nós passamos por oito estágios de desenvolvimento, cada um marcado por um conflito específico. O fato de ter estendido o seu modelo para incluir a vida adulta, chegando a conceber a idade adulta como uma série de soluços e de eixos muito interativos, mas não como uma marcha à frente sem interrupções, deu à sua teoria um extraordinário poder de resiliência. No início da idade adulta, argumenta ele, temos de aprender a amar em vez de desaparecer em meio ao narcisismo e à autoproteção. Na metade da vida adulta, diz ele, temos de descobrir como levar uma vida produtiva e deixar alguma coisa para as gerações futuras, em vez de sucumbir à inércia ("generatividade versus estagnação", é como ele chama). E depois disso, o desafio se torna aprender como fazer as pazes com as experiências que tivemos e as diversas escolhas que fizemos, em vez de capitular para a amargura ("integridade versus desespero e desgosto").

Alguns pesquisadores modernos acreditam que esses estágios da vida adulta são invencionices exageradas. Mas os pais de adolescentes muitas vezes os descrevem ao pé da letra. Falam, como fez Gayle, sobre a esperança de vencer a estagnação seguindo em frente, apesar de enfrentar uma redução de opções de carreira. E falam, como fez Gayle, sobre olhar para trás e integrar as escolhas que fizeram numa narrativa com a qual possam viver. Nas palavras de Erikson: "É a aceitação do próprio ciclo de vida e das pessoas que se tornaram significativas nesse ciclo como algo que tinha de ser e que, por necessidade, não permitiram substituições." As mulheres podem ser especialmente suscetíveis a esses momentos de reconhecimento pessoal. De acordo com os dados da Current Population Survey [Pesquisa populacional norte-americana de 2010], 22% de todos os pais e mães com filhos nas idades entre 12 e 17 anos hoje estão com 50 anos ou mais e 46% deles estão com 45 ou mais. Na prática isso significa que um número substancial das mães de adolescentes está, hoje, no climatério, sentindo calores, distúrbios do sono e mudanças no desejo sexual, ou na menopausa propriamente dita. Muitas mulheres passam por esse estágio com poucas perturbações, assim como muitos adolescentes passam pela puberdade com poucos problemas. Mas outras enfrentam melancolia e irritabilidade e veem em sua situação o reflexo de seus filhos adolescentes, cujos anos de fertilidade estão apenas começando. (Dois estudos bem elaborados de 2006 revelaram que o risco de depressão durante o climatério duplica ou quadruplica, dependendo de quais números são consultados.)

Gayle disse, com alegria, que adora ver suas filhas desabrochando. É uma forma de compensação e não uma reprovação.

— Sinto muito prazer observando a mudança de meninas para mulheres — diz ela. — A sexualidade delas não me incomoda nada. Estar perto da morte sim. Eu só penso: *meu Deus, estou velha.*

Ela não está velha. Tem apenas 53 anos. Mesmo assim, ela aponta para a sala de estar, onde está Eve. Gayle teve a filha aos 38 anos.

– Eu olho para ela – diz – e penso: *já faz quase quarenta anos que tive a idade dela.*

ESTE MOMENTO APARECE com todo tipo de vestes estranhas. Às vezes surge apenas como um questionamento de nós mesmas – a carreira que devíamos ter seguido, as escolhas de estilo de vida que devíamos ter feito, o cônjuge que devíamos ou não ter escolhido. A mera presença de adolescentes em casa, ainda transbordando potencial, com o futuro ainda por conquistar ("Minhas filhas estão a ponto de fazer as escolhas delas", disse Gayle), dispara uma fantástica divagação sobre as possibilidades.

Mas às vezes esse sentimento vem na forma de dúvidas sobre como criamos nossos filhos – sobre o próprio papel de pais e mães. Esse remorso pode ser sutil e não necessariamente sobre coisas que escolhemos conscientemente fazer. Parte do pior sofrimento, na realidade, pode partir das coisas que *deixamos* de fazer, ou dos erros que cometemos e que nossos filhos viram, ou dos maus hábitos que não conseguimos esconder e que nossos filhos agora transformaram nos deles ou resolveram rejeitar agressivamente. Os filhos são testemunhas de alguns dos nossos comportamentos e erros mais vergonhosos. A maioria dos pais e mães pode contar com triste precisão quais foram esses erros e comportamentos e o sofrimento que tais maus hábitos e episódios causaram.

Não ajuda saber que os adolescentes muitas vezes adotam uma visão crua e dura dos defeitos e erros dos pais. Isso se torna o artifício que usam para afastar os pais, para se distinguir ("Eu não vou ser como você") ou para se "individualizar", como diria um psicólogo. Eles sabem como transformar a visão de mundo deles em uma arma, em observações e comentários feitos com esmero para magoar. Uma das frases que Calliope às vezes usa para machucar a mãe, diz Samantha, é dizer que ela se transformou na própria mãe – e a última pessoa que Samantha gostaria de ser é a mãe dela, que considera terrivelmente fria e negligente. Numa discussão, Calliope chegou a chamar Samantha pelo nome da avó.

– Eu sabia que isso era golpe baixo – diz Calliope.

Mas o mal-estar mais profundo que identifico é o de Michael, pai de Carl e marido de Beth. Quando conversamos, deu para ver que Michael não é o tipo de pessoa que *realmente* se arrepende. Ele se considera um homem de sorte, acredita mesmo que os filhos vão acabar percebendo suas boas intenções. Mas, quando os filhos provocam tristeza nele, sua mente volta para o tempo em que ele e a ex-mulher estavam discutindo os termos do divórcio, quando ele deixou de pressioná-la pela guarda compartilhada.

– Teria sido uma briga no tribunal, ia perpetuar o ciclo de brigas, não fazia sentido – diz ele. – Mas mesmo assim me arrependo.

Ele sabe que pagou um preço por isso, especialmente com a filha mais velha, Sarah.

– O meu relacionamento com ela sempre foi deficiente – diz ele. – Nunca ficamos totalmente à vontade um com o outro.

Ele se lembra do dia, uns dois anos atrás, quando ela se formou no ensino médio. Lá estava ela, radiante e crescida, uma jovem mulher que tinha cursado uma ótima escola pública e conseguido uma bolsa quase integral para uma universidade particular ainda melhor. Sua própria filha! E ele não tinha sequer *feito* faculdade. Mas ele se sentiu desconfortável, afastado, imóvel no meio de um monte de balões de ar.

– Terminada a formatura – lembra ele –, a conversa foi "Para onde vai todo mundo?". E a resposta "Todo mundo vai para a casa da mamãe". – Ele faz um gesto para longe dele, para um outro lugar imaginário, *a casa da mamãe*. – Então eu estou aqui – aponta para ele mesmo –, todo arrumado, pensando: *acho que posso me convidar, mas isso não vai acontecer*. É quase uma sensação de... impotência. Ela é minha filha também.

Ele não consegue falar disso sem se isolar um pouco e mudar da primeira para a segunda pessoa.

– É como se aquela pessoa não fizesse parte disso – ele diz, reflete sobre o que sente e assume. – Foi assim que eu me senti. Como se não fizesse parte daquilo.

E quando o filho dele, Carl, está se sentindo cruel, ou zangado, ou até apenas na defensiva, "ele diz: Sarah não quer ver você, ela não gosta de você", diz Michael.

– Se ele quer me magoar, é bem por aí que ele começa. Michael fala sério quando diz "começa". Esses ataques às vezes crescem de forma insuportável.

– É como ter uma discussão com um dos seus amigos que está sendo perverso – diz Michael. – E depois você pensa: *o que ele disse se aplica? Não se aplica?*

E, em alguns casos, Michael resolve que se aplica.

– Ele já me fez chorar antes – admite Michael.

resultados

As filhas de 14 e 17 anos de Gayle são cordatas e calmas. Podem ter seus momentos de cabeça dura, mas em geral falam com afeto quando estão com a mãe e esta manhã andam silenciosas pela cozinha, fazendo suas tarefas matinais sem reclamar.

E aí vem Mae, que também fica um tempo conosco na cozinha. É uma menina linda, uma flor esguia como as irmãs, mas o ar em volta dela vibra. Há uma sensação de vigilância nela, uma preocupação, como se ela já soubesse que o caminho à frente vai ser duro. Devo dizer que ela é o meu tipo de menina. Qualquer um que receba intimações das dificuldades da vida logo cedo é o meu tipo de jovem. Eu fui esse tipo de adolescente.

– Estou descascando? Ela dá meia-volta e vira-se de costas para a mãe. Mae, como as irmãs, está de top sem manga. E tem uma pedrinha discreta no nariz.

A mãe responde que não. Mae sempre foi diferente. Gayle percebeu que era uma criança ansiosa desde os 5 anos. Na quinta série, quando certos hábitos começam a se formar, Mae teve problemas com a melhor amiga dela, Calliope, a filha de Samantha, e Gayle não pôde fazer muita coisa para aliviar sua angústia.

– Mae ficava aflita porque Calliope se zangava com ela e ela não sabia por quê – lembra Gayle. – Então ela seguia a amiga e perguntava: o que foi que eu fiz? E eu tinha de dizer: não faça isso.

A simples lembrança provocava em Gayle uma careta de sentir de novo o sofrimento da filha e de saber que tinha de deixar que ela enfrentasse isso sozinha.

Então, na oitava série, Mae começou a se cortar. Gayle não conhecia ninguém que tivesse esse problema com a filha, mas já tinha ouvido e lido bastante a respeito. Essa era uma geração de pais conscientes, numa comunidade consciente. Por isso Gayle fez o que pôde. Procurou uma terapeuta para a filha conversar, aprendeu a escutar e a dar conselhos na hora certa. E a filha dela melhorou. Olhando para Mae agora, vejo uma menina bonita, muito prestativa e que conseguiu uma bolsa quase integral para uma ótima universidade.

Mas, olhando para ela, também vemos claramente o que Adam Phillips quis dizer em *O que você é e o que você quer ser* (*On Balance*), quando escreve que é injusto pedir felicidade para um filho. Essa expectativa transforma os filhos em "antidepressivos", observa ele, e deixa os pais "mais dependentes dos filhos do que os filhos são deles".

Tão importante quanto, Mae é um bom exemplo de que também não deve ser justo pedir aos *pais* que produzam filhos felizes. É um objetivo lindo – um que prontamente admiti ter tido – mas, como observa dr. Spock, criar filhos felizes é um alvo ilusório, comparado com os ideais mais concretos da criação dos filhos no passado: criar filhos competentes para certos tipos de trabalho e criar cidadãos moralmente responsáveis que cumpram um conjunto determinado de obrigações na comunidade.

O fato é que esses objetivos de outrora são provavelmente mais construtivos, e acessíveis. Nem todos os filhos crescerão felizes, apesar dos esforços heroicos dos pais, e todos os filhos ficam infelizes em algum ponto do caminho, por mais carinho que tenham ou por mais protegidos que sejam. No fim das contas, há limites básicos do que os pais podem fazer para proteger os filhos das partes mais duras e inclementes da vida – com as quais se deparam bem mais na adolescência. "Para uma criança", escreve Phillips, "a vida é cheia de surpresas, por definição; o adulto tenta manter isso como surpresas e não como traumas, através de uma dedicada atenção. Mas a criação saudável dos filhos sempre envolve uma sensação crescente do quão pouco e de até que ponto podemos proteger nossos filhos; de que a vida não pode ser inteiramente programada."

Até hoje, Mae sente as coisas mais profundamente do que as colegas. E Gayle, imbuída de calma, de temperamento conciliador do meio, não se culpa por isso, como talvez outra mãe ou pai pudesse fazer. Ela tem tanta compaixão por ela mesma quanto qualquer mãe pode ter, sabendo que fez tudo que estava ao seu alcance pela filha.

– Não, não acho que não sou boa mãe – ela diz para mim. – Eu sinto inadequação como ser humano para resolver *quaisquer* problemas de outro ser humano. Não podemos ajudar outra pessoa em tudo.

Apesar disso não é fácil. Quando pergunto se ela aprendeu a lidar melhor com o fato de ter uma filha ansiosa naqueles anos todos, ela responde imediatamente:

– Não.

E MESMO ASSIM, GAYLE tem muito orgulho de Mae. Quanto deslumbramento, quanta admiração! Chegou um momento em que mencionei Erik Erikson em voz alta, imaginando se Gayle já tinha ouvido falar dele. Gayle disse que parecia familiar, mas que não, não lembrava. Mae, que estava em silêncio encostada na bancada da cozinha, saiu, subiu para o segundo andar e pegou um exemplar de um livro de Erikson, que estava lendo para a aula de psicologia. Botou o livro na frente da mãe. E saiu da cozinha sem dizer nada.

Gayle sorriu para mim.

– É o tipo da coisa que faz a vida valer a pena – disse ela. – A gente *quer* que eles sejam melhores do que nós. Queremos que sejam mais inteligentes, que façam mais coisas e que saibam mais coisas.

Ela pegou o livro e observou a capa e a contracapa. Já tinha mencionado para mim que adorava o que Mae escrevia, adorava a cabeça dela.

– Nossa. Eu não li isso quando tinha 20 anos.

E é exatamente isso. Apesar dos nossos erros, aí estão eles, seres humanos prestativos e completos, gesticulando com os nossos maneirismos e os da nossa altura.

De volta à casa de Samantha, houve um momento em que ela imaginou se não tinha se concentrado bastante em Wesley quando ele era pequeno.

– Eu só me lembro de quando Calliope era pequena – disse ela. – Wesley estava sempre sendo despertado de uma soneca, preso numa cadeirinha do carro, posto em algum lugar. Os padrões dele eram muito menores, relacionados às demandas dele. Ele ficava feliz de ser *alimentado*. E eu pensava: *será que fui eu que fiz isso com ele?* Mas olhe para o pai dele, ele é assim. Eu não sei como você se sente, Wesley...

Então ela olhou diretamente para o filho – tão talentoso, tão observador, e, meu Deus, tão chato às vezes, responsável por tanto sofrimento. Mas não foi um olhar de desespero para validar as escolhas dela. Ela fez uma coisa corajosa. Parecia querer mesmo saber. Ele retribuiu o olhar, depois desviou para algum ponto no ar entre eles, com as mãos apoiadas no braço do violão. Passaram alguns segundos e depois mais outros. Foi o único momento em que nossa conversa não teve um fundo musical ao violão. Foi o único instante em que não se ouviu som nenhum.

– Comece a falar quando estiver pronto – disse Samantha.

Mas não era Wesley que precisava daquele tempo extra. Era ela.

– Eu sinto que ter filhos foi a melhor coisa que já fiz e eu...

A voz dela ficou embargada e ela começou a chorar.

– Tenho muito orgulho deles. Eu os amo demais. A noite passada estava se lembrando de quando Calliope era bebê e pensando: *ah meu Deus, isso faz tanto* tempo...

Os filhos dela, espantados com aquela franca exibição de emoção, se entreolharam e ficaram emocionados também.

– Então pensei, *ora, um dia talvez ela também tenha um bebê...* – Samantha assou o nariz.

Wesley continuou calado. Calliope, que quase nunca ficava sem palavras, também não disse nada. Pôs a mão sobre a boca e segurou a mão da mãe, entrelaçando os dedos.

capítulo seis

alegria

Mas estou contando apenas a metade da verdade. Talvez apenas um quarto. O resto da verdade é que não suportei amar meus filhos tanto assim. O amor me deixou fraca, com os nervos à flor da pele. O ideal para mim seria ter Katherine e Margaret costuradas às minhas axilas, presas a mim. Ou, melhor ainda, chutando e se revirando no meu ventre, onde poderia mantê-las em segurança para sempre.

– Mary Cantwell, *Manhattan, When I Was Young* (1995)

EM TODO ESTE LIVRO, procurei analisar como os filhos afetam os pais em cada estágio do seu desenvolvimento. Para isso, examinei pontos de inflexão e fontes de tensão, com a esperança de identificar quais são pontos universais e quais são exclusivos desse período. No capítulo um, procurei explicar como os filhos podem comprometer a autonomia com a qual nos acostumamos, tornando mais difícil dormir, mais difícil encontrar um "fluxo", mais difícil de administrar as fronteiras entre nossa vida no trabalho e em casa. No capítulo dois, falei sobre a revolução de estagnação em casa e como a falta de consenso quanto à divisão do trabalho doméstico provoca mais tensão no casamento com a chegada de um filho – tensões que só pioram com o declínio de apoio social. No capítulo quatro, falei do estímulo orquestrado e das pressões sobre pais e mães, desde a Segunda Guerra, para a dedicação intensiva à criação dos filhos, pressões ampliadas pelo aumento do custo de vida, pela ambivalência quanto à mulher participar do mercado de trabalho, pelo excesso de atividade criado pela tecnologia, pelo medo crescente pela segurança dos filhos e, acima de tudo, pela inutilidade econômica dos filhos na era moderna. E no capítulo cinco, examinei os efeitos da prolongada infância protegida, assim como a pressão cultural que recai sobre os pais e mães de adolescentes para produzir "filhos felizes e bem ajustados".

Mas cada capítulo (exceto o capítulo três, sobre as alegrias dos filhos pequenos) teve um conceito prévio embutido. Cada um se concentrou na criação dos filhos da forma como o fazemos hoje em vez do pensar sobre o que realmente *significa*, para nós, sermos pais e mães, ou pensar em como a experiência de modo geral se incorpora à imagem que fazemos de nós mesmos.

Adotei essa abordagem por um motivo. Criar um filho exige esforço gigantesco, e, com o advento da infância moderna – especialmente depois que a palavra *parenting* se tornou um verbo popular –, tem havido uma ênfase ainda maior na criação dos filhos como uma conquista de alto desempenho e constante aperfeiçoamento. Repetindo as palavras de William Doherty, criar um filho é "uma atividade de alto custo e alta recompensa". De capítulo em capítulo, procurei documentar esses custos.

Mas os custos não querem dizer que os filhos não podem nos proporcionar momentos prazerosos. Robin Simon, socióloga da Universidade de Wake Forest, cujas descobertas sobre o relacionamento entre a criação dos filhos e a felicidade figuram entre as mais negativas dos cânones da ciência social, disse-me isso sem rodeios, quando tomávamos café: "Realmente há coisas *divertidas* na criação de filhos." Isso mesmo: *divertidas*. Ela não vê contradição entre o que descobriu em suas pesquisas e essa ideia. Mencionou seu filho de 19 anos. Naquele momento, ele estava passando por uma fase de filmes de karatê.

– É *divertido* assistir a filmes péssimos com ele – afirmou ela. – É *divertido* ouvir as ideias que ele tem sobre as coisas e vê-lo expressando interesse por elas.

No entanto, as partes divertidas na criação de um filho – seja cantar bem alto ou comprar um vestido para a filha, treinar um time de futebol ou ficar em casa e fazer um pão de banana – podem ser neutralizadas pelas tensões e pelas tarefas que fazem parte do trabalho.

Mas ser mãe e pai não é a única coisa que fazemos. Ser mãe ou ser pai é o que *nós somos*. "Quando penso na palavra '*parenting*'", escreve Nancy Darling, "penso em pedir para os meus filhos porem a mesa, conseguir que eles façam seus deveres de casa, ou fazer com que o caçula estude violino." Ela observa que isso é trabalho duro. Mais objetivamente, "provavelmente é a parte menos prazerosa da minha interação com eles".

Então o que dá prazer a Darling?

Ver vídeos juntos, tomar chá, quando eles me abraçam espontaneamente, ficar deslumbrada de ver as coisas que eles fazem bem e as coisas que só necessitam de um pouco de incentivo para serem bem-feitas e a maravilha que é simplesmente estar com eles e vê-los crescer... Ver o meu caçula tocar um exercício para violino na noite passada, uma peça que o deixou entediado o verão inteiro... Fiquei impressionada ao ver este menino, que tem uma caligrafia péssima, que gosta de lutar espada com pedaços de pau no quintal e que é capaz de qualquer coisa para começar uma guerra de água, tocar uma música tão linda.

E ela acha que o que esses prazeres têm em comum é que são passivos. "Envolvem apenas relaxar", escreve ela, "e curtir meus filhos sendo eles mesmos." Não aparecem espontaneamente nas pesquisas e questionários. "Se me perguntasse como me senti criando meus filhos", ela conclui, "nenhum desses prazeres serviria de base." O que sentimos *sendo* pais e mães, e como nos sentimos tendo de *executar* as tarefas cotidianas e muitas vezes árduas da criação dos filhos são duas coisas muito diferentes. É muito mais difícil para a ciência social anatomizar "ser pai ou mãe".

alegria

Vivemos numa época em que nos dizem que o mais importante é ser feliz. Nosso direito a essa busca é sagrado no documento da fundação do nosso país. Consta de inúmeros livros de autoajuda e de programas de televisão. Felicidade é o foco de um campo que viceja na academia, chamado de psicologia positiva, que estuda o que torna uma boa vida e seu florescer constante possíveis. (Por um tempo a psicologia positiva foi o curso mais procurado entre os alunos de Harvard.) Dizem que a felicidade é conquistável. Cercados de tanta prosperidade material, como estamos hoje, é nossa prerrogativa – nosso dever, e até nosso "destino" – alcançá-la.

Mas a "felicidade", como tantos pais e mães afirmaram, é uma palavra extremamente vaga e impossível. Uma das mulheres da turma da ECFE, uma avó chamada Marilyn que esteve lá como visitante um dia, definiu de forma mais direta quando perguntou: "Não devíamos fazer uma distinção entre

felicidade e alegria?" E todas as pessoas da turma concordaram que sim, devíamos. "Eu acho", disse ela, "que felicidade é mais superficial. Não sei o que outras pessoas pensam, mas, para mim, criar meus filhos me deu uma profunda sensação de ter feito alguma coisa de valor nessa vida...". E então ela começou a chorar. "Porque no fim das contas, quando eu pergunto: 'O que foi a minha vida?' – agora eu sei."
Ela quis dizer que alegria e propósito têm uma grande variedade de fontes, não só os filhos. Mas o mais importante aqui é a observação mais básica de Marilyn: uma única palavra, "felicidade", muitas vezes não consegue captar esses sentimentos em toda a sua plenitude – nem inúmeras outras emoções que nos fazem sentir a transcendência humana.

O deslumbramento místico que sentimos quando nosso bebê olha diretamente para nós pela primeira vez é diferente da sensação de orgulho que sentimos quando o mesmo filho, anos depois, consegue dar um salto duplo na patinação. O que, por sua vez, é diferente da sensação de aconchego e pertencimento que nos consome quando toda nossa família, espalhada pelo mundo, se reúne no Dia de Ação de Graças. Podemos tentar quantificar cada uma dessas sensações com um número, claro, e não subestimo o valor dessas tentativas, para poder conseguir mais mensurações. Mas, afinal, um número é apenas isso, um número, marcado em um gráfico. Pode refletir o grau desse nosso sentimento, mas não tem nenhuma dimensionalidade. Esses sentimentos, para mim, não são do mesmo *tipo*. Alguns, como a alegria, podem magoar quase tanto quanto dão prazer. Outros, como o dever, seguem silenciosos no plano de fundo, talvez tornando nossa vida no dia a dia mais difícil, mas que também fazem nossa vida valer mais a pena e ter mais consonância com nossos valores.

"Poucas experiências felizes incluídas em autobiografias e na literatura podem ser inteiramente avaliadas pela pesquisa psicológica ou neurocientífica", escreve Sissela Bok, filósofa de Harvard, em *Exploring Happiness*. E ela escreve que nem "as medições contemporâneas de felicidade incluem a maior parte das afirmações filosóficas e religiosas sobre a natureza da felicidade ou sobre o papel que desempenha na vida dos seres humanos".

De fato, pode-se argumentar que toda a experiência de ser pai ou mãe expõe a superficialidade da nossa preocupação com a felicidade, que usualmente adquire a forma de uma busca do prazer ou de encontrar a nossa plenitude. Criar filhos faz com que reavaliemos essa obsessão e talvez redefina (ou pelo menos amplie) nossas ideias fundamentais sobre o que *é* a felicidade. Até as coisas que os norte-americanos são estimulados diariamente a aspirar podem ser equivocadas. (É aquela frase em *Caçadores da arca perdida*, em que Salah e Indiana Jones dizem em uníssono: "Estão cavando no lugar errado.") Quando seguimos confusos pelos anos da criação dos filhos – procurando encontrar um sentido para o nosso novo papel na era dos filhos inestimáveis, tentando desempenhar esse papel numa cultura que oferece tão pouco apoio aos pais e mães que trabalham fora quanto aos que ficam em casa –, vale perguntar: o que *estamos* procurando e o que encontramos?

VAMOS COMEÇAR COM ALEGRIA. Não foi só Marilyn que usou essa palavra para descrever sua experiência. Foram praticamente todos os pais e mães. E talvez nenhuma pessoa viva tenha pensado a ideia de alegria com mais afinco e mais cuidado do que George Vaillant.

Vaillant é psiquiatra por formação, poeta-filósofo por temperamento e, do ponto de vista dos livros de história, administrador há décadas do projeto Grand Study, uma das pesquisas longitudinais mais ambiciosas das ciências sociais. Desde 1939, o Grand Study segue o mesmo grupo de alunos de Harvard, coligindo dados sobre todos os aspectos de suas vidas (e também, a essa altura, de suas mortes). Por isso não é surpresa que Vaillant costume analisar as coisas ao longo do tempo em vez de se concentrar na felicidade de um momento. "Suas vidas são humanas demais para a ciência", escreveu ele sobre os objetos do Grand Study, "belas demais para os números, tristes demais para diagnósticos e imortais demais para diários encadernados."

Quando conheci Vaillant, em Boston, ele usava um jovial suéter azul cheio de buracos, que parecia combinar com seu comportamento animado e um pouco distraído. Ele tem sobrancelhas grossas, olhos muito vivos e uma postura ereta incomum para um senhor de 77 anos.

– Sua geração não consegue imaginar um mundo sem apegos e afetos – ele me disse quando nos sentamos para conversar. – Mas olhe só: antes, quando os cientistas do comportamento escreviam sobre o amor, tudo era *sexo*.

Ele fala principalmente de Freud e Skinner, que não conseguiam examinar o amor entre pais e filhos sem ver erotismo.

– Eles não conseguiam *conceituar* apego.

No entanto, é exatamente disso que vem a alegria, segundo Vaillant: do apego, do afeto. Em seu livro *Fé – Evidências científicas* (*Spiritual Evolution*), ele escreve: "Alegria é conexão", simples assim. Alegria é bem diferente do tipo de prazer que se obtém buscando a excitação de satisfazer um desejo. Esses prazeres tendem a ser intensos e efêmeros.

– Era como Freud via o sexo – diz Vaillant. – Uma próstata cheia, e aliviá-la é glorioso.
Vaillant não pretende menosprezar tais prazeres. Reconhece que somos motivados por eles. Eles são *divertimento*. Mas também solitários. São muito diferentes da alegria, que é praticamente impossível vivenciar sozinho.

– É a diferença entre assistir a *Emmanuelle* – o famoso filme erótico francês dos anos 1970 – e ver o jantar do Dia de Ação de Graças sendo preparado na cozinha da vovó – diz ele. – São duas formas de prazer.

Mas o primeiro faz com que o indivíduo se volte para si mesmo, enquanto o segundo é o que intriga Vaillant.

– É observar sua avó – diz ele – que é gorda demais, e sua mãe, que tem muitas ideias para melhorar os pratos, e seu irmãozinho, que fica andando atrás de você.

Essa familiaridade, a sensação de entrosamento, e "aqueles cheiros da cozinha", diz ele, são a conexão do Dia de Ação de Graças. Alegria é o aconchego, não o calor. Em *Fé – Evidências científicas*, ele oferece essa adorável máxima: "Excitação, êxtase sexual e felicidade, tudo acelera o coração; alegria e aconchego o tornam mais lento."

Os testemunhos mais emocionados que ouvi de pais e mães foi sobre essa necessidade de conexão. Como Angelique, mãe de quatro filhos de Missouri City, estava descrevendo o filho de 13 anos, que tinha começado a jogar futebol americano recentemente, eu perguntei o que fazia essa idade dele tão mágica.

– Quando ele para na minha frente e pede um abraço – ela disse. – Eles ainda *precisam* de abraços, os meninos de 13 anos.

Leslie, que morava na cidade vizinha de Sugar Land, disse algo semelhante sobre o filho de 10 anos.

— Ele diz: "posso ir para a casa do fulano?" — Ela meneia a cabeça e acena com a mão, indicando que sim. — *Vai, pode ir.* — Ele mal saiu porta afora — continua ela — e diz: "ah, esqueci uma coisa." Ele dá meia-volta, corre para a cozinha e me abraça.

Eles pareciam tão seguros e independentes brincando com seus videogames ou indo para o treino com o equipamento de futebol americano maior do que eles... Mas tudo que querem e o que precisam acima de tudo é de você. E você, deles. Mas essas conexões, por mais fortes que sejam, ainda são feitas de milhares de fios finíssimos, como teias de aranha. Se isso é alegria — conexão —, então para vivenciá-la plenamente precisamos de algo que é tão aterrador quanto inspirador: abrirmo-nos para a possibilidade da perda. Foi isso que Vaillant entendeu sobre a alegria. Ela nos torna mais vulneráveis do que a tristeza, de certa forma. Ele gosta de citar *Augúrios de inocência*, de William Blake: "Alegria e tristeza se entrelaçam." Não se pode ter alegria sem a perspectiva do sofrimento, e para algumas pessoas isso torna a alegria um sentimento difícil de suportar.

Especialmente em relação aos filhos, quando a perda é inevitável, embutida no próprio paradoxo da criação dos filhos: derramamos amor sobre eles para que um dia cresçam e tenham força para nos deixar. Mesmo quando nossos filhos ainda são pequenos e indefesos, já sentimos o prenúncio da partida deles. Nós nos surpreendemos olhando para eles com nostalgia, tristes pela pessoa que eles não serão mais. Em *The Philosophical Baby*, Alison Gopnik usa a frase japonesa *mono no aware* (empatia com as coisas) para descrever isso: "o doce amargo inerente da beleza efêmera". Alegria e perda são partes das contradições inerentes da doação de amor. "Alimentamos os filhos para que logo possam se alimentar sozinhos; ensinamos as coisas para eles poderem prescindir do nosso ensinamento", escreveu C. S. Lewis. "Por isso o amor-doação é uma tarefa difícil. Ele precisa trabalhar no sentido da própria abdicação." Para alguns pais e mães, o medo e a felicidade estão ainda mais profundamente ligados. Numa palestra de 2010, já assistida por centenas de milhares de pessoas desde então, Brené Brown da Universidade de Houston começa com o seguinte desafio:

Véspera de Natal, a noite está linda, neva um pouco, uma família jovem de quatro pessoas no carro, a caminho da casa da vovó para jantar. Estão ouvindo rádio, e a estação começa a tocar músicas de Natal, entre elas "Sino de Belém" ["Jingle Bells"]. As crianças se animam no banco de trás. Todos começam a cantar. A câmera focaliza os rostos dos filhos, da mãe, do pai. O que acontece depois?

Ela disse para a plateia que a resposta mais comum é "acidente de carro". Na verdade, 60% de todas as pessoas que respondem a essa pergunta dizem "acidente de carro". (Outros, de 10% a 15%, deram respostas fatalistas também, diz Brown, só que mais criativas.) Ela entende que esse reflexo pode ser apenas uma demonstração do quanto nós assimilamos as imagens terríveis de Hollywood. Mas suspeita de que seja mais do que isso. O fato é que muitos pais e mães dizem a mesma coisa ao descrever situações da vida real. Ela deu um exemplo típico: "Estou olhando para os meus filhos, eles estão dormindo, estou completamente enlevada e tenho a visão de alguma coisa horrível acontecendo."

Brown chama essa sensação de "alegria premonitória". Quase todos os pais e mães já sentiram isso de alguma forma. Todos são reféns da fatalidade. Seus corações, como escreveu Christopher Hitchens, "estão correndo em disparada dentro do corpo de outra pessoa." Tanta vulnerabilidade assim pode ser uma agonia. Mas de que outra forma os pais e mães podem viver o êxtase? De que outra maneira sentiriam esse deslumbramento? Esses sentimentos são o preço que mães e pais pagam pelo enlevo e pela conexão mais profunda. "Alegria", escreve Vaillant, "é a dor do lado do avesso."

E ISSO TUDO ME LEVA DE VOLTA a Sharon, a avó de Minnesota que cria o neto, Cam. Ela enfrentou o inimaginável, enterrando não só um filho, mas dois. No caso de Michelle, a mãe de Cam, Sharon ao menos pode vê-la chegar à idade adulta e até a maternidade. Mas com o primogênito, Mike, Sharon nunca teve esse privilégio. Ele morreu em 1985, aos 16 anos. Sharon e a família moravam em Tucson na época. Michelle tinha ataques de raiva e tinha um QI de 75 pontos, o que já apresentava um problema. Mike tinha ataques da raiva e um QI de 185 pontos, o que apresentava outro problema. O brilhantismo dele, a fúria e a solidão se revelaram cedo. Aos 4 anos já passava muito tempo sozinho, decorando como se escreve palavras compridas ("Constantinopla" e a eterna "anticonstitucionalissimamente"). "E ele sempre fazia piadas estranhas", disse Sharon, "que nenhum dos amigos entendia". Por um breve período, no primeiro grau, Mike teve uma fase extrovertida. "Mas então se fechou nele mesmo, como se coubesse a *ele* salvar o mundo", disse Sharon, "e depois *passou* a tentar salvar o mundo." Ficava sentado no parque, por exemplo, esperando pegar os homens que espancavam os moradores de rua. Isso foi na sexta série. Aí Mike foi para uma escola de crianças dotadas e encontrou sua turma, crianças que jogavam Dungeons & Dragons, inventavam línguas em código, escreviam poesia. Mas o companheirismo não bastou para curar a depressão dele, que ficou especialmente séria no ensino médio. Começou a contar para Sharon o tanto que sofria – tanto que às vezes era atacado pelo ímpeto de tirar a própria vida, o que acabou fazendo.

– Ele veio ao meu quarto numa quinta-feira e disse: estou me sentindo suicida, acho que devo voltar para o hospital – disse Sharon.

Ela contou tudo isso enquanto Cam estava dormindo.

– Então ligamos para o médico e ele disse que não, que ele precisava superar o problema sozinho e que eu devia parar de intervir por ele.

O médico disse ainda que Mike devia ser responsável pela própria medicação a partir daquele momento.

– Ele fez isso – revelou Sharon. – Usou os remédios para se matar.

Ela o encontrou na manhã seguinte.

Eu perguntei qual é o sentido que ela vê na vida do filho agora, depois de todos esses anos.

Ela não respondeu logo.

– Quando penso na minha vida com Mike... – Ela não completou a frase. – Eu não sei. É uma coisa tão grande...

Ela pensou num ponto de partida e chegou ao que talvez fosse o mais lógico.

– No dia em que ele nasceu, eu estava esperando uma menina. Naquela época não dava para saber. E levei umas duas semanas para me adaptar ao fato de que era um menino. Mas ele era lindo. Louro, de olhos azuis. Um corpinho perfeito. Tudo proporcional. Ele era tão... – Mais uma vez ficou sem palavras. – Era realmente a felicidade da minha vida.

A depressão dele eventualmente apareceu, assim como a raiva.

– Mas isso sempre foi uma parte da vida dele. Ele era engraçado, prestativo. Quando tinha 12 anos e íamos ao shopping, ele *ainda* segurava a minha mão. Andávamos assim.

Não sei. Ele era um menino ótimo. Eu tinha orgulho dele. Sempre achei que encontraríamos um jeito de ajudá-lo. Eu não sei como resumir essa história. Não foi isso que eu perguntei exatamente. Acho que tive medo de ser direta demais, temi que a pergunta parecesse ingênua ou cruel demais. Mas o que eu quis dizer foi se ela algum dia tinha se desesperado pensando no sentido daquilo tudo.

Ela pensou um pouco antes de responder.

– Acho que não – ela disse depois de um tempo. – Eu queria ter um filho, eu tive um filho. Esse filho era doente, mas ainda era uma pessoa completa. Eu o criei. Nós interagimos. Queria que ele tivesse outra opção. Queria que estivesse vivo hoje. Mas... – Ela parou só um segundo, a resposta foi mais simples do que eu esperava. – Criar Mike continuou sendo criar Mike – ela disse. – E eu *continuo* sendo a mãe dele. O fato de ter morrido aos 16 anos não muda o sentido disso, não muda o "para que isso" para mim, da mesma forma que não mudou quando Michelle morreu aos 33 anos. Eu ainda tenho a vida deles. Eles ainda são meus filhos.

Os dois são parte da história dela. São pessoas que ela amou, pessoas que alimentou, pessoas com as quais errou de vez em quando, pessoas que por vezes socorreu, pessoas que a fizeram sentir o melhor e o pior da vida.

– Eles me fizeram plenamente mãe – disse ela. – Não é uma alegria completa. Não é uma tristeza completa. É a maternidade completa. É o que temos quando temos filhos.

dever, sentido e objetivo

Associamos os filhos ao futuro, quase por definição. No sentido mais raso da evolução, é por isso que os temos: para assegurar nossa continuidade e a de nossa espécie.

Mas há uma diferença entre ver nossos filhos como a continuação do nosso DNA e sobrecarregá-los com as nossas esperanças, que podem ser satisfeitas ou não. As pessoas que abdicam de suas expectativas exageradas realmente têm uma atitude mais saudável na criação dos filhos. Em seu livro de memórias, *Family Romance*, o escritor e crítico inglês John Lanchester expõe um belo lamento. Ele clama, especificamente, pelo resgate do dever. "Dever", escreve ele, "é uma dessas palavras que praticamente desapareceram da nossa cultura. A palavra, e talvez a ação também, existe apenas em guetos específicos como as forças armadas." E então ele passa, quase instintivamente, para o tópico da responsabilidade de se importar com os outros:

> Muitas vezes preferimos usar "cuidar" ou "cuidador" para as pessoas que achavam que o que estavam fazendo ao cuidar de parentes incapazes era um dever. Chamar o ato de trocar a roupa de baixo suja de tarefa de cuidador pode parecer que fazemos isso porque queremos, mas a ideia de que fazemos isso porque consideramos um dever é mais impessoal e, portanto, pelo menos para mim, uma carga mais leve. Ela nos dá a liberdade de não gostar do que fazemos e mesmo assim saber que estamos fazendo a coisa certa.

Filhos não são a mesma coisa que parentes debilitados. E Lanchester não está dizendo, de forma alguma, que cuidar dos outros não pode ser prazeroso, ou que não pode ser algo que desejamos fazer. Mas, ao tirar o prazer da equação, ele altera as nossas expectativas – basicamente por nos dar permissão para não ter qualquer expectativa.

É uma ideia libertadora, numa época em que os filhos são, além de planejados, desejados com sofreguidão, através de tratamentos de fertilidade, adoção e recorrendo a barrigas de aluguel. Tendo lutado tanto para ter filhos, pais e mães podem achar que é natural esperar felicidade da experiência. E encontram felicidade, é claro, mas não necessariamente ininterrupta e nem sempre da forma que imaginaram. Os que partem da ideia muito simples de Lanchester – de que vão amar e vão sacrificar-se – provavelmente começam com vantagem. O simples fato de descobrir o prazer na ideia do dever já é meio caminho andado. Como observei no capítulo um, a liberdade na nossa cultura evoluiu para significar que estamos livres de obrigações. Mas qual será o sentido dessa liberdade se não tivermos nada que nos obrigue a abdicar dela?

Mihaly Csikszentmihalyi se aprofunda bastante nessa ideia em *A psicologia da felicidade*. Ele resgata a observação de Cícero, de que, para sermos livres, temos de nos render a um conjunto de leis. Na nossa vida pessoal, Csikszentmihalyi escreve, as regras podem nos libertar, mesmo quando nos limitam: "Nós nos libertamos da pressão constante de procurar maximizar as contrapartidas emocionais."

Jessie me disse que ela e o marido, Luke, chegaram a essa mesma conclusão quando as regras de suas vidas se multiplicaram.

– Nós dois ficamos mais felizes – disse ela – quando William, o terceiro filho, nasceu. Foi o ponto da virada entre ter uma vida independente e mergulhar de cabeça nos papéis de mãe e de pai. Com um ou dois filhos, podemos fingir, *de certa forma*, que ainda temos uma vida independente. Mas com três aceitamos nossa vida de pai e mãe. Essa nova realidade se concretiza.

Três filhos criaram regras mais definitivas, uma estrutura mais definitiva.

— E realmente chegamos a pensar em ter o quarto – disse ela.

Sharon também se sentiu aliviada e mais estruturada ao assumir mais compromissos. Como disse para o juiz quando adotou Michelle: "Sim, eu entendi, é para a vida toda." Ela escolheu ativa e livremente cuidar de Michelle, fazer disso parte de sua programação diária. E é assim que ela ainda considera a experiência de criar Mike e Michelle: era o trabalho da sua vida, o que lhe dava forma. Tudo que fez por eles, todos os dias, não visava qualquer tipo de resultado, nem trágico e nem triunfal. Acordava cada dia e cuidava deles porque se comprometera a fazer isso.

Pode-se dizer que esse compromisso era parte inevitável da fé católica de Sharon – na verdade, de qualquer fé. ("Empenhe seu coração no seu trabalho, nunca na recompensa", Krishna diz ao pupilo Arjuna, no Bagavadguitá.) Mas é também parte da crença de pais e mães. Não cuidamos dos filhos porque os amamos, como diz Alison Gopnik. Nós os amamos porque cuidamos deles.

E foi isso que Vaillant me disse também. Ele tem cinco filhos. Um deles é autista. Esse menino nasceu numa época em que a maioria dos distúrbios não tinha nome e, mesmo quando tinha, a pediatria raramente dava prognósticos bons. Perguntei para Vaillant se o filho dele provocou um reajuste em suas expectativas do que significaria criar um filho. Afinal de contas, ele sabia que o menino jamais teria uma vida parecida com a dele ou com a minha. Ele balançou a cabeça.

— Eu não tive filhos porque queria herdeiros ou alguém que cuidasse de mim na velhice. Tive filhos pelo mesmo motivo por que gosto da grama crescendo e de caminhar nas montanhas. Ter filhos é parte do meu jeito de curtir a vida e é fácil seguir o fluxo. Eu não tinha expectativas.

Talvez Vaillant seja simplesmente fruto da geração dele. Homens da idade dele não associam filhos com realização pessoal. Tiveram filhos porque era isso que tinham de fazer. Mas também pode ser que Vaillant tenha desenvolvido essa visão do dever com os anos de cuidados com um filho autista. O filho pode ter ensinado para ele o que esperar da criação de filhos e o que não esperar.

– O que me vem à cabeça é o seguinte – disse Vaillant alguns minutos depois de pensar na minha pergunta. – E isso não é felicidade, mas certamente é amor: quando meu filho tinha 6 anos, eu precisava abotoar as camisas dele. – Ele ficou pensativo e continuou segundos depois: – E amarrar os cadarços.

Enquanto outras crianças de 6 anos já abotoavam e amarravam os cadarços dos sapatos sozinhas.

– E isso era uma tarefa – complementou. – Assim como passar o cortador de grama quando a grama está alta. De que outra forma teríamos um gramado bonito?

UMA DAS EXPERIÊNCIAS MENTAIS mais famosas na filosofia moderna é a "máquina de experiência" de Robert Nozick, sobre a qual escreveu em seu *Anarquia, Estado e utopia*, de 1974:

> Vamos supor que exista uma máquina de experiência que possa lhe dar a experiência que quiser. Super neuropsicólogos poderiam estimular seu cérebro para que você pensasse e sentisse que está escrevendo um grande romance, ou fazendo um novo amigo, ou lendo um livro interessante. Ao mesmo tempo você estaria flutuando dentro de um tanque, com eletrodos pregados no seu cérebro. Você se ligaria nesta máquina a vida toda e programaria sua experiência de vida?

A resposta dele é não. E muita gente concordaria instintivamente. Nós nos importamos com muito mais coisas do que os nossos gostos. Desejamos experiências "de profunda ligação com os outros", escreve ele, "da compreensão profunda dos fenômenos naturais, do amor, de ficar profundamente emocionado com uma música ou uma tragédia, ou de fazer uma coisa nova e inovadora". E tão importante quanto isso, desejamos sentir estima e orgulho, "sermos alguém para quem a felicidade seja uma reação que combina conosco". Implícita na experiência de Nozick está a ideia de que a felicidade devia ser um *subproduto*, não um objetivo. Muitos dos gregos antigos acreditavam nisso também. Para Aristóteles, *eudaimonia* (que pode ser traduzido como bem-aventurança) significava fazer algo produtivo. A felicidade só seria alcançada com a exploração das nossas forças e do nosso potencial. Para sermos felizes, precisamos fazer, não apenas sentir.

Criar filhos requer fazer muita coisa. É uma vida de movimento ruidoso e perpétuo, exatamente o oposto da máquina de experiência passiva de Nozick. Nem todas as pessoas querem filhos. Mas para muitas, especialmente as que não têm imaginação ou recursos para criar sentido de forma não convencional, ter filhos é um modo de explorar nosso potencial, de dar um propósito e objetivo à vida. Robin Simon descreve de forma melhor: "Os filhos são uma razão para se levantar da cama de manhã."

Simon não está apenas fazendo uma observação da vida informal. Ela afirma uma verdade estatística. Pais e mães têm muito menos tendência de cometer suicídio do que os que não têm filhos. A maioria dos sociólogos, a começar pelo livro de 1897 de Émile Durkheim, *O suicídio* (*Suicide: A Study in Sociology*), tem especulado que isso é verdade devido ao que Simon cita: pais e mães têm laços de união, motivos concretos para seguir em frente.

Durkheim pensou bastante sobre os benefícios dos laços sociais. Não se interessava só pelas ligações entre pais e filhos, mas também pelos laços entre adultos e instituições maiores. Sem esses laços as pessoas se sentem sem chão, desorientadas. Ele descreveu o estado dessas pessoas com o termo "anomia". Hoje achamos que essa palavra é sinônimo de alienação, mas não era sobre isso que Durkheim falava. Ele queria dizer "sem normas" (do grego *anomos*, "sem lei"). Pode ser um isolamento muito grande viver num mundo sem normas. Em *A conquista da felicidade* (*The Happiness Hypothesis*), Jonathan Haidt descreve dessa forma: "Numa sociedade anômica, as pessoas podem fazer o que quiserem; mas, sem qualquer padrão claro ou instituições sociais respeitadas para impor esses padrões, as pessoas têm dificuldade de encontrar coisas que queiram fazer."

Quando viram pais e mães, muitas vezes descobrem que têm um conjunto bem mais claro de padrões para obedecer, e renovado respeito pelas instituições destinadas a manter essa ordem. Ao ouvir mães e pais de primeira viagem falando do que gostaram mais na transição para a maternidade ou paternidade, fiquei surpresa com esse tema simples e recorrente: eles agora estavam mais profundamente ligados a instituições que normalizam a vida. De repente tinham motivos para ir à igreja, à sinagoga, à mesquita. De repente, conheciam tudo sobre as escolas do bairro, os parques e as associações de áreas vizinhas, queriam se envolver com organizações e pais e professores e a política local. E a sombra, o mundo paralelo dos vizinhos que tinham filhos, que um dia passavam sem distinção ao fundo, agora começavam a despontar em três dimensões. ("É libertador, de certa forma", disse uma mulher chamada Jen para sua turma da ECFE. "As pessoas chegam perto e simplesmente começam a falar comigo. Eu adoro ter assunto para conversar com qualquer pessoa.") Tornar-se pai e mãe lhes deu um meio de se relacionar com outras pessoas. Podiam estar sentados num trem, esperando na caixa do supermercado, numa longa fila de eleição – a probabilidade era de terem as mesmas preocupações, se a pessoa mais próxima tivesse filhos. "O amor que sentimos pelos filhos", escreve Gopnik em *The Philosophical Baby*, "tem uma qualidade especial de ser ao mesmo tempo uma particularidade e uma universalidade." A ideia de que os filhos nos dão um propósito e uma estrutura, laços mais fortes com o mundo à nossa volta, nem sempre aparece nos dados das ciências sociais. Mas pode aparecer, se usarmos os instrumentos corretos. Robin Simon, por exemplo, descobriu que pais e mães, que têm a custódia dos filhos, ficam *menos* deprimidos do que os que não têm. Isso é bem destoante da maior parte dos outros estudos sobre pais, mães e felicidade, que sugerem que mães solteiras (que, em geral, têm a custódia dos filhos) são menos felizes do que pais solteiros. Mas há uma diferença entre o estudo de Simon e os outros: ela estava medindo a *depressão*, e pesquisas sobre depressão costumam incluir perguntas sobre o sentido e o objetivo de tudo, assim como perguntas sobre o estado de espírito no dia a dia. Perguntam se os participantes tiveram problemas para realizar suas tarefas aquela semana, por exemplo, ou se se sentiram fracassados, ou se estavam esperançosos quanto ao futuro. E é perfeitamente razoável supor que alguém *com* filhos sob o mesmo teto, ao contrário de alguém cujos filhos foram levados embora, responderia a essas perguntas com mais otimismo. Os primeiros têm motivos para se levantar da cama de manhã, motivos para sentir que fizeram alguma coisa de suas vidas, motivos para ter uma conexão com o futuro.

Durante uma de nossas conversas, Beth, a professora divorciada do capítulo anterior, me disse que quando o filho dela, Carl, estava no auge da rejeição (ele se recusava a vê-la, não respondia às suas mensagens de texto), ela fez um esforço para dar espaço a ele e parou de se comunicar por um tempo. "E eu sofri mais", disse ela, "do que quando enviava mensagens de texto e ele não respondia." Foi uma sensação ruim não procurá-lo. Foi ruim não dar amor.

Em *A psicologia da felicidade*, Csikszentmihalyi relata algo semelhante. Para pessoas solteiras que não frequentam a igreja, as manhãs de domingo são o pior momento da semana, pelo simples motivo de que não há nada que exija sua atenção. "Para muitos, a falta de estrutura dessas horas é devastadora", escreve ele. Viktor Frankl, psiquiatra sobrevivente do Holocausto, também fala da melancolia dos domingos em seu livro mais conhecido, *Em busca de sentido* (*Man's Search for Meaning*). Chama de "neurose de domingo" e define como "aquele tipo de depressão que aflige as pessoas que se deparam com a falta de conteúdo em suas vidas, quando acaba a correria de uma semana de trabalho". A recomendação terapêutica dele nessas situações estressantes é sempre acrescentar atividades relevantes na vida. Essa atividade não tem de ser prazerosa. Pode até abrir a pessoa para o sofrimento. Não é essa a questão. A questão é ter um motivo para continuar. "Se os arquitetos querem reforçar um arco desgastado", observa ele, "*aumentam* a carga sobre ele, porque assim as partes se juntam com mais firmeza." Terapeutas que cuidam de pacientes em desespero, aconselha ele, "não devem ter medo de criar uma boa quantidade de tensão durante a reorientação que visa encontrar sentido para a vida da pessoa".

E é isso que a opção pela paternidade e maternidade faz: dá força e integridade estrutural para a vida, através de uma tensão importante.

Se levarmos o significado em consideração, a felicidade pode ser mais bem descrita como "um zelo pela vida em toda a sua complexidade", como Sissela Bok escreve em seu livro. Realizar isso significa "associar nossas vidas a algo maior do que nós mesmos". Para ser feliz, precisamos *fazer*. Pode ser algo simples como ensinar na igreja, ou grandioso como liderar manifestações pacíficas. Pode ser cerebral como a busca da cura do câncer, ou físico como escalar montanhas. Pode ser criando arte. E pode ser criar um filho – minha "melhor poesia", como disse Ben Jonson em sua elegia ao filho de 7 anos.

o indivíduo que lembra

Numa turma noturna de pais em St. Paul, um homem chamado Paul Archambeau está com a palavra. Ele é diferente dos outros pais na sala. A maioria é de pais de primeira viagem, ou que têm um filho de 3 anos e um recém-nascido. Paul tem quatro filhos. A caçula tem 3 anos, o que o torna elegível para ECFE, mas o mais velho tem 11.

– Agora que Ben e Isaac estão crescendo – diz ele –, eu sinto saudade dos dias em que se sentavam à bancada e comiam cereal com as mãos. Norah, a mais nova, pode me deixar louco com algumas coisas que faz. Mas eu sei que daqui a um, dois ou três anos, vou dizer, cara aquilo era divertido.

Outro pai, Chris, cujo filho está com sete meses, se surpreende.

– Por que sente saudade disso? – ele pergunta. – Porque eu estou louco para ver meu filho jogando beisebol...

– É, eu me esforço para afastar essa sensação de "mal posso esperar para ele crescer" todos os dias – diz outro.

– Eu não sei – admite Paul. – Talvez por causa da finitude disso, de saber que nunca mais terei esses anos de volta. Ou talvez porque esteja esquecendo como é difícil.

O grupo debate isso um tempo.
 – Mas também tem isso – diz Paul. – Aposto que se alguém fizesse um estudo e perguntasse: muito bem, seu filho tem 3 anos, avalie esses aspectos da sua vida em termos de prazer. E cinco anos depois perguntasse: conte como era a sua vida quando seu filho tinha 3 anos, seriam respostas *completamente* diferentes.

COM ESSA OBSERVAÇÃO SIMPLES, Paul tropeçou em um dos maiores paradoxos das pesquisas sobre os afetos humanos: nós guardamos coisas na memória em formato diferente do que vivenciamos em tempo real. O psicólogo Daniel Kahneman criou dois termos para fazer essa distinção. Ele fala de "indivíduo que vivencia" versus "indivíduo que lembra".

O "indivíduo que vivencia" é aquele que se movimenta no mundo, portanto é o que deve, pelo menos em teoria, ter mais controle sobre suas escolhas de vida. Mas não é assim que funciona. Ao contrário, é o "indivíduo que lembra" que desempenha um papel muito mais influente nas nossas vidas, especialmente quando tomamos decisões ou planejamos o futuro.

Esse fato causa ainda mais estranhamento se consideramos que o "indivíduo que lembra" está muito mais sujeito ao erro: nossas lembranças são idiossincráticas, seletivas e suscetíveis a uma série de preconceitos. Tendemos a acreditar que a lembrança de como algum episódio terminou equivale à sensação que tivemos em relação ao acontecimento como um todo. Infelizmente, isso quer dizer que a experiência de um filme, das férias, ou até de um casamento de vinte anos pode ser deformada por um final ruim. O acontecimento será sempre lembrado como uma experiência terrível, ainda que tenha sido bom até as coisas começarem a dar errado. Nós nos lembramos de coisas marcantes e mudanças significativas com mais clareza do que de coisas banais que fazemos com mais frequência. E o tempo que dura essa atividade parece ter pouca influência nas nossas lembranças. Duas semanas de férias, observou Kahneman em uma palestra da fundação TED em 2010, não serão lembradas com mais carinho ou intensidade do que uma semana, porque uma semana a mais provavelmente não acrescentará grandes novidades à lembrança original. (Não importa se o "indivíduo que vivencia" possa curtir muito a semana extra de férias.) Nessa mesma palestra, Kahneman confessou que o poder desproporcional do "indivíduo que lembra" o deixou confuso.

– Por que atribuímos tanto peso à memória relativa em relação ao peso que atribuímos às experiências? – perguntou ele para a plateia. – Acho que é difícil justificar isso.

Mas talvez a resposta seja óbvia: *os filhos*. O "indivíduo que lembra" garante que vamos continuar a tê-los. Mais do que qualquer outra coisa, a experiência da maternidade e da paternidade expõe o abismo que há entre nosso lado que vivencia e o que lembra. O que vivencia diz para os pesquisadores que preferimos lavar pratos – ou tirar um cochilo, ou fazer compras, ou responder e-mails – a passar um tempo com nossos filhos. (Estou me referindo muito especificamente aqui ao estudo de Kahneman com as 909 mulheres do Texas.) Mas nossa parte que lembra diz para os pesquisadores que ninguém – e nada – nos dá tanta alegria como nossos filhos. Pode não ser a felicidade que temos todos os dias, mas é a felicidade na qual *pensamos*, a felicidade que invocamos e lembramos, o material de que é feita nossa história de vida.

É exatamente isso que Paul diz para seus colegas pais.

– Essa é a melhor forma de descrever – diz ele. – Eu estive no torneio de hóquei juvenil neste fim de semana com todas as crianças. E foi uma loucura. Especialmente com a de 3 anos. Na hora de sentar e tudo mais. E numa hora uma mulher que subia a escada perguntou se *todos* eram meus filhos. – Ele imita a expressão incrédula da mulher e finge apontar para quatro crianças imaginárias. – Eu digo que sim. – E ele diz isso com cara de triste, girando os olhos nas órbitas. – Mas depois eu digo... – ele faz uma pausa, reconsiderando – *são sim!* – Dessa vez maravilhado. – Então o que eu acho é que, quando estou naquele momento, tudo pode parecer caótico. No entanto, se consigo me distanciar do momento, ainda que por uma fração de segundo, a sensação é de "Quer saber de uma coisa? Ter esses filhos todos é muito legal".

Ele só precisa se abstrair do momento para enxergar isso. Não é surpresa nenhuma. Muitos pais e mães vão dizer que, quando estão brigando com os filhos adolescentes por causa do dever de casa, ou raspando passas que seus filhos amassaram com ardor no chão da cozinha, se sentem felizes depois de um intervalo de tempo. Numa pesquisa de 2007 feita por Pew, 85% de todos os pais e mães avaliaram seu relacionamento com filhos pequenos como muito importante para sua felicidade e realização pessoal – mais do que o relacionamento com os cônjuges, com os próprios pais, ou com os amigos, e mais do que com o trabalho. Quando tiveram de *pensar* no que os faz feliz, a resposta foi clara: nossos filhos.

Csikszentmihalyi me disse algo parecido quando o entrevistei na Filadélfia. É verdade que, quando ele monitora as pessoas em tempo real, elas tendem menos a dizer que estão fluindo bem com os filhos. Mas, ao pedir para as mães *lembrarem-se* de seus melhores momentos de "fluxo", elas costumam dizer que são aqueles com os filhos. "Especialmente coisas como ler livros para eles e vê-los prestar atenção, se interessar pelas coisas."

– Nas nossas entrevistas – diz Dan P. McAdams, professor de psicologia na universidade North Western –, há uma seção em que nos concentramos em pontos altos, pontos baixos e pontos de mudança.

McAdams estuda como os seres humanos formam suas identidades através das histórias que contam sobre eles mesmos. Ele já conversou com centenas de homens e mulheres adultos, colecionando suas narrativas, à procura de padrões.

– E o ponto alto mais comum para adultos na meia-idade – ele diz para mim – é o nascimento do primeiro filho. Isso vale tanto para homens como para mulheres.

Contar histórias, como Kahneman gosta de dizer, é nossa reação natural à memória. Os episódios que lembramos se transformam em partes da nossa identidade, a delicada composição de quem somos. Nossos indivíduos que lembram são, na realidade, *quem* nós somos, é o que ele afirma em *Rápido e devagar – duas formas de pensar*, apesar de os nossos indivíduos que vivenciam viverem a vida por nós.

Se o caso for esse – se nós *somos* nosso lado que lembra –, então importa menos ainda como nos sentimos em cada momento com nossos filhos. Eles desempenham papéis ricos e cruciais nas histórias de nossa vida, gerando ao mesmo tempo exagerados pontos altos e exagerados pontos baixos. Sem essa complexidade não achamos que fomos grande coisa. "Não se tem uma boa história se algo não desviar do que é esperado", diz McAdams, "e criar filhos leva a alguns acontecimentos bem inesperados."

Nossas histórias talvez não sejam sempre agradáveis quando estão sendo vividas. Podem, na verdade, ser exatamente o contrário e adquirir uma aura mais simpática em retrospecto. "Acho que isso leva a uma pergunta filosófica e não psicológica", diz Tom Gilovich, professor de psicologia na Cornell: "Será que devemos dar mais valor à felicidade de cada momento do que às avaliações da nossa vida em retrospecto?" Ele diz que não tem resposta para isso, mas o exemplo que dá sugere um preconceito. Lembra-se de assistir à TV com os filhos às 3 horas da madrugada quando eles estavam doentes. "Eu não diria que foi muito divertido na hora", ele diz. "Mas agora olho para trás e digo: 'ah, lembram-se de quando costumávamos acordar e assistir a desenhos animados?'"

legados

Os filhos não nos dão só histórias sobre nós mesmos. Eles nos dão uma dose de redenção. McAdams, que passou vinte e cinco anos pensando as histórias de vida, diz que os adultos mais "produtivos" nessas amostragens – os mais preocupados em deixar alguma coisa significativa para as próximas gerações – têm mais inclinação para contar histórias de renovação e reinvenção. Adultos muito produtivos, escreve ele:

> investem tempo, dinheiro e energia consideráveis em empreendimentos cuja recompensa de longo prazo não é nenhuma certeza. Criar filhos, dar aulas na escola dominical, promover manifestações por mudanças sociais, se esforçar para construir instituições sociais valiosas – esse tipo de esforço produtivo muitas vezes envolve tanta frustração e tantos fracassos quanto realizações. No entanto, se a história da vida internalizada e evolutiva de uma pessoa – a identidade narrativa de alguém – mostrar repetidamente que o sofrimento pode ser superado, essa redenção costuma vir depois de problemas e fracassos na vida, e encarar a própria vida em termos de redenção parece ser uma boa medida psicológica de adaptação.

Muitas vezes os filhos podem desempenhar papéis em nossas narrativas de redenção. McAdams diz que ouve a seguinte frase frequentemente dos pais: "Se não fosse o meu filho, eu ainda andaria por aí sem um objetivo." E filhos muitas vezes desempenham os maiores papéis nas histórias daqueles cujas vidas de progenitores são as mais difíceis: as "pobres" mulheres. Em *Promises I Can Keep*, uma etnografia de mães jovens e solteiras, de Kathryn Edin e Maria Kefalas, as autoras escrevem que "as histórias redentoras contadas por nossas mães falam da primazia do papel da mãe, que pode se tornar praticamente a única fonte de identidade e de sentido na vida de uma jovem mulher." Sem melhores perspectivas econômicas e projetos de casamento, as entrevistadas no livro de Edin e Kefalas dizem que seus filhos as salvaram e as pouparam de vidas mais autodestrutivas.

Já que tem a sorte de poder escolher – e, consequentemente, mais de uma maneira de criar uma vida relevante –, a classe média pode se sentir tolhida quando chegam os filhos, como se suas vidas tivessem subitamente se condensado em uma xícara de chá. Mas os filhos expandem as vidas desses pais e mães também. Os filhos abrem janelas para novas atividades e novas ideias e "trazem mundos diferentes para dentro da nossa casa", como explica Philip Cowan. Eles ficam obcecados com o jogo de xadrez, por exemplo, e você nunca jogou xadrez. Começam a aprender sobre o Islã na escola e você nunca estudou isso formalmente – agora o noticiário da noite faz mais sentido. A competência deles em coisas que você não sabe fazer e o domínio de assuntos que você ignora por completo podem gerar uma sensação poderosa de orgulho. Pense em Nancy Darling olhando fixamente para o filho tocando violino, ou Gayle, do capítulo anterior, maravilhada com a filha que sabe quem foi Erik Erikson. "A gente vive para testemunhar esse tipo de coisa", ela afirma. "Você quer que eles sejam melhores do que você."

Esse orgulho também não precisa vir das realizações dos filhos. Pode nascer – e muitas vezes nasce – da simples transformação deles em criaturas morais e com compaixão. Todas as crianças começam a vida como narcisistas mirins. Mas, em algum ponto do caminho, quase imperceptível, elas começam a perceber o sofrimento e querem mitigá-lo. Levam sopa quando você adoece. Contam que ficaram de boca fechada no almoço porque os amigos estavam falando de uma festa de aniversário e nem todos os presentes tinham sido convidados. E você vê que todo o amor que demonstrou ao longo do tempo, todas as conversas que teve sobre compaixão, educação e respeito, tudo isso tinha sido assimilado de alguma forma.

McAdams notou uma coisa comum nas histórias de seus adultos mais produtivos. Eles contavam suas histórias para a geração mais nova, conscientemente, considerando-as parábolas que seriam ensinamento para os filhos. "E acontece assim: 'eu desenvolvo uma história da minha vida cheia de sabedoria e bobagens e essa narrativa existe como relato para meus filhos.' A narrativa da minha identidade pode afetar outras pessoas."

Em outras palavras, os adultos mais produtivos veem os filhos como seus superegos. Os filhos pairam sobre eles e orientam todas as suas escolhas morais. Se esses adultos falham ou se comportam mal, sabem que os filhos vão ver. O mesmo acontece quando fazem coisas boas. Eles estão extraordinariamente conscientes deles mesmos como modelos de conduta. Sabem que estão sendo observados.

No entanto, na experiência de McAdams isso não é o que todos pensam. Mais ou menos cem anos atrás, Freud observou que muita gente passa o tempo reencenando os dramas do seu passado, buscando a aprovação de fantasmas. Pensam nos próprios *pais* como seus superegos, os juízes imaginários que precisam satisfazer constantemente. Mas isso não é verdade para os adultos que se preocupam mais com deixar um legado duradouro. Aos olhos desses, "quem avalia não deve ser a geração passada", diz McAdams. "Deve ser a próxima." E se libertam para inventar as próprias vidas, sabendo que não serão governados pelas normas de uma geração anterior. Querem que os filhos sejam seus principais juízes.

"CHOCOLATE SEM CALORIAS" é como o psicólogo social Daniel Gilbert chama as netas. "Elas são toda a felicidade e diversão que queremos", diz ele, "e sem nenhuma responsabilidade." Mas a situação de Sharon é diferente. O neto *é* o filho dela – tanto na prática como agora, também, aos olhos da lei. Ela o adotou depois da morte de Michelle.

Margaret Mead falou da impotência dos pais e mães norte-americanos modernos que, sem os anos de sabedoria popular para guiá-los, se atrapalhavam e se confundiam na criação dos filhos – vulneráveis a modismos, sem confiar nos próprios instintos, achando que qualquer coisa que suas mães sabiam sobre a criação de filhos fosse antiquada.

Dá para imaginar um pouco como Sharon deve ter sentido essa ansiedade como mãe. Teve pouca informação sobre como criar um filho depressivo e também sobre como cuidar de um filho adotivo com problemas cognitivos e de comportamento. Todo o período da maternidade quando jovem foi uma aula magna de improvisação. E então, décadas depois, se viu criando um filho de novo – Cam – e descobriu que muitas das regras e hábitos que tinha aprendido nas primeiras experiências eram inúteis. Agora, não era mais recomendável deixar uma criança sozinha num carro por cinco segundos enquanto comprava alguma coisa numa loja. Agora, para abrir um carrinho, precisava de duas mãos e um pé. Agora, todos os especialistas diziam para ela ficar de quatro – uma cidadã idosa! – e se engajar completamente na brincadeira em vez de simplesmente encorajá-la a dizer para o neto ir se divertir sozinho.

Mas as circunstâncias de Sharon *sempre* foram diferentes. Sua vida não foi só seguir espontaneamente o caminho da criação dos filhos. Envolveu também seguir espontaneamente pelo caminho da dor, e em excesso, sofrendo a morte não de apenas um filho, mas de dois. Perder uma pessoa amada, assim como ter um filho, é mais uma das abruptas transições da vida para as quais nós nunca somos capazes de nos preparar adequadamente. E agora Sharon se vê enfrentando e improvisando outra transição abrupta.

Eu não saberia se não tivesse telefonado, quase dois anos depois de conhecê-la, para avisar que meu livro estava quase pronto. Quando consegui falar com ela – foram algumas tentativas, o que já devia servir de pista –, ela parecia muito cansada, mas por trás da fadiga tinha a mesma força de Annie Oakley.

– Bem – disse ela –, minha situação mudou um pouco desde a última vez que nos vimos...

E então ela contou as novidades.

Sharon está morrendo. É câncer, é no cérebro, é veloz e agressivo. Ela me revelou tudo isso calmamente.

– Não se pode ser uma pessoa de fé – disse ela – e não ter pensado muito sobre a morte.

Ela não sentiu dor por alguns meses e suportou a quimioterapia muito bem. Ela era tão bem relacionada – através da igreja, dos amigos na ECFE, de anos e anos morando no mesmo bairro –, que Cam e ela jamais se viram privados de companhia, ajuda e comidinhas caseiras.

Mas então sua memória de curto prazo começou a falhar e teve complicações resultantes do tratamento. Ficou claro que não era mais apta para cuidar de um menino pequeno. Então ela reorganizou sua vida. Fez planos de mudar para a mesma cidade onde vivia a filha adulta que sobrara, com quem tinha muita proximidade. E acertou com uma parente mais jovem para ficar com Cam e é provavelmente com essa parente dela que Cam vai ficar quando ela não estiver mais aqui. Ele será parte de uma família com crianças que ainda ficam em casa. Todos gostam de Cam e Cam gosta de todos.

Pais e mães, se tiverem sorte, não precisam lidar com a própria mortalidade no dia a dia. Mas, se são forçados a isso, como Sharon tem sido, muitas coisas podem acontecer. A clareza de seu papel entra em foco, passando a complexidade dele para segundo plano. Atender às obrigações diárias, fazer planos para o futuro, comunicar amor eterno e incondicional – essas passam a ser as tarefas principais de um pai ou mãe que está morrendo. São as tarefas principais de pais saudáveis também, mas a estática do mundo lá fora muitas vezes dificulta enxergá-las. Num ensaio premiado, a escritora Marjorie Williams, que também teve um câncer diagnosticado quando os filhos eram pequenos, falou sobre isso: "Quando me vi cara a cara com aquela velha pergunta (O que você faria se descobrisse que só tem um ano de vida?), eu aprendi que uma mulher com filhos tem o privilégio ou o dever de ir além da existência. A coisa certa a se fazer, quando se tem filhos pequenos, é levar a vida do modo mais normal possível, só que com mais panquecas."

Conversei com Sharon na semana em que Cam ia se mudar. Encontrei-a em casa – agora ela ficava o tempo todo em casa – e os dois estavam sentados na sala de estar, assistindo, juntos, a *George, o curioso*. Quando Cam se afastou um pouco e não podia ouvir, ela contou como ele estava.

– Ele tem demonstrado muita raiva – ela disse. – Teve um dia em que ele pegou um sapato e jogou na minha cabeça. Ele sabia que era onde o câncer estava.

Mas ele também sabia que Sharon não tinha escolhido ter o câncer. Mesmo aos 4 anos e nove meses, Cam conseguia fazer essa distinção. O que a raiva dele revelava era uma ideia de quanta saudade sentiria dela e era uma chance para Sharon explicar que o amor não acaba quando a pessoa morre, nem a maternidade ou a paternidade.

– Ele também está muito amoroso, diz "amo você para sempre" – disse Sharon. – Conversamos muito sobre amarmos um ao outro para sempre. E que, mesmo sem nos vermos, eu serei a mamãe dele e ele, meu filho.

Quis saber se ela sentia alguma culpa.

– Sinto – disse ela. – Sinto que estou abandonando Cam.

Mas então ela disse uma coisa que nunca esquecerei. Disse que também sentia alívio.

– Agora ele vai ter *dois* adultos que o amam e que vão cuidar dele até ele crescer. É muito bom saber disso. É uma vida melhor para ele do que a que teria se ficasse comigo.

Sharon achava que não teria coragem de fazer essa escolha para Cam se não tivesse adoecido.

Ela disse que, no momento, estava apenas tentando saborear seus últimos dias juntos em sua bela casa.

– Eu procuro estar presente. É tudo que posso fazer. Isso – acrescentou – e passar muito tempo assistindo a "George, o curioso".

Que é exatamente o que Marjorie Williams disse. Vida normal, mas com mais panquecas.

Os filhos podem complicar a nossa vida. Mas também a tornam mais simples. As necessidades das crianças são tão avassaladoras e a dependência que têm de nós tão absoluta, que é impossível interpretar errado a obrigação que temos com elas. *É para a vida toda*, como diz Sharon. Mas também é a nossa vida. Tem uma coisa profundamente gratificante nisso. Williams escreveu que a maternidade lhe deu permissão para burlar perguntas existenciais mesmo quando adoeceu e talvez isso seja verdade. Mas eu suspeito de que a maternidade ajudou a diminuir o número de perguntas existenciais que ela já se fazia antes. Ela sabia o que devia fazer todos os dias e por que estava ali. E o mesmo acontecia com Sharon.

Mesmo nos momentos de maior fraqueza – mesmo quando já tinha passado muito do ponto de correr entre os aspersores de água no parque, ou de levantar Cam num trepa-trepa –, ela sabia exatamente o que devia fazer com seus últimos momentos de força. Ela devia assistir a "George, o curioso" com Cam.

E quando ela morrer, um membro da família dela fará por Cam exatamente o que Sharon fez pela mãe de Cam anos atrás: se comprometer para a vida toda. Parece ser um tema recorrente na família de Sharon, um código sagrado de conduta que todos compartilhem os tempos mais felizes e os mais trágicos. É isso que pais e mães fazem – na verdade, o que todos nós fazemos, quando somos o que podemos ser de melhor. Criamos laços profundos com os que mais precisam de nós, e cuidando deles nós os amamos, temos prazer com eles, nos maravilhamos de ver quem eles são. O amor-doação na forma mais pura. Mesmo em meio à dor e à perda, ainda é possível, milagrosamente, invocá-lo.

agradecimentos

Escrever o seu primeiro livro não é diferente dos primeiros dias na criação de um filho. Ficamos deslumbrados com a magnitude e o significado desse novo empreendimento, certamente, mas também presos em casa, eternamente preocupados e (o que talvez seja pior) presumindo que somos competentes em uma coisa que ignoramos por completo. Requer uma enorme rede de amigos e familiares e colegas para fazer tal projeto funcionar.

Há, para começar, Tina Bennett, que não é só uma brilhante inspiradora de ideias para escritores, mas (secretamente) uma brilhante editora. E também tem genialidade para a amizade, que eu já curtia muito antes de curtir a genialidade dela como agente. Sua colega Svetlana Katz é um modelo de profissionalismo natural.

Na Ecco, Lee Boudreaux adotou esse projeto com tanto entusiasmo que bastaria a energia dela para ligar meu laptop. Editora, ela faz parte de uma espécie em extinção: alguém que presta muita atenção não só em cada frase, mas em grandes ideias. Alguém que conversa sobre os capítulos além de relê-los, sem parar. O fato de também ser uma das mulheres mais divertidas e adoráveis parece bom demais para ser verdade, mas é isso mesmo. Também sou muito grata a ela por fazer com que pareça que eu falo numa velocidade normal.

agradecimentos

Toda a equipe da Ecco é fabulosa: Dan Halpern, editor, me deu liberdade e (na parte de ficar em casa) tempo extra para acertar; Michael McKenzie, diretor de publicidade da Ecco, conhece a mídia quase tão bem quanto nós, jornalistas; e Ashley Garland deu ótima orientação de relações públicas em todo o percurso. A diretora de arte Allison Saltzman produziu a capa perfeita e divertida. E obrigada também a Ryan Willard, Andrea Molitor, Craig Young e Ben Tomek por tudo que fizeram para manter esse estranho processo em ordem.

Eu não poderia ter escrito esse livro sem o apoio total de Adam Moss e de Ann Clarke da revista *New York*. Talvez haja outros empregadores por aí que deem licença de dois anos para seus funcionários, mas se existem, não ouvi falar deles. Por um tempo, Adam e Ann me convenceram, de certa forma, de que eu vivia na Suécia. Adam também publicou a história para a revista, o que formou a base original desse livro. Dois parágrafos desta história – assim como dois parágrafos de uma outra história que escrevi sobre os efeitos duradouros do segundo grau –aparecem aqui.

Na *New York*, foi Lauren Kern (agora na *Times*) que me ouviu falar da história original da revista, achou ótima e editou para ficar legível. Em toda a minha carreira tive sorte de trabalhar com editores que tornaram minha escrita muito melhor, inclusive John Homans, Vera Titunik, Al Eisele, Marty Tolchin, David Haskell, Ariel Kaminer e Mark Horowitz (mais sobre esse último cara daqui a pouco). David e Ariel foram os preciosos leitores do manuscrito inicial também e contribuíram com comentários e sugestões excelentes (Ariel não só leu no início, mas muitas vezes); e também agradeço aos incríveis Bob Roe, Kyla Dunn e Caroline Miller (que fez maravilhas com a minha compreensão de adolescentes e que me contratou pela primeira vez na revista *New York* em 1997). Meu amigo Josh Shenk me ajudou nos estágios iniciais desse livro. Meu colega Chris Smith deu conselhos cruciais no fim. Meu colega Bob Kolker resolveu tantos problemas do livro, em tantos almoços, que nem precisava ter se dado ao trabalho de ler o produto final, de tão bem que o conhecia. Elaine Stuart-Shah ajudou muito com as pesquisas iniciais; Rachel Arons tinha o talento especial para exploração de arquivos; Rob Liguori fez com que a verificação dos fatos nesse livro parecesse fácil, e Deus sabe que não foi. Agradeço a ele por todas as vezes em que habilidosamente me salvou de mim mesma.

Apesar de citar mais as pesquisas publicadas nesse livro, muitos acadêmicos também cederam seu tempo para conversar comigo pelo telefone, pessoalmente ou por e-mail, inclusive David Dinges, Michael H. Bonnet, Mimi Ito, Linda Stone, Mary Czerwinski, Roy. F. Baumeister, Matthew Killingsworth, Arthur Stone, Dan P. McAdams, Mihaly Csikszentmihalyi, David E. Meyer, Tom Bradbury, Susan McHale, Mike Doss, Kathryn Edin, Alison Gopnik, Sandra Hofferth, Andrew Cherlin, Steven Mintz, Dalton Conley, Kathleen Gerson, E. Mark Cummings, Clay Shirky, Brené Brown, Gerald R. Patterson, Donald Meichenbaum, Arnstein Aassve, Ann Hulbert e Andrew Christensen. Devo a todos eles um obrigada de coração. Eu me sinto especialmente devedora de Dan Gilbert, George Vaillant, Robin Simon, Nancy Darling, Larry Steinberg, B. J. Casey e Carolyn e Philip Cowan, todos que se preocuparam comigo.

Quando eu estava me esforçando para encontrar uma abordagem metódica e digna para juntar uma boa amostragem de pais e mães, foi Bill Doherty, da universidade de Minnesota, que sugeriu que eu experimentasse o ECFE (um extraordinário programa estadual de educação). Ele e sua filha Elizabeth me apresentaram a Annette Gagliardi e Todd Kolod, que compartilharam seu conhecimento, planejaram a minha viagem, e gentilmente permitiram que eu assistisse a muitas aulas; Barb Dopp, Kathleen Strong, Valerie Matthews e Kristine Norton deixaram que eu assistisse às aulas delas também. Foi minha amiga Shaila Dewan que sabiamente recomendou que eu fosse a Sugar Land e à cidade de Missouri, por causa da sua demografia variável; Mimi Swartz indicou Kathryn Turcott e Rallou Matzakos e os dois me levaram à reunião de pais e professores da escola fundamental Palmer, na cidade de Missouri; Mimi e Lisa Gray e Amy Weiss ajudaram a me orientar em Houston e não canso de agradecer a elas por isso.

E claro, também não há agradecimento que chegue para as famílias que aceitaram participar desse livro: Angie e Clint Holder; Jessie e Luke Thompson; Marta Shore; Chrissy Snider; Paul Archambeau; Laura Anne Day; Leslie Schulze; Steve e Monique Brown; Lan Zhang; Cindy Ivanhoe; Carol Reed; Angelique Bartholomew; as mães e pais que compartilharam suas ideias nas turmas da ECFE; as mães e pais de adolescentes que contaram suas histórias completas. Vocês foram generosos, foram carinhosos, apostaram numa completa desconhecida. Falaram sinceramente sobre assuntos profundos e intensamente sobre o que sinceridade significa. Isso se aplica especialmente a Sharon Bartlet, uma das mulheres mais inspiradoras que já conheci. Ela morreu no dia 9 de julho de 2013. A filha dela evidentemente herdou sua generosidade. E acho que Cam também vai herdar.

Se Sharon me ensinou alguma coisa foi a necessidade de termos amigos e da comunidade. Algumas pessoas na minha vida tornaram a solidão de escrever um livro suportável, não só por elevar o meu moral, mas por trocar ideias, de forma que eu me sentisse menos sozinha com elas. Então obrigada a Sarah Murray, Nina Teicholz e Gregory Maniatis, Mikaela Beardsley, Sue Dominus e Alan Burdick, Steve Warren, Brian Baird, Rebecca Carroll, Brian Hetch e Doug Gaasterland, Fred Smoler e Karen Hornick, Josh Feigenbaum, Doug Dorst, Thom Powers e Raphaela Neihausen, Howard Altmann, Dimple Bhatt, Julie Just e Tom Reiss, e a Eric Himmel.

Não se pode escrever um livro sobre maternidade e paternidade sem repensar nos próprios pais. Norman e Rona Senior me fizeram quando eram jovens, muito jovens, com trocas e compromissos que ainda não consigo imaginar, apesar de ser mãe também. O amor e o apoio incondicional deles foram o que me lançou nesse mundo, e que ainda me impulsiona nele. Com Ken Senior e Deanna Siegel Senior (outra que foi das primeiras e maravilhosas leitoras), estou certa de ter o relacionamento mais amoroso e menos complicado que um ser humano pode ter com um irmão e uma cunhada; não teria escrito esse livro sem a amizade, as opiniões e a ajuda deles. Jon Sarnoff e Allison Soffer bem que poderiam ser meu irmão e minha irmã. Graças a eles – e a seus companheiros, Ellen Lee e Bob Soffer – aprendi o que maternidade e paternidade têm de melhor; gostaria que a mãe deles estivesse aqui para ver seus filhos criarem filhos como foram criados. (E obrigada a Dylan, Max, Miles, Mia, Ben e Caroline; Rusty nunca sentirá falta de primos legais e será tão acolhedor quanto todos nós.) Sam Budney e Stella Samuel não são parentes de sangue, mas poderiam ser e tornaram a minha vida possível, além da vida do meu filho. George e Eleanor Horowitz também não são parentes de sangue, mas eu os admiro, seria capaz de tudo por eles e sinto uma ligação tão persistente com os dois que me surpreende; sou muito grata por todos os seus esforços, porque famílias misturadas, por mais que nos dediquemos a elas, são realmente difíceis.

E tem Mark Horowitz, que sequestrou meu coração um dia, quando declarou que às vezes fazíamos coisas na vida – sacrifícios, assumir riscos – simplesmente porque amamos alguém e isso era motivo suficiente. Ele me ensinou a escrever; ensinou como ser esposa; mostrou a importância dos conceitos antiquados, como dever e honra. Ele cozinhou centenas de refeições para mim enquanto eu escrevia este livro, e outras centenas de jeitos para melhorar minha escrita também. Juntos tivemos Rusty, a quem dedico este livro – e que é, em grande medida, agora, a minha vida. Sem esse filho o mundo não seria tão lindo, nem tão significativo, nem tão grande. Como eu amo você, meu querido menino. Você nunca saberá nem da metade, e tudo bem.

notas

introdução

12 **"frágil e misterioso"** Alice S. Rossi, "Transition to Parenthood", *Journal of Marriage and Family* 30, nº 1 (1968): 35.

12 **Qual era o efeito da paternidade e maternidade nos *adultos*?** Ibid., 26.

13 **"Nós sabíamos de onde vinham os bebês"** E. E. LeMasters, "Parenthood as Crisis", *Marriage and Family Living* 19, nº 4 (1957): 352-55, 353.

13 **"Perda de sono"** Ibid., 353-54.

13 **pressão econômica, menos sexo e "desencantamento generalizado"** Ibid., 354.

13 **trabalho divisor de águas:** Norval D. Glenn, "Psychological Well-being in the Postparental Stage: Some Evidence from National Surveys", *Journal of Marriage and Family* 37, nº 1 (1975): 105-10.

14 **filhos tendiam a negar seus efeitos** Paul D. Cleary e David Mechanic, "Sex Differences in Psychological Distress Among Married People", *Journal of Health and Social Behavior* 24 (1983): 111-21; Sarah McLanahan e Julia Adams, "Parenthood and Psychological Well-being", *Annual Review of Sociology* 13 (1983): 237-57.

14 **Ao longo das duas décadas** Estudos recentes que mostram esse fenômeno incluem: David G. Blanchflower e Andrew J. Oswald, "International Happiness: A New View on the Measure of Performance", *Academy of Management Perspectives* 25, nº 1

(2011): 6-22; Robin W. Simon, "The Joys of Parenthood Reconsidered", *Contexts* 7, nº 2 (2008): 40-45; Kei M. Nomaguchi e Melissa A. Milkie, "Costs and Rewards of Children: The Effects of Becoming a Parent on Adults' Lives", *Journal of Marriage and Family* 65 (maio 2003): 356-74.

14 **Criar filhos ocupou o décimo sexto lugar em dezenove categorias** Daniel Kahneman et al., "Toward National Well-being Accounts", *American Economic Review* 94, nº 2 (2004): 432.

14 **Num estudo em andamento** Killingsworth usa um aparelho iPhone para monitorar as emoções das pessoas em seus afazeres diários. Mais detalhes sobre esse projeto em http://www.trackyourhappiness.org; para ver matéria publicada sobre esse conjunto de dados, veja Matthew A. Killingsworth e Daniel T. Gilbert, "A Wandering Mind Is na Unhappy Mind", *Science 330*, nº 6006 (novembro 2010): 932.

14 **"Interagir com seus amigos é melhor"** Daniel A. Killingsworth, entrevista com a autora, 6 de fevereiro de 2013.

15 **mais momentos de *altos* e baixos** Arthur Stone, professor titular do Departamento de Psiquiatria e Ciência Comportamental, Universidade Stony Brook, comunicação com a autora, 30 de maio de 2013.

15 **sentimentos mais significativos de gratificação** O mais abrangente e avançado de todos esses estudos é o de Debra Umberson e Walter Gove, "Parenthood and Psychological Well-being: Theory, Measurement, and Stage in the Family Life Course", *Journal of Family Issues* 10, nº 4 (1989): 440-62.

15 **"atividade de alto custo e de grandes gratificações"** William Doherty, entrevista com a autora, 26 de janeiro de 2011.

15 **tanto quanto uma bebedeira** Michael H. Bonnet, entrevista com a autora, 17 de novembro de 2011.

16 **adultos muitas vezes consideram os filhos uma das maiores realizações da vida** Veja, por exemplo, Andrew J. Cherlin, *The Marriage Go-Round: The State of Marriage and the Family in America Today* (Nova York: Vintage Books, 2010), 139.

16 entre as idades de 25 e 29 anos US Department of Commerce and Office of Management and Budget, *Women in America: Indicators of Social Economic Well-being* (março de 2011), 10.

17 **resultado da tecnologia de reprodução assistida** Centers for Disease Control and Prevention, "Assisted Reproductive Technology", em: http://www.cdc.gov/art/ (acessado em 3 de abril de 2013); para número total de nascidos vivos, veja Brady E. Hamilton, Joyce A. Martin e Stephanie J. Ventura, "Births: Preliminary Data for 2010", *National Vital Statistics Reports* 60, n° 2 (2011): 1.

17 "**alguns em tempos muito difíceis**" Jerome Kagan, "Our Babies, Our Selves", *The New Republic* (5 de setembro de 1994): 42.

17 **34% das mulheres** Bureau of Labor Statistics, *Women in the Labor Force: A Databook*, relatório 1034 (dezembro de 2011), 18-19.

18 **comediante, Louis C. K.** "Louis C. K. on Father's Day", 20 de junho de 2010, em: http://www.cbsnews.com/video/watch/?id=6600481n (acessado em 4 de abril de 2013).

19 **"Não vale um tostão economicamente, mas emocionalmente não tem preço."** Viviana Zelizer, *Pricing the Priceless Child* (Nova York: Basic Books, 1985), 14.

20 **a cada três minutos** Cheryl Minton, Jerome Kagan e Janet A. Levine, "Maternal Control and Obedience in the Two-Year-Old", *Child Development* 42, n° 6 (1971): 1880, 1885.

20 **quando o adolescente briga mais com os pais** Brett Laursen, Katherine C. Coy, e W. Andrew Collins, "Reconsidering Changes in Parent-Child Conflict Across Adolescence: A Meta-analysis", *Child Development* 69, n° 3 (1998): 817-32.

21 **quem sente mais o conflito entre o trabalho e a vida** Kerstin Aumann, Ellen Galinsky e Kenneth Matos, "The New Male Mystique", em Families and Work Institute (FWI), *National Study of the Changing Workforce* (Nova York: FWI, 2008), 2.

22 **talvez mais recentemente** Judith Warner, *Perfect Madness: Motherhood in the Age of Anxiety* (Nova York: Riverhead Books, 2005), 20.

capítulo um

25 **"Ergui o bebê na luz"** Melvin Konner, *The Tangled Wing: Biological Constraints on the Human Spirit* (Nova York: Henry Holt, 2002), 297.

26 **programa de Minnesota, Educação Familiar na Primeira Infância** Mary Owen, Minnesota Department of Education, comunicação com a autora, 9 de abril de 2013.

27 **"Eu não fico sozinha no banheiro desde outubro"** Erma Bombeck, *Motherhood: The Second Oldest Profession* (Nova York: McGraw-Hill, 1983), 16.

28 **"a felicidade humana é concretizada na Terra"** John M. Roberts, "Don't Knock This Century. It Is Ending Well", *The Independent*, 20 de novembro de 1999.

29 **"Nossa vida se torna uma elegia"** Adam Phillips, *Missing Out: In Praise of the Unlived Life* (Nova York: Farrar, Straus and Giroux, 2013), xiii.

29 **30.3 anos** Skip Burzumato, diretor assistente, National Marriage Project, comunicação com a autora, 27 de março de 2013. Veja também Kay Hymowitz et al., "Knot Yet: The Benefits and Costs of Delayed Marriage in America", The National Marriage Project na Universidade de Virginia, 2013, 8, em: http://nationalmarriageproject.org/wp-content/uploads/2013/03/KnotYet-FinalForWeb.pdf.

29 **"ter o primeiro filho dois anos depois do casamento"** Hymowitz et al., "Knot Yet".

32 **a população parece se dividir mais ou menos em três tipos** David Dinges, entrevista com a autora, 18 de novembro de 2011.

32 **que tinham seis horas de sono, ou menos** Daniel Kahneman et al., "A Survey Method for Characterizing Daily Life Experience: The Day Reconstruction Method", *Science* 306, n° 5702 (2004): 1778.

33 **"vale tanto quanto um aumento de 60 mil dólares"** Ibid., 1779; Norbert Schwartz, Charles Horton, professor de psicologia

no Cooley Collegiate, Universidade de Michigan, comunicação com a autora, 15 de setembro de 2011.
33 **pais com filhos de dois meses de idade ou menos** National Sleep Foundation, "2004 Sleep in America Poll", 1 de março de 2004, em: http://www.sleepfoundation.org/sites/default/files/FINAL%20SOF%202004.pdf (acessado em 6 de maio de 2013).
33 **pais de recém-nascidos têm em média o mesmo tempo de sono** Hawley E. Montgomery-Downs et al., "Normative Longitudinal Maternal Sleep: The First Four Postpartum Months", *American Journal of Obstetrics and Gynecology* 203, nº 5 (2010): 465e.1-7.
33 "**os efeitos de dormir quatro horas todas as noites**" Michael H. Bonnet, entrevista com a autora, 17 de novembro de 2011.
34 "**quanto mais força de vontade as pessoas tinham**" Roy F. Baumeister e John Tierney, *Willpower, Rediscovering the Greatest Human Strength* (Nova York: Penguin Books, 2012), 3,33.
34 **lutando contra a vontade de dormir** Ibid.
36 "**Bebês podem ser fofos**" Adam Phillips, *Going Sane: Maps of Happiness* (Nova York: Harper Collins, 2005), 66.
36 "**A criança de hoje**" Ibid., 78.
37 "**Os filhos ficariam muito surpresos**" Ibid., 79.
38 "**Uma das coisas mais difíceis**" Adam Phillips, *On Balance* (Nova York: Farrar, Straus and Giroux, 2010), 33.
38 **distinção entre um lampião e um holofote** Alison Gopnik, *The Philosophical Baby: What Children's Minds Tell Us Abaout Truth, Love, and the Meaning of Life* (Nova York: Farrar, Straus and Giroux, 2009), 129.
38 "**Qualquer um que tente persuadir uma criança de 3 anos**" Ibid., 13.
39 "**Todos gostariam de estar no presente**" Daniel Gilbert, entrevista com a autora, 22 de março de 2011.
43 **o trabalho do psicólogo húngaro Mihaly Csikszentmihalyi**, *Flow: The Psychology of Optimal Experience*, primeira edição em brochura (Nova York: Harper-Perennial, 1991). Todas as citações subsequentes se referem a esta edição.

44 "seguem um objetivo e são limitadas por regras" Ibid., 49.
44 "regras que exigem o aprendizado de habilidades" Ibid., 72.
44 "essa consciência expansiva de lampião" Gopnik, *The Philosophical Baby*, 129.
45 "no limite entre o tédio e a angústia" Csikszentmihalyi, *Flow*, 52.
45 "Até o ponto de não ficarmos completamente felizes" Daniel Gilbert, entrevista com a autora, 22 de março de 2011.
46 "separar uma parte do tempo" Benjamin Spock, *Dr. Spock Talks with Mothers* (Boston: Houghton Mifflin, 1961), 121, citado em Ann Hulbert, *Raising America: Experts, Parents and a Century of Advice About Children* (Nova York: Vintage Books, 2004), 353.
46 "a emoção mais negativa que senti" Daniel Gilbert, entrevista com a autora, 22 de março de 2011.
46 *separada* da rotina do dia a dia Csikszentmihalyi, *Flow*, 58, 60, 158-59.
47 "Deixe-me dizer algumas coisas" Mihaly Csikszentmihalyi, entrevista com a autora, 25 de julho de 2011.
49 cerca de um quarto dos homens e mulheres empregados Bureau of Labor Statistics, "Work at Home and in the Workplace, 2010", TED: The Editor's Desk (blog), 24 de junho de 2011, em: http://www.bls.gov/opub/ted/2011/ted_20110624.htm.
51 ratos procurando bolinhas de alimento Para uma comparação moderna da internet com as caixas de Skinner, veja Sam Anderson, "In Defense of Distraction", *New York Magazine* (17 de maio de 2009), disponível online em http://nymag.com/news/features/56793/; também Tom Stafford, "Why email is addictive (and what to do about it)", Mind-Hacks (blog), online em http://mindhacks.com/2006/09/19/why-email-is-addictive-and-what-to-do-about-it/. Para uma explicação completa das caixas de Skinner, veja B. F. Skinner, "The Experimental Analysis of Behavior", *American Scientist* 45, nº 4 (1957): 343-71.
51 "apneia de e-mail" Linda Stone, comunicação com a autora, 11 de abril de 2013.

52 "trabalhem em casa *o tempo todo*" Dalton Conley, *Elsewhere*, *U.S.A.* (Nova York: Pantheon Books, 2008), 13, 29.

52 **nós não processamos informação com a mesma eficiência** Mary Czerwinski, entrevista com a autora, 8 de junho de 2011.

52 "**Existe um período de aquecimento**" David E. Meyer, entrevista com o autor, 10 de junho de 2011.

53 "**Isso é muito maior e vai muito além**" Ibid.

56 **você acha que as mulheres devem parar de se sabotar** Sheryl Sandberg, *Lean In: Women, Work, and the Will to Lead* (Nova York: Knopf, 2013).

56 **uma história muito polêmica sobre o equilíbrio trabalho-vida** Anne-Marie Slaughter, "Why Women Still Can't Have It All", *The Atlantic* (julho – agosto de 2012).

57 **Havia crianças demais correndo para cima e para baixo** Andrew J. Cherlin, *The Marriage-Go-Round: The State of Marriage and the Family in America Today* (Nova York: Vintage Books, 2010), 44.

58 **As mulheres também obtiveram um pouco mais de controle sobre suas vidas** Stephanie Coontz, *The Way We Never Were: American Families and the Nostalgia Trap* (Nova York: Basic Books, 1992).

58 **média de idade das mulheres em primeiro casamento caiu para 20 anos** US Census Bureau, "Figures", em "American Community Survey Data on Marriage and Divorce", em http://www.census.gov/hhes/socdemo/marriage/data/acs (acessado em 22 de abril de 2013).

58 **taxa de nascimentos aumentou** Coontz, *The Way We Never Were*, 24.

58 **as mulheres começaram a abandonar a faculdade** Betty Friedan, *The Feminine Mystique* (Nova York: W. W. Norton, 2001), 243.

58 **tinha se nivelado de novo** Ibid.

59 "**Independentemente do nível de escolaridade**" Cherlin, *The Marriage-Go-Round*, 188.

59 "descase-se e seja livre" Claire Dederer, *Poser: My Life in Twenty-three Yoga Poses* (Nova York: Farrar, Straus and Giroux, 2011), 283.

59 **os americanos começaram a definir liberdade** Coontz, *The Way We Never Were*, 51.

60 "aprende a viver em algum meio-termo" Phillips, *Missing Out*, xi.

capítulo dois

61 "a raiva que sentia de mim" Barack H. Obama, *The Audacity of Hope* (Nova York: Vintage reedição, 2008), 531.

64 **83% de todas as mães** LeMasters, "Parenthood as Crisis", 353.

64 **90% deles estavam vivendo** Brian D. Doss et al., "The Effect of the Transition to Parenthood on Relationship Quality: Eight-Year Prospective Study", *Journal of Personality and Social Psychology* 96, nº 3 (2009): 601-19.

64 **correlação entre os filhos e a satisfação no casamento** J. M. Twenge, W. K. Campbell e C. A. Foster, "Parenthood and Marital Satisfaction: A Meta-analytic Review", *Journal of Marriage and Family* 65, nº 3 (2003): 574-83.

64 **indicou que o casamento deles estava "tendo problemas"** Carolyn Cowan e Philip A. Cowan, *When Partners Become Parents; The Big Life Change for Couples* (Nova York: Basic Books, 1992), 109.

64 **costumam ser mais felizes criando filhos junto com o parceiro** W. Bradford Wilcox, ed., "The State of Our Unions: Marriage in America 2011", National Marriage Project da Universidade de Virginia e do Center for Marriage and Families do Institute for American Values, em: http://www.stateofourunions.org/2011/index.php (acessado em 19 de abril de 2013).

64 **a curva da satisfação conjugal cai visivelmente** Veja, por exemplo, Thomas N. Bradbury, Frank D. Fincham e Steven R. H. Beach, "Research on the Nature and Determinants of Marital

Satisfaction: A Decade in Review", *Journal of Marriage and Family* 62 (novembro de 2000): 964-80; Daniel Gilbert, *Stumbling on Happiness* (Nova York: Vintage Books, 2007), 243 (gráfico).

65 **"Quando nossos filhos foram para a escola"** Cowan e Cowan, *When Partners Become Parents*, 2.

66 **92% dos casais da pesquisa** Ibid., 107.

66 **casais de lésbicas também apresentaram aumento de conflito** Abbie E. Goldberg e Aline Sayer, "Lesbian Couples' Relationship Quality Across the Transition to Parenthood", *Journal of Marriage and Family* 68, nº 1 (2006): 87-100.

66 **Em 2009, um estudo muito bem-feito** Lauren M. Papp, E. Mark Cummings e Marcie C. Goeke-Morey, "For Richer, For Poorer: Money as a Topic of Conflict in the Home", *Family Relations* 58 (2009): 91-103.

66 **Em outro estudo, os mesmos pesquisadores** Lauren M. Papp, E. Mark Cummings e Marcie C. Goeke-Morey, "Marital Conflicts in the Home When Children are Present", *Developmental Psychology* 38, nº 5 (2002): 774-83.

66 **"Quando os pais estão *realmente* zangados"** E. Mark Cummings, entrevista com a autora, 21 de janeiro de 2011.

70 **trabalhavam um mês inteiro a mais** Arlie Russell Hochschild, *The Second Shift: Working Parents and the Revolution at Home* (Nova York: Penguin, 2003), 4.

71 **As mulheres estão fazendo bem menos trabalho doméstico** Suzanne M. Bianchi, "Family Change and Time Allocation in American Families", *Annals of the American Academy of Political and Social Science* 638, nº 1 (2011): 21-44.

71 **introdução atualizada do seu livro** Hochschild, *The Second Shift*, xxvi.

71 **as fortunas dos homens tiveram uma queda** Hanna Rosin, *The End of Men: And the Rise of Women* (Nova York: Penguin, 2012).

71 **quase um terço de todas as mulheres casadas** Paul R. Amato et al., *Alone Together: How Marriage in America Is Changing* (Cambridge, MA: Harvard University Press, 2009), 150.

71 **homens e mulheres hoje trabalham praticamente o mesmo número de horas por semana** Rachel Krantz-Kent, "Measuring Time Spent in Unpaid Household Work: Results from the American Time Use Survey", *Monthly Labor Review* 132, nº 7 (2009): 46-59.

71 **numa reportagem de capa de 2011 chamada "Chore Wars"** Ruth D. Konigsberg, "Chore Wars", *Time*, 18 de agosto de 2011, 44.

72 **"Eu cuido do andar de cima, Evan cuida do andar de baixo"** Hochschild, *The Second Shift*, 46.

72 **"Quando um casal briga"** Ibid., 19.

72 **"O problema mais grave que essas mulheres enfrentam"** Ibid., 273.

72 **"a divisão do trabalho doméstico é a principal causa"** Amato et al., *Alone Together*, 153-54, 156.

73 **O dado mais intrigante** Darby Saxbe e Rena L. Repetti, "For Better or Worse? Corregulation of Couples' Cortisol Levels and Mood States", *Journal of Personality and Social Psychology* 98, nº 1 (2010): 92-103.

73 **mães com filhos com menos de 6 anos de idade ainda trabalham cinco horas a mais por semana** Koningsberg, "Chore Wars", 48.

74 **três vezes mais do que os homens** Sarah A. Burgard, "The Needs of Others: Gender and Sleep Interruptions for Caregiving", *Social Forces* 89, nº 4 (2011): 1189-1215.

74 **uma vez participei de um painel com Adam Mansbach** Brooklyn Book Festival, "Politically Incorrect Parenting", palestra de discussão, 18 de setembro de 2011.

74 **"A satisfação de um casal com a divisão das tarefas no cuidado dos filhos"** Cowan e Cowan, *When Partners Become Parents*, 142.

74 **mulheres... continuam dedicando quase o dobro do tempo** Bianchi, "Family Change", 27,29.

75 **um pai sozinho em um cômodo** Belinda Campos et al., "Opportunity for Interaction? A Naturalistic Observation Study of Dual-Earner Families After Work and School", *Journal of Family Psychology* 23, nº 6 (2009): 798-807.

75 se a mãe casada acredita que os cuidados com o filho estão divididos de forma injusta Amato et al., *Alone Together*, 170. Além disso, em 2012 a Organization for Economic Cooperation and Development (OECD) apurou que as mulheres nos Estados Unidos trabalham vinte e um minutos a mais por dia do que os homens, o que está perfeitamente de acordo com a média mundial. Catherine Rampell, "In Most Rich Countries, Women Work More Than Men", Economix (*blog*), *New York Times*, 19 de dezembro de 2012, em: http://economix.blogs.nytimes.com/2012/12/19/in-most-rich-countries-women-work-more-than-men.

76 **pai, que tende a se envolver mais em atividades "interativas"** Suzanne M. Bianchi, John P. Robinson e Melissa A. Milkie, *Changing Rhythms of American Family Life* (Nova York: Russell Sage Foundation, 2006), 66-67.

76 **os pais deduziram que cuidavam de seus filhos cerca de 42% do tempo** Amato et al., *Alone Together*, 150.

76 **O número real naquele ano** Bianchi, "Family Change", 7,9.

76 **permanece mais ou menos o mesmo até hoje** Kim Parker e Wendy Wang, "Modern Parenthood: Roles of Moms and Dads Converge as They Balance Work and Family", Pew Research Social & Demographic Trends, 14 de março de 2013, em: http://www.pewsocialtrends.org/2013/03/14/modern-parenthood-roles-of-moms-and-dads-converge-as-they-balance-work-and-family/.

77 **apenas 42% dos pais casados relataram fazer mais de uma coisa ao mesmo tempo, "a maior parte do tempo"** Bianchi et al., *Changing Rhythms*, 136 (gráfico).

77 **dois sociólogos fizeram uma análise ainda mais detalhada.** Shira Offer e Barbara Schneider, "Revisiting the Gender Gap in Time-Use Patterns: Multitasking and Well-being Among Mothers and Fathers in Dual-Earner Families", *American Sociological Review* 76, nº 6 (2011): 809-33.

78 **mulheres se sentem "sempre apressadas"** Marybeth J. Mattingly e Liana C. Sayer, "Under Pressure: Gender Differences in the Relationship Between Free Time and Feeling Rushed", *Journal of Marriage and Family* 68 (2006): 205-21.

79	**recaiam desproporcionalmente aos cuidados delas** Ibid., 216.
79	**fazerem um gráfico redondo de percentagens de suas identidades** Cowan e Cowan, *When Partners Become Parents*, 82.
80	**mães que engravidam nos casais de lésbicas** Charlotte J. Patterson, "Families of the Lesbian Baby Boom: Parents' Division of Labor and Children's Adjustment", *Developmental Psychology* 31, nº 1 (1995): 115-123.
80	**o que realmente surpreendeu os Cowan** Grande parte da informação de fundo da pesquisa de Philip e Carolyn Cowan é tirada de uma série de entrevistas com a autora, 2 de fevereiro de 2011 e 10 de março de 2011.
80	**quanto maior a disparidade entre o modo que a mãe e o pai fatiavam o gráfico** Cowan e Cowan, *When Partners Become Parents*, 81.
81	**80% delas achavam** Mom Central, "How Moms Socialize Online – Part 1", *Revolution + Research = R2* (blog), 1º de dezembro de 2010, http://www.momcentral.com/blogs/revolution-research-r2/how-moms-socialize-online-part-1.
81	**a rede social das mulheres – e a frequência de seus contatos** Allison Munch, J. Miller PcPherson e Lynn Smith-Lovin, "Gender, Children, and Social Contact: The Effect of Childrearing for Men and Women", *American Sociology Review* 62 (1997): 509-520.
81	**"Isso me surpreendeu muito"** Kathryn Fink, entrevista com a autora, 24 de fevereiro de 2012.
81	**Sociólogos que examinaram** Masako Ishii-Kuntz e Karen Seccombe, "The Impact of Children upon Social Support Networks throughout the Life Course", *Journal of Marriage and the Family* 51 (1989): 777-790, especialmente a tabela 3 na página 783.
82	**"machers" e "schmoozers"** Robert Putnam, *Bowling Alone: The Collapse and Revival of American Community* (Nova York: Touchstone, 2000), 93.
82	**"Mantendo as outras características demográficas constantes"** Ibid., 278.

82 **"Mulheres que trabalharam durante anos"** Benjamin Spock, Problem of Parents (Boston: Houghton Mifflin, 1962), 34.

84 **"conversar sobre assuntos importantes"** Miller McPherson, Lynn Smith Lovin e Matthew E. Brashears, "Social Isolation in America: Changes in Core Discussion Networks over Two Decades", *American Sociological Review* 71 (2006): 353-375.

84 **o declínio de quase todas as formas de participação cívica** Putnam, "Civic Participation", em *Bowling Alone*, 48.

85 **número de vezes em que americanos casados passaram uma noite reunidos com os vizinhos** Ibid., 105.

85 **estudos subsequentes demonstraram que esse número continuou a cair até 2008** Peter V. Marsden, ed., *Social Trends in American Life: Finding from the General Social Survey since 1972* (Princeton: Princeton University Press, 2012), 244.

86 **"ocupação generalizada"** (*pervasive busyness*, no original) Putnam, Bowling Alone, 189.

86 **A partir de meados da década de 1970** Ibid., 98.

87 **"as famílias com agregados nunca foram a norma nos Estados Unidos".** Coontz, *The Way We Never Were*, 12.

87 **os norte-americanos com curso superior tendem a morar mais longe dos pais** Janice Compton e Robert A. Pollak, "Proximity and Coresidence of Adult Children and Their Parents: Description ans Correlates" (ensaio), Ann Arbor: University of Michigan, Retirement Research Center (outubro de 2009).

87 **que chamamos de geração sanduíche** George James, "A Survival Course for the Sanwich Generation", *New York Times*, 17 de janeiro de 1999. Veja também o site de Carol Abaya (http://www.thesandwichgeneration.com/index.htm); Abaya, sujeito do artigo do *Times*, detém patente do registro do termo "geração sanduíche".

90 **dados sobre pedidos de obediência** Gerald R. Patterson, "Mothers: The Unacknowledged Victims", *Monographs of the Society for Research in Child Development* 45, n⁰ 5 (1980): 1-64.

90 **pesquisadores da Universidade Emory e da Universidade da Georgia** Rex Forehand et al., "Mother-Child Interactions:

Comparison of a Non-Compliant Clinic Group and a Non-Clinic group", *Behaviour Research and Therapy* 13 (1975): 79-84.

90 **até hoje** Veja, por exemplo, Leon Kuczynski e Grazyna Kochanska, "Function and Content of Maternal Demands: Developmental Significance of Early Demands for Competent Action", *Child Development* 66 (1995): 616-28; Grazyna Kochanska e Nazan Aksan, "Mother-Child Mutually Positive Affect, the Quality of Child Compliance to Requests and Prohibitions, and Maternal Control as Correlates of Early Internalization", *Child Development* 66, nº 1 (1995): 236-54.

90 **em conflito a cada dois minutos e meio em média**. Margaret O'Brien Caughy, Keng-Yen Huang e Julie Lima, "Patterns of Conflict Interaction in Mother-Toddler Dyads: Differences Between Depressed and Non-depressed Mothers", *Journal of Child and Family Studies* 18 (2009): 10-20.

90 **"Muito da psicologia comportamental do desenvolvimento"** Urie Bronfenbrenner, *The Ecology of Human Development: Experiments by Nature and Design* (Cambridge, MA: Harvard University Press, 1979), 18.

93 **Antes do fim do século XVIII** Amato et al., *Alone Together*, 12-13.

93 **94% dos solteiros** David Popenoe e Barbara Defoe Whitehead, eds., "The State of Our Unions: 2001", National Marriage Project, em: http://www.stateofourunions.org/pdfs/SOOU2001.pdf (acessado em 30 de março de 2013).

93 **"Super-relacionamento"** Ibid.

94 **tempo do casal a sós cai para cerca de dois terços** Bianchi et al., *Changing Rhythms*, 104.

94 **a história de um belo casal** William Doherty, entrevista com o autor, 26 de janeiro de 2011.

94 **faziam sexo menos de uma vez por semana** R. Kumar, H. A. Brant e Kay Mordecai Rodson, "Childbearing and Maternal Sexuality: A Prospective Survey of 119 Primipare", *Journal of Psychossomatic Research* 25, nº 5 (1981): 373-83.

95 **"empregos, distância do local de trabalho, trabalho doméstico"** Cathy Stein Greenblat, "The Salience of Sexuality in

the Early Years of Marriage", *Journal of Marriage and Family* 45, nº 2 (1983): 289-99.
95 **"pesquisados com níveis alto e baixo de educação"** Ibid.
96 **a queda mais vertiginosa** Ibid.
97 **"Na nossa vida erótica abandonamos os filhos"** Adam Phillips, *Side Effects* (Nova York: HarperCollins, 2006), 73-74.
98 **"não havia diferenças entre donas de casa e mulheres que trabalhavam fora"** Janet Shibley Hyde, John D. DeLamater e Amanda M. Durik, "Sexuality and the Dual-Earner Couple, Part II: Beyond the Baby Years", *Journal of Sex Research* 38, nº 1 (2001): 10-23.
102 **"Ela sabe que alguma coisa está acontecendo"** Michael Cunningham, *A Home at the End of the World* (Nova York: Picador, 1990), 26.
105 **níveis de felicidade entre homens e mulheres com ou sem filhos** Robin W. Simon, Jennifer Glass e M. Anders Anderson, "The Impact of Parenthood on Emotional and Physical Well-being: Some Findings from a Cross-National Study", estudo apresentado na Thirteenth International Conference of Social Stress Research, Dublin, Irlanda (22 de junho de 2012).
105 **"a felicidade que as pessoas têm com a paternidade"** Arnstein Aassve, Letizia Mencarini e Maria Sironi, "Institutional Transition, Subjective Well-Being, and Fertility", estudo apresentado na reunião de 2013 da Population Association of America, Nova Orleans, LA (11 de abril de 2013).
106 **"Esses países [...] estão bem cotados em uma ampla gama de categorias"** Arnstein Aassve, entrevista com o autor, 19 de abril de 2013.
106 **"Minha filha mais velha, desde os dezoito meses de vida"** Warner, *Perfect Madness*, 10.
106 **ter dois filhos em creche custava mais caro** Child Care Aware of America, "Parents and the High Cost of Child Care, 2012 Report", em http:/www.naccrra.org/sites/default/files/default_site_pages/2012/cost_report_2012_final_081012_0.pdf (acessado em 5 de maio de 2013).

107 **compararam, minuto a minuto, o bem-estar das mulheres** Daniel Kahneman et al., "The Structure of Well-being in Two Cities: Life Satisfaction and Experienced Happiness in Columbus, Ohio, and Tennes, France", em *International Differences in Well-being*, ed. Ed Diener, Daniel Kahneman e John Helliwell (Oxford: Oxford University Press, 2010).

107 **"passam menos tempo levando os filhos para diversas atividades"** Daniel Kahneman, *Thinking, Fast and Slow* (Nova York: Farrar, Straus and Giroux, 2011), 394.

108 **sente que não tem tempo suficiente para eles mesmos** Bianche et al., *Changing Rhythms*, 135.

109 **"destituição"** Cowan e Cowan, *When Partners Become Parents*, 196.

113 **"muitas vezes temos essas atribuições"** Philip e Carolyn Cowan, entrevistas com a autora, 2 de fevereiro 2011 e 10 de março de 2011.

116 **a única coisa que é realmente necessária para um casal começar a brigar** Michael Lewis, *Home Game: An Accidental Guide to Fatherhood* (Nova York: W. W. Norton, 2009), 11, 13.

117 **A solução [...] para esses excessos é imitar os franceses** Druckerman, *Bringing up Bébé*.

117 **"criação de filhos consumidores"** Veja, por exemplo, William J. Doherty, *Take Back Your Marriage: Sticking Together in a World That Pulls Us Apart* (Nova York: Guilford Press, 2001), 53.

118 **casais que tinham dividido as tarefas ainda na gravidez** Cowan e Cowan, *When Partners Become Parents*, 176.

capítulo três

120 **"Ele adora ver a inteligência do filho"** Michael Ondaatje, *The English Patient* (Nova York: Vintage Books, 1992), 301.

123 **"Uma parte de todos nós"** Milan Kundera, *Immortality*, trans. Peter Kussi (Nova York: HarperCollins, 1990), 4.

125 "ilimitados e incansáveis nos atos de desprendimento" C. S. Lewis, *The Four Loves* (Boston: Houghton Mifflin Harcourt, 1991), 8.

127 "essa desinibição infantil" Gopnik, *The Philosophical Baby*, 72.

128 "arreganharam seus dentes terríveis" Maurice Sendak, *Where the Wild Things Are* (Nova York: HarperCollins, 1988).

129 "escritores tão diversos como Wordsworth e Freud" Phillips, *Going Sane*, 92.

129 Cita o analista Donald Winnicott Ibid., 81.

129 "loucas no melhor sentido da palavra" Ibid.

129 "Para Winnicott a pergunta não era" Ibid., 79.

131 "apesar da proliferação de métricas forçadas" Matthew B. Crawford, *Shop Class as Soulcraft: An Inquiry into the Value of Work* (Nova York: Penguin, 2009), 8.

132 a grande maioria dos norte-americanos Harris Interactive Poll, "Three in Ten Americans Love to Cook, While One in Five Do Not Enjoy It or Don't Cook", 27 de julho de 2010, em http://www.harrisinteractive.com/vault/HI-Harris-Poll-Cooking-Habits-2010-07-27.pdf (acessado em 10 de abril de 2013).

132 "a *experiência* de fazer coisas e de consertar coisas", Crawford, *Shop Class as Soulcraft*, 3-4.

132 "coisas" e "aparelhos" Ibid., 65-66.

133 "*inerentemente* instrumentais, ou pragmáticos até o fim" Ibid., 68.

134 na mente dos bebês e das crianças pequenas Gopnik, *The Philosophical Baby*, 157-58.

135 sobre o dia em que levou um dos filhos à praia Mihaly Csikszentmihalyi, entrevista com a autora, 25 de julho de 2011.

135 fazer perguntas sem sentido é a verdadeira especialidade das crianças Gareth B. Matthews, *The Philosophy of Childhood* (Cambridge, MA: Harvard University Press, 1996), 5.

135 "Afia a mente tornando-a mais estreita" citado em Oliver Wendell Holmes, "Brown University-Commencement 1897", em

Collected Legal Papers, ed. Harold J. Laski (Nova York: Harcourt, Brace, and Howe, 1920), 164.
135 **"Isso é difícil para os adultos"** Matthews, *Philosophy of Childhood*, 18.
136 **"O que é o tempo, então?"** Citado em Ibid., 13.
136 **"Papai, como podemos ter certeza de que tudo isso não é um sonho?"** Ibid., 17.
137 **perguntou para a mãe, no carro, indo para casa** Ibid., 28.
137 **"é esta tentativa do adulto de enfrentar"** Ibid., 13.
137 **"Se ela não consegue *responder* a tantas perguntas"** Citado em Gareth B. Matthews, *Philosophy and the Young Child* (Cambridge, MA: Harvard University Press, 1980), 2.
140 **amor-doação e amor-necessidade** Lewis, *The Four Loves*, 1.
141 **"nós os amamos porque cuidamos deles"** Gopnik, *The Philosophical Baby*, 243.
142 **"Há sempre alguma coisa em cada um de nós"** Lewis, *The Four Loves*, 133, 135.
142 **"Há muitas maneiras de agir por esse ideal"** Gopnik, *The Philosophical Baby*, 243.

capítulo quatro

146 **"Profundo deve ser o afeto"** Edward S. Martin, *The Luxury of Children and Some Other Luxuries* (Nova York: Harper & Brothers, 1904), 135.
148 **"crianças sobrecarregadas"** Doherty, entrevista. Veja também William Doherty e Barbara Z. Carlson, "Overscheduled Kids and Underconnected Families", em *Take Back Your Time: Fighting Overwork and Time Famine in Families*, ed. J. de Graaf (San Francisco: Berritt Koehler, 2003), 38-45.
149 **"realização do crescimento natural"** Annette Lareau, *Unequal Childhoods: Class, Race, and Family Life* (Berkeley: University of California Press, 2003), 3.

149 "O cultivo orquestrado... impõe exigências intensas de trabalho" Ibid., 13.
149 "Diferentemente das famílias pobres e assalariadas" Ibid., 171, 175.
152 as mães *ainda* passavam menos três horas e quarenta e dois minutos Bianchi, "Family Change", 27,29.
156 "um tempo de deficiência e de incompletude" Steven Mintz, *Huck's Raft: A History of American Childhood* (Cambridge, MA: Harvard University Press, 2004), 3.
156 Não era incomum [...] chamarem os recém-nascidos de "coisa" Zelizer, *Pricing the Priceless Child*, 25.
157 "As crianças sofriam queimaduras" Mintz, *Huck's Raft*, 17, 20.
157 norte-americanos não tinham a noção de que as crianças Ibid., 3, 77, 80, 90.
158 as crianças *já* participavam integralmente da economia rural Ibid., 135.
158 era mais fácil os filhos pequenos ganharem dinheiro Zelizer, *Pricing the Priceless Child*, 59.
158 o salário dos meninos adolescentes era maior do que o dos pais Mintz, *Huck's Raft*, 136.
158 A infância como entendemos hoje Ibid., 3.
159 Esse estranho costume que conhecemos como "mesada" Zelizer, *Pricing the Priceless Child*, 104.
159 "O trabalho útil da criança do século XIX" Ibid., 97,98.
159 "economicamente inúteis, mas emocionalmente valiosíssimas" Ibid., 14.
160 uma "filiarquia, ou uma sociedade e cultura onde os filhos comandam o espetáculo" William H. Whyte, "How the New Suburbia Socializes", *Fortune* (agosto, 1953), 120.
160 "Os filhos de classe média [...] discutem com os pais" Lareau, *Unequal Childhoods*, 13, 153.
160 "As mesmas habilidades que os pais encorajam nos filhos" Ibid., 111.
163 Em 1990, Sugar Land era 79% branca Para demografia de Sugar Land veja US Census Bureau, "State and County Quick-

Facts, Sugar Land, Texas", em http://quickfacts.census.gov/qfd/ states/48/4870808.html (acessado em 19 de abril de 2013).
164 **a "Lei dos Primeiros 10%"** lei da câmara do Texas 588 (1997).
165 **Na verdade, chegam a apenas 31%** Mary Lou Robertson, Fort Bend Independent School District, comunicação com a autora, 18 de maio de 2012.
166 **Programa de Identificação de Talento da Duke** Para informação sobre o TIP (Talent Identification Program) veja o site da Duke University, http://www.tip.duke.edu (acessado em 19 de abril de 2013).
167 **"Em outras sociedades, onde os pais estavam criando os filhos"** Margaret Mead, *And Keep Your Powder Dry: An Anthropologist Looks at America* (Nova York: Berghahn Books, 2000), 63.
168 **"Pais e mães norte-americanos esperam que os filhos os deixem"** Ibid., 24.
168 **"outonal"** Ibid., 28.
169 **"Descobrimos novas escolas, novas dietas"** Ibid., 64, 65.
170 **"Tudo que se pode fazer é torná-lo forte"** Ibid., 25.
170 **"todos os jovens devem seguir"** Mintz, *Huck's Raft*, 383.
170 **"Ser pai e mãe não é só criar um filho"** Nora Ephron, *I Feel Bad About My Neck: And Other Thoughts on Being a Woman* (Nova York: Vintage, 2006), 58.
171 **Lei de Imigração e Nacionalidade de 1965** Immigration and Nationality Act, P.L. 89-236, 79 Stat. 911 (1965).
173 **mais afro-americana [...] e não tão rica** US Census Bureau, "American FactFinder", em http://factfinder2.census.gov/faces/ nav/jsf/pages/index.xhtml (acessado em 21 de abril de 2013).
176 **dívida média de cada família ultrapassava a renda líquida em 34%** Josh Sanburn, "Household Debt Has Fallen to 2006 Levels, But Not Because We've Grown More Frugal", Economy (*blog*), *Time*, 19 de outubro de 2012, em http://business.time. com/2012/10/19/household-debt-has-fallen-to-2006-levels-but-not-because-were-more-frugal/.
177 **número recorde de casas de famílias norte-americanas** Warner, *Perfect Madness*, 201-2.

177 **9% da renda delas** Office of the Vice President of the United States, Middle Class Task Force, "Why Middle Class Americans Need Health Reform", em http://www.whitehouse.gov.assets/documents/071009_FINAL_Middle_Class_Task_Force_report2. pdf (acessado em 22 de abril de 2013).

177 **Entre 1980 e 2009,** Frank Levy e Thomas Kochan, "Addressing the Problem of Stagnant Wages", Employment Policy Research Network, em http://50.87.169.168/Documents/EPRN/Addressing TheProblemOfStagnantWages.pdf (acessado em fevereiro de 2014).

177 **desigualdade salarial entre mães e mulheres sem filhos** "The Motherhood Penalty: Stanford Professor Shelley Correll", Clayman Institute, em http://www.youtube.com/watch?v=vL-B7Q3_vgMk (acessado em 22 de abril de 2013).

177 **uma criança nascida em 2010** US Department of Agriculture, "Expenditures on Children by Families, 2010", ed. Mark Lino, em http://www.cnpp.usda.gov/publications/crc/crc2010.pdf.

177 **Esses valores não incluem o custo da universidade** US Department of Education, National Center for Education Statistics, *Digest of Education Statistics: 2011* (2012): tabela 349.

178 **os homens mais bem pagos** Peter Kuhn e Fernando Lozano, "The Expanding Workweek? Understanding Trends in Long Work Hours Among US Men, 1979-2004", *Journal of Labor Economics* (dezembro de 2005): 311-43.

185 **"a vida das mulheres é muito mais ligada às atividades dos filhos do que a vida dos pais"** Annette Lareau e Elliot B. Weininger, "Time, Work, and Family Life: Reconceptualizing Gendered Time Patterns Through the Case of Children's Organized Activities", *Sociological Forum* 23, nº 3 (2008): 422, 427.

185 **Eram as mães que matriculavam os filhos** Ibid., 427.

185 **"pelo menos algumas mães que trabalham fora"** Ibid., resumo.

185 **"pontos de pressão"** Ibid., 422,442.

186 **o número de homens que consideram seu dever ser o principal provedor** Amato et al., *Alone Together*, 145.

186 **número de norte-americanos que acreditam que um dos pais tem de ficar em casa** Chris McComb, "Few Say It's Ideal for Both Parents to Work Full Time Outside of Home", Gallup News Service, 4 de maio de 2001.

186 **sempre que a liberdade do mercado ameaça invadir a santidade do lar** Sharon Hays, *The Cultural Contradictions of Motherhood* (New Haven, CT: Yale University Press, 1996).

187 **"no local de trabalho, a mulher... precisa ser eficiente"** T. Berry Brazelton, *Working and Caring* (Nova York: Perseus, 1987), xix.

187 **Graças ao diploma universitário de sua mãe** Hulbert, *Raising America*, 32.

188 **"Por alguma estranha alquimia cósmica"** Citado em Ibid., 101.

188 **Até o ano em que a palavra "paternagem" ganhou popularidade** Ibid., 281.

188 **A idade média do casamento** Friedan, *The Feminine Mystique*, 243.

189 **As palavras "do lar"** esse termo aparece ao longo de todo *The Feminine Mystique*: pp. 44, 61, 89, 91-93, 103, 118, 298, 334, 350, 435, 461, 488.

189 **"o problema que não tem nome"** Ibid., 57.

189 **"Uma das formas de a dona de casa aumentar o próprio prestígio"** Ibid., 310.

190 **dezessete horas e trinta minutos por semana** Bianchi, "Family Change", 27.

191 **"eu não era uma boa mulher"** Erica Jong, *Fear of Flying* (Nova York: NAL Trade, 2003), 210. (Com um agradecimento ao *Poser*, de Claire Dederer, sem o qual eu jamais teria me lembrado dessa citação perfeita.)

191 **o título de um livro de ensaios, de 2009** Ayelet Waldman, *Bad Mother: A Chronicle of Maternal Crimes, Minor Calamities, and Occasional Moments of Grace* (Nova York: Doubleday, 2009).

191 **"maternidade intensiva"** Sharon Hays, *The Cultural Contradictions of Motherhood* (New Haven, CT: Yale University Press, 1996), 4.

191 "A grande maioria dessas mulheres" Ibid., 146.
195 menos de um quarto da renda de famílias em que duas pessoas trabalham Bianchi, "Family Change", 31.
195 têm mais problemas de saúde Roni Caryn Rabin, "Disparities: Health Risks Seen for Single Mothers", *New York Times*, 13 de junho de 2011.
195 menos laços sociais Jennifer A. Johnson e Julie A. Honnold, "Impact of Social Capital on Employment and Marriage Among Low Income Single Mothers", *Journal of Sociology and Social Welfare* 38, nº 4 (2011): 11.
195 recebem pensão para os filhos Bianchi, "Family Change", 31.
195 Como os filhos passam mais tempo sob o teto das mães Linda Nielsen, "Shared Parenting After Divorce: A Review of Shared Residential Parenting Research", *Journal of Divorce and Remarriage* 52 (2011): 588.
196 "têm as mesmas cobranças sobre o seu tempo" Bianchi, "Family Change", 30.
196 registram multitarefas "a maior parte do tempo" Ibid., 106.
196 menos quatro horas [...] socializando [...] fazendo as refeições Ibid., 96.
197 "a mística da mamãe" Warner, *Perfect Madness*, capítulo 1.
197 pais de hoje trabalham mais horas Auman et al., "The New Male Mystique", 11.
197 o conflito do trabalho com a família Ibid., 2.
197 84% dos homens pesquisados achavam Ibid., 7.
198 receber mensagens do escritório em horários fora do expediente Ibid., 6.
198 "No meu trabalho, eu tenho de me esforçar muito" Ibid.
198 "Eles não querem ser desenhos de palitinhos na vida dos filhos" Ellen Galinsky, entrevista com a autora, 29 de abril de 2010.
203 "Alguns historiadores chegam a afirmar" Howard Chudacoff, *Children at Play: An American History* (Nova York: New York University Press, 2007), 6.

notas 353

203 **um quarto só para elas** Citado em Zelizer, *Pricing the Priceless Child*, 53-54.

204 **a venda de brinquedos [...] 1,25 bilhão de dólares.** Mintz, *Huck's Raft*, 277.

204 **"do nascimento até 2 anos"** Pamela Paul, *Parenting, Inc.* (Nova York: Times Books, 2008), 10.

204 **vendas domésticas de brinquedos** Toy Industry Association, "Annual Sales Data", em http://www.toyassociation.org (acessado em 23 de abril de 2013).

204 **"Os brinquedos manufaturados modernos pressupõem uma solidão"** Mintz, *Huck's Raft*, 217.

204 **lápis de cera [...] Tinker Toys, Lincoln Logs ou Lego (1932)** Chudacoff, *Children at Play*, 118-19.

204 **"uma característica que define a vida dos jovens"** Mintz, *Huck's Raft*, 347.

204 **22% das crianças norte-americanas de hoje são filhos únicos** Rose M. Kreider e Renee Ellis, "Living Arrangements of Children: 2009", Current Population Reports, U.S. Census Bureau (2011): 70-126.

205 **"Pais e mães de classe média se preocupam"** Lareau, *Unequal Childhoods*, 185.

205 **"ficávamos entediados o tempo todo"** Nancy Darling, "Are Today's Kids Programmed for Boredom?" Thinking About the Kids (blog), *Psychology Today*, 30 de novembro de 2011, em http://www.psychologytoday.com/blog/thinking-about-kids/201111/are-todays-kids-programmed-boredom.

206 **"as crianças têm pouquíssima experiência"** Ibid.

206 **"Nenhuma criança diz"** Nancy Darling, entrevista com a autora, 3 de março de 2011.

206 **"Os filhos da classe média muitas vezes sentem que *têm o direito de receber*"** Lareau, *Unequal Childhoods*, 81.

207 **havia menos de cem parquinhos** Mintz, *Huck's Raft*, 179.

207 **em 1906** Ibid.

207 **O número de crianças que vão a pé ou de bicicleta para a escola** Sandra A. Ham, Sarah L. Martin e Harold W. Kohl,

"Changes in the Percentage of Students Who Walk or Bike to School – United States, 1969 and 2001", *Journal of Physical Activity and Health* 5, nº 2 (2008), resumo.

208 **apesar de os crimes contra crianças estarem diminuindo** David Finkelhor, Lisa Jones e Anne Shattuck, "Updated Trends in Child Mistreatment, 2011" Crimes Against Children Research Center, University of New Hampshire (janeiro de 2013), em http://www.unh.edu/ccrc/pdf/CV203_Updated%20trends%20 2011_FINAL_1-9-13.pdf.

208 **o registro de abuso de crianças caiu cerca de 63%** Ibid.

208 **"Em retrospecto, dá para ver que os pais apavorados"** Mintz, *Huck's Raft*, 336.

208 **onda alarmante [...} sequestros e loucos pondo giletes nos doces** Ibid.

208 **começaram a aparecer nas caixas de leite [...] as abduções por estranhos** Ibid., 337. A proporção 1 para 115 mil vem da aplicação da estatística de Mintz sobre números do U.S. Census Bureau para crianças com menos de 18 anos nos Estados Unidos.

208 **quatro vezes mais crianças morriam** National Highway Traffic Safety Administration, "Fatality Analysis Reporting System", em http://www-fars.nhtsa.dot.gov (acessado em 22 de abril de 2013).

209 **atacaram pessoas que conheciam** Howard N. Snyder, "Sexual Assault of Young Children as Reported to Law Enforcement: Victim, Incident, and Offender Characteristics" (Washington, DC: US Department of Justice, Bureau of Justice Statistics, julho de 2000), 10.

210 **crianças de 8 a 10 anos de idade jogam cerca de uma hora por dia** Victoria J. Rideout, Ulla G. Foehr e Donald F. Roberts, "Generation M2: Media in the Lives of Eight-to-Eighteen-Year-Olds", Kaiser Family Foundation (janeiro de 2010): 5, 15.

210 **Sessenta por cento de todos os usuários "pesados" de tecnologia** Ibid., 5.

210 **63% de meninos na sétima e na oitava séries jogam videogame** Lawrence Kutner e Cheryl Olson, *Grand Theft Childhood: The Surprising truth About Violent Video Games, and What Parents Can Do* (Nova York: Simon & Schuster, 2008) 90.

210 **temores de que os rapazes estivessem se degenerando em almofadinhas** Mintz, *Huck's Raft*, 193.

211 **como amarrar cinco tipos de nós essenciais** Conn Iggulden e Hal Iggulden, *The Dangerous Book for Boys* (Nova York: HarperCollins, 2007), passim.

212 **"Há, hoje, essa estranha tensão estrutural"** Mimi Ito, entrevista com a autora, 24 de maio de 2012.

215 **"sacralização" da infância** Zelizer, *Pricing the Priceless Child*, 22.

216 **"Aliviada de ter de cuidar de todos os detalhes"** Citado em Hulbert, *Raising America*, 101.

216 **"A felicidade individual se transforma naquele bem que escapa"** Hays, *The Cultural Contradictions of Motherhood*, 67.

217 **"É irreal, eu acho"** Phillips, *On Balance*, 90.

217 **"mostrar um campo arado"** Jerome Kagan, "The Child in the Family" *Daedalus* 106, n° 2 (1977): 33-56; para uma visão completa do estudo de Kagan, veja Zelizer, *Pricing the Priceless Child*, 220.

217 **"Nós não sabemos como queremos que nossos filhos se comportem"** Spock, *Problems of Parents*, 290.

218 **A ironia é que mesmo Chua tem dúvidas sobre essa abordagem** Site de Amy Chua, "From Author Amy Chua", em http://amychua.com (acessado em 22 de abril de 2013).

221 **Suzuki é um método criado** Talent Education Research Institute, "Suzuki Method", em http://www.suzukimethod.or.jp/indexE.html (acessado em 22 de abril de 2013).

222 **cujos números caíram bastante** Putnam, *Bowling Alone*, 100. Para informação mais atualizada sobre a redução das refeições em família, veja o próximo livro de Robert Putnam, em 2014.

222 os casais passavam, em média, doze horas e vinte e quatro minutos a sós Bianchi et al., *Changing Rhythms*, 104.
223 esses tipos de esforços voluntários e engajamento público Putnam, *Bowling Alone*, capítulo 7.
223 O jeito de uma pessoa criar um filho Kagan, "Our Babies, Our Selves", 42.
224 Os dados são bem claros Ellen Galinsky, *Ask the Children: What America's Children really Think About Working Parents* (Nova York: William Morrow, 1999), xv.

capítulo cinco

225 "Eles não contam" Dani Shapiro, *Family History: A Novel* (Nova York: Anchor Books, 2004), 120.
228 "emprenhar empregadas" *The Winter's Tale*, ed. Jonathan Bate e Eric Rasumssen (Nova York: Modern Library, 2009), ato 3, cena 3, linhas 64-65.
228 "alguém na casa fique feliz ao ver você" Ephron, *I Feel Bad About My Neck*, 125.
229 "Não me parece que a adolescência seja um tempo difícil" Laurence Steinberg, entrevista com a autora, 11 de abril de 2011.
229 "As mudanças hormonais da puberdade" Laurence Steinberg, *Adolescence*, 10th ed. (Nova York: McGraw-Hill, 2014), 418.
229 estudo longitudinal que ele fez com mais de duzentas famílias Laurence Steinberg, *Crossing Paths: How Your Child's Adolescence Triggers Your Own Crisis* (Nova York: Simon & Schuster, 1994), 17, 253, 254-55.
229 sensação de rejeição [...] sintomas físicos de estresse Ibid., 28.
229 "Nós conseguimos prever com mais facilidade" Ibid., 59.
230 Foi "descoberta" por Stanley Hall Veja, por exemplo, Jeffrey Jensen Arnett, "G. Stanley Hall's Adolescence: Brilliance and Nonsense", *History of Psychology* 9, nº 3 (2006): 186-97.

notas 357

233 "Ficamos atônitos com a resposta entusiástica" Steinberg, *Crossing Paths*, 17.
237 horas que os filhos passavam com suas famílias Reed W. Larson et al., "Changes in Adolescents' Daily Interactions with Their Families from Ages 10 to 18: Disengagement and Transformation", *Developmental Psychology* 32, nº 4 (1996): 752.
237 "Na infância, ajudamos nosso filho ou filha a desenvolver" Joanne Davila, entrevista com a autora, 8 de abril de 2011.
238 "alguém que está tentando ser sequestrado" Phillips, *On Balance*, 102.
238 "envolvimento na educação dos filhos" Galinsky, *Ask the Children*, 45.
238 "Mais afiado do que as presas de uma serpente" William Shakespeare, *King Lear*, 2d ed., ed. Elspeth Bain et al., (Cambridge: Cambridge University Press, 2009), ato 1, cena 4, linhas 243-44.
239 "só perde para a infância" Gerald Adams e Michael Berzonsky, eds., *Blackwell Handbook of Adolescence* (Malden, MA: Blackwell Publishing, 2006), 66.
239 "velho roteiro" Steinberg, *Crossing Paths*, 209.
240 "Eu acredito que nós temos subestimado" Ibid., 62.
240 exatamente a conclusão de um metaestudo de 1998 Laursen et al., "Reconsidering Changes in Parent-Child Conflict".
241 **Em seu trabalho, Nancy Darling oferece uma análise detalhada** Por exemplo, veja Nancy Darling, Patricio Cumsille e M. Loreto Martinez, "Individual Differences in Adolescents' Beliefs About the Legitimacy of Parental Authority and Their Own Obligation to Obey: A Longitudinal Investigation", *Child Development* 79, nº 4 (2008): 1103-118.
241 **Ela observa que a maioria dos jovens não se opõe** Nancy Darling, entrevista com a autora, 29 de março de 2011.
241 **ir de calça jeans para a igreja** Nancy Darling, "The Language of Parenting: Legitimacy of Parental Authority", Thinking About Kids (*blog*), *Psychology Today* (11 de janeiro de 2010), em http://

www.psychologytoday.com/blogthinking-about-kids/201001/the-language-parenting-legitimacy-parental-authority.

242 **Um dos fatores é ser divorciado** Steinberg, *Crossing Paths*, 234, 237.

243 **pais e mães tendem a ser muito *mais próximos*** Steinberg, *Crossing Paths*, 233.

243 "**Acho que é muito mais fácil criar um filho**" Brené Brown, entrevista com a autora, 18 de setembro de 2012.

244 "**A variável protetora crítica**" Steinberg, *Crossing Paths*, 239.

249 **a frequência sexual dos casais declina** Veja, por exemplo, Call et al., "The Incidence and Frequency of Marital Sex".

249 "**os picos de crescimento, o aparecimento de pelos no corpo e mudanças na pele**" Shawn D. Whiteman, Susan M. McHale e Ann C. Crouter, "Longitudinal Changes in Marital Relationships: The Role of Offspring's Pubertal Development", *Journal of Marriage and Family* 69, nº 4 (2007): 1009.

250 "**Eles amadureceram através de inúmeras tempestades**" Thomas Bradbury, comunicação com a autora, 15 de agosto de 2012.

250 "**É inevitável que nos vejamos nos nossos filhos**" Andrew Christensen, entrevista com a autora, 18 de maio de 2011.

251 **Em um estudo intrigante** Christy M. Buchanan e Robyn Waizenhofer, "The Impact of Interparental Conflict on Adolescent Children: Considerations of Family Systems and Family Structure", em *Couples in Conflict*, ed. Alan Booth, Ann C. Crouter e Mari Clements (Mahwah, NJ: Lawrence Erlbaum Associates, 2001), 156.

251 "**Na verdade, quanto mais o adolescente namorava**" Steinberg, *Crossing Paths*, 178-79.

252 "**Pelo menos há orientadores para amamentação e sono**" Susan McHale, entrevista com a autora, 12 de setembro de 2012.

252 "**Um dos pais costuma ser o bonzinho**" Andrew Christensen, entrevista com a autora, 18 de maio de 2011.

253 **conhecido estudo longitudinal feito pela Universidade de Michigan** Devo muito a U. J. Moon, do Maryland Population

Research Center por sua síntese original dos dados fornecidos pela Universidade de Michigan. Os dados brutos dos quais U. J. extraiu seus números são encontrados no Panel Study of Income Dynamics, conjunto de dados públicos de 2002, produzido e distribuído pelo Institute for Social Research, Survey Research Center, Universidade de Michigan (2012).

254 **tanto meninas quanto meninos adolescentes cometem** Darling et al., "Aggression During Conflict". Veja também Nancy Darling et al., "Within-Family Conflict Behaviors as Predictors of Conflict in Adolescent Romantic Relations", *Journal of Adolescence* 31 (2008): 671-90.

254 **mães também brigam mais com os filhos adolescentes** Steinberg, *Crossing Paths*, 200.

254 **levam mais estresse para seus locais de trabalho** Ibid., 200.

254 **"As crises pessoais das mulheres na meia-idade"** Ibid., 256.

256 **adolescentes reconhecem e até *supervalorizam* o risco** Para um ponto de vista técnico sobre isso, veja Wändi Bruine de Bruin, Andrew M. Parker e Baruch Fischoff, "Can Adolescents Predict Significant Life Events?" *Journal of Adolescent Health* 41 (2007): 208-10. Para um ponto de vista leigo, veja David Dobbs, "Teenage Brains", *National Geographic* 220, nº 4 (outubro de 2011): 36-59.

257 **o córtex pré-frontal** Para uma visão detalhada e simples de como funciona e evolui o cérebro do adolescente, veja Daniel R. Weinberger, Brita Elvevag e Jay N. Giedd, "The Adolescent Brain: A Work in Progress", relatório da National Campaign to Prevent Teen Pregnancy (Campanha Nacional de Prevenção à Gravidez na Adolescência) (junho de 2005).

257 **passa por uma atividade muito grande** Sarah-Jayne Blakemore e Suparna Choudury, "Brain Development During Puberty: State of the Science" (comentário), *Developmental Science* 9, nº 1 (2006): 11-14.

257 **são o motivo de os adolescentes gostarem tanto de argumentar e discutir** Nancy Darling, "What Middle School

Parents Should Know Part 2: Adolescents Are Like Lawyers", Thinking About Kids (blog) *Psychology Today* (9 de setembro de 2010), em http://www.psychologytoday.com/blog/thinking-about-kids/201009/what-middle-school-parents-should-know-part-2-adolescents-are-lawyer.

257 **ainda está acrescentando mielina** Weinberger et al., "The Adolescent Brain", 9-10.

257 **"É como se voassem por instrumentos"** B. J. Casey, entrevista com a autora, 28 de agosto de 2012.

258 **"Os adolescentes são mais Kirk do que Spock"** Ibid.

258 **"E aí os pais e mães terão brigas com seus adolescentes"** Laurence Steinberg, entrevista com a autora, 11 de abril de 2011.

258 **o cérebro dos adolescentes é mais suscetível ao abuso e à dependência de substâncias** Linda Patia Spear, "Alcohol's Effects on Adolescents" (barra lateral), *Alcohol Research and Health* 26, n.º 4 (2002): 288.

258 **"Eu costumava pensar que, se trancasse meu filho"** entrevista com Casey.

258 **vitorioso na busca por controle** Siobhan S. Pattwell et al., "Altered Fear Learning Across Development in Both Mouse and Human", *Proceedings of the National Academy of Sciences* 109, n.º 40 (2012): 13-21.

259 **"Imprudente soa como se eu não estivesse prestando atenção"** Dobbs, "Teenage Brains", 36.

260 **essa adolescência moderna gera muita "esquisitice"** Alison Gopnik, "What's Wrong with the Teenage Mind?" The Saturday Essay (blog), *Wall Street Journal*, 28 de janeiro de 2012, em http://online.wsj.com/article/SB10001424052970203806504577181351486558984.html.

260 **a vida protegida dos adolescentes modernos** Margaret Mead, "The Young Adult", em *Values and Ideals of American Youth*, ed. Eli Ginzberg (Nova York: Columbia University Press, 1961), 37-51.

260 **de um período** Rolf E. Muuss, *Theories of Adolescence*, 5th ed. (Nova York: McGraw-Hill, 1988), 72.

260 **"Essas tendências da Idade da Pedra"** Jay Giedd, entrevista com Neal Conan, "Talk of the Nation", NPR, 20 de setembro de 2011.

260 **"comportamento que consideraríamos precoce"** Mintz, *Huck's Raft*, 68, 75, 87.

261 **A partir do século XX, no entanto** Ibid., 197.

261 **Na publicação de dezembro de 1924 de** *Woman Citizen* Zelizer, *Pricing the Priceless Child*, 67.

261 **uma versão como ensaio** Margaret Sanger, "The Case for Birth Control", *Woman Citizen* 8 (23 de fevereiro de 1924): 17-18.

261 **caminhos divergentes para a idade adulta dos norte-americanos** Jeylan T. Mortimer, *Working and Growing Up in America* (Cambridge, MA: Harvard University Press, 2003), 9.

263 **Não é coincidência que a palavra** *teenager* **[adolescente] tenha surgido** Mintz, *Huck's Raft*, 239.

263 **"Eles vivem num mundo animado"** Citado em Ibid., 252.

263 **"Adolescentes, pela primeira vez, compartilhavam uma mesma experiência"** Ibid., 286.

263 **um retrato da cultura secundarista no meio-oeste** James S. Coleman, *The Adolescent Society: The Social Life of the Teenager and Its Impact on Education* (Westport, CT: Greenwood Press, 1981).

264 **"Nós sabemos muito melhor o que os motiva"** Hulbert, *Raising America*, 280.

264 **"surgiu a 'era das aspirações das crianças'"** Chudacoff, *Children at Play*, 217.

265 **"Myface"** Carrie Dann, Lauren Applebaum e Eman Varocqua, "Clinton's Speech at Rutgers", First Read (*blog*), NBCNEWS. com, 20 de abril de 2007.

266 **"E isso está** *enlouquecendo as pessoas*"** Clay Shirky, entrevista com a autora, 20 de abril de 2011.

266 **"alimentavam desejos de vida fácil"** Mintz, *Huck's Raft*, 230.

266 "Se coubesse a mim, sr. Presidente" Citado em Kutner e Olson, *Grand Theft Childhood*, 50-51.
268 "você tem de abrir explicitamente um canal de comunicação" Mimi Ito, entrevista com a autora, 24 de maio de 2012.
268 "realmente acessíveis" Ibid.
269 "E não é só isso, porque pais e mães vivem numa sociedade" Clay Shirky, entrevista com a autora, 20 de abril de 2011.
269 "Pedir para ser amigo do filho" Ibid.
270 "O que é interessante sobre os celulares e o Facebook" Nancy Darling, entrevista com a autora, 29 de março de 2011.
271 "Quando éramos crianças" Clay Shirky, entrevista com a autora, 20 de abril de 2011.
273 mais de dez vezes por semana Barbara K. Hofer, *The iConnected Parent: Staying Close to Your Kids in College (and Beyond) While Letting Them Grow Up* (Nova York: Free Press, 2010), 16.
274 as piores notas Galinsky, *Ask the Children*, capítulo 2.
274 "Os adultos não são menos excessivos" Phillips, *On Balance*, 38.
275 uma "superação" [...] "disciplinar uma" Phillips, *Going Sane*, 129.
275 "A impotência que nasce com a experiência" Phillips, *On Balance*, 38.
275 aumentam e diminuem juntos com os problemas dos adultos Mintz, *Huck's Raft*, 345.
277 "experiências e sensações ruins do passado" Steinberg, *Crossing Paths*, 151.
277 eles não queriam uma segunda adolescência de jeito nenhum Ibid., 152.
280 todos nós passamos por oito estágios de desenvolvimento Para a obra inspiradora de Erickson sobre estágios do desenvolvimento, veja Erik H. Erikson, *Identity and the Life Cycle* (Nova York: W. W. Norton, 1994).
280 "generatividade versus estagnação" Ibid., 103.
280 "integridade versus desespero e desgosto" Ibid., 104.
281 "É a aceitação do próprio ciclo de vida" Ibid.

notas 363

281 **pais e mães com filhos nas idades entre 12 e 17 anos** US Census Bureau, "America's Families and Living Arrangements: 2012", American Community Survey, Current Population Survey, tabela F1, em http://www.census.gov/hhes/families/data/cps2012.html (novembro de 2012).
281 **risco de depressão durante o climatério** Salynn Boyles, "Nearing Menopause? Depression, a Risk", WebMD.com, em http://www.webmd.com/menopause/news/20060403/nearing-menopause-depression-risk (acessado em 22 de abril de 2013).
286 **"antidepressivos"** [...] **"mais dependentes dos filhos"** Phillips, *On Balance*, 98.
286 **"Para uma criança"** Phillips, *Going Sane*, 220.

capítulo seis

290 **"Mas estou contando apenas a metade da verdade"** Mary Cantwell, *Manhattan, When I Was Young* (Boston: Houghton Mifflin, 1995), 155.
292 **"Realmente há coisas *divertidas* na criação de filhos"** Robin Simon, entrevista com a autora, 4 de abril de 2011.
292 **"Quando penso na palavra '*parenting*'"** Nacy Darling, "Why Parenting Isn't Fun", Thinking About Kids (blog), *Psychology Today* (18 de julho de 2010) em http://www.psychologytoday.com/blog/thinking-about-kids/201007/why-parenting-isnt-fun.
292 **"Ver vídeos juntos"** Ibid.
293 **"Envolvem apenas relaxar"** Ibid.
293 **Por um tempo a psicologia positiva foi o curso mais procurado** Tara Parker-Pope, "Teaching Happiness, on the Web", Well (blog), *New York Times*, 24 de janeiro de 2008, em http://well.blogs.nytimes.com/2008/01/24/teaching-happiness-on-the-web.
295 **"Poucas experiências felizes"** Sissela Bok, *Exploring Happiness: From Aristotle to Brain Science* (New Haven, CT: Yale University Press, 2010), 103.

296 **o Grand Study** George Vaillant, entrevista com a autora, 8 de março de 2013.
296 **"Suas vidas são humanas demais para a ciência"** Citado em Joshua Wolf Shenk, "What Makes Us Happy?" *The Atlantic* (junho de 2009): 36-53.
296 **Quando conheci Vaillant, em Boston** George Vaillant, entrevista com a autora, 23 de março de 2011.
296 **"Alegria é conexão"** George Vaillant, *Spiritual Evolution: A Scientific Defense of Faith* (Nova York: Broadway Books, 2008), 124.
297 **"Era como Freud via o sexo"** George Vaillant, entrevista com a autora, 23 de março de 2011.
297 **"É a diferença entre assistir a *Emmanuelle*"** Ibid.
297 **"Excitação, êxtase sexual e felicidade"** Valliant, *Spiritual Evolution*, 125.
298 **Ele gosta de citar [...] de William Blake** Ibid., 119.
298 ***mono no aware*** Gopnik, *The Philosophical Baby*, 201.
298 **"Alimentamos os filhos"** Lewis, *The Four Loves*, 50.
299 **"Véspera de Natal, a noite está linda"** Brené Brown, "The Price of Invulnerability" palestra TEDxKC ao vivo em 12 de agosto de 2010, publicada em 10 de outubro de 2012, em http://tedxtalks.ted.com/video/TEDxKC-Bren-brown-The-Price-of.
299 **Ela disse para a plateia** Ibid.
299 **Brown chama essa sensação** Ibid.
299 **"estão correndo em disparada dentro do corpo de outra pessoa"** Christopher Hitchens, *Hitch-22: A Memoir* (Nova York: Twelve Books, 2011), 338.
300 **"Alegria é a dor do lado do avesso"** Vaillant, *Spiritual Evolution*, 133.
303 **"Dever é uma dessas palavras"** John Lanchester, *Family Romance: A Love Story* (Nova York: Putnam, 2007), 154.
304 **"Nós nos libertamos da pressão constante"** Csikszentmihalyi, *Flow*, 179.
305 **"Empenhe seu coração no seu trabalho"** *Bhagavad Gita*, tradução Juan Macaro, ed. rev. (Nova York: Penguin Classics, 2003), 2:47.

305 "Eu não tive filhos porque queria herdeiros" George Vaillant, entrevista com a autora, 23 de março de 2011.
306 "O que me vem à cabeça é o seguinte" Ibid.
306 "Vamos supor que exista uma máquina de experiência" Robert Nozick, *Anarchy, State, and Utopia* (Nova York: Basic Books, 1974), 42.
307 "de profunda ligação com os outros" Robert Nozick, *Examined Life: Philosophical Meditations* (Nova York: Simon & Schuster, 1990), 117.
307 *eudaimonia* Veja, por exemplo, Sarah Broadie, "Aristotle and Contemporary Ethics", em *The Blackwell Guide to Aristotle's Nicomachean Ethics*, ed. Richard Kraut (Malden, MA: Blackwell, 2006), 342.
307 "Os filhos são uma razão para se levantar da cama de manhã" Robin Simon, entrevista com a autora, 4 de abril de 2011.
307 **Pais e mães têm muito menos tendência de cometer suicídio** Émile Durkheim, *Suicide: A Study in Sociology*, ed. George Simpson, tradução de John A. Spaulding e George Simpson (Nova York: Free Press, 1979), 197-98.
308 "anomia" e "sem normas" Ibid., 241 et seq.
308 **Numa sociedade anômica, as pessoas podem fazer o que quiserem** Jonathan Haidt, *The Happiness Hypothesis: Finding Modern Truth in Ancient Wisdom* (Nova York: Basic Books, 2006), 175.
309 "O amor que sentimos pelos filhos" Gopnik, *The Philosophical Baby*, 241.
309 **pais e mães, que têm a custódia dos filhos** Ranae J. Evenson e Robin W. Simon, "Clarifying the Relationship Between Parenthood and Depression", *Journal of Health and Social Behavior* 46 (dezembro de 2005): 355.
309 **pesquisas sobre depressão costumam incluir perguntas** Veja, por exemplo, o relatório do Center for Epidemiologic Studies Depression Scale (CES-D), cuja cópia pode ser encontrada no Center for Substance Abuse Treatment, "Managing Depression Symptoms in Substance Abuse Clients During Early Reco-

very: Appendix B" (Rockville, MD: Substance Abuse and Mental Health Services Administration, 2008) em http://www.ncbi.nlm. nih.gov/books/NBK64056.

310 **"Para muitos, a falta de estrutura dessas horas"** Csikszentmihalyi, *Flow*, 168.

310 **"neurose de domingo"** Viktor Frankl, *Man's Search for Meaning* (Boston: Beacon Press, 1992), 112.

310 **"Se os arquitetos querem reforçar um arco desgastado"** Ibid., 110.

311 **"um zelo pela vida em toda a sua complexidade"** Bok, *Exploring Happiness*, 117.

311 **"melhor poesia"** Ben Johnson, "On My First Sonne" (c. 1603).

312 **"indivíduo que vivencia" versus "indivíduo que lembra"** Kahneman, *Thinking Fast and Slow*, 381.

312 **pode ser deformada por um final ruim** Ibid.

313 **em uma palestra da fundação TED em 2010** Daniel Kahneman, "The Riddle of Experience vs. Memory", TED Talk, fevereiro de 2010, publicada em março de 2010 em http://www.ted. com/talks/daniel_kahneman_the_riddle_of_experience_vs_memory.html.

314 **85% de todos os pais e mães** Pew Research Center, "As Marriage and Parenthood Drift Apart, Public Is Concerned About Social Impact", 1º de julho de 2007, em http://www.pewsocialtrends.org/files/2007/07/Pew-Marriage-report-6-28-for-web-display.pdf.

314 **"Especialmente coisas como ler livros para eles"** Mihaly Csikszentmihalyi, entrevista com a autora, 25 de julho de 2011.

315 **"Nas nossas entrevistas, há uma seção"** Dan P McAdams, entrevista com a autora, 8 de janeiro de 2013.

315 **Contar histórias [...] é nossa reação natural** Kahneman, "The Riddle of Experience vs. Memory".

315 **Nossos indivíduos que lembram são, na realidade, *quem* nós somos** Kahneman, *Thinking, Fast and Slow*, 390.

315 **"Não se tem uma boa história"** Dan P. McAdams, entrevista com a autora, 8 de janeiro de 2013.

315 **"Acho que isso leva a uma pergunta filosófica"** Citado em Jennifer Senior, "All Joy and No Fun: Why Parents Hate Parenting", *New York*, 4 de julho de 2010.

316 **Adultos muito produtivos [...] investem tempo** Dan P. McAdams, "The Redemptive Self: Generativity and the Stories Americans Live By", *Research in Human Development* 3 (2006): 93.

316 **ouve frequentemente dos pais** Dan P. McAdams, entrevista com a autora, 8 de janeiro de 2013.

317 **"as histórias redentoras contadas por nossas mães"** Kathryn Edin e Maria Kefalas, *Promises I Can Keep: Why Poor Women Put Motherhood Before Marriage* (Berkeley: University of California Press, 2005), 11.

317 **"trazem mundos diferentes para dentro da nossa casa"** Philip Cowan, entrevista com a autora, 2 de fevereiro de 2011 e 10 de março de 2011.

318 **"E acontece assim: 'eu desenvolvo uma história'"** Dan P. McAdams, entrevista com a autora, 8 de janeiro de 2013.

319 **"quem avalia não deve ser a geração passada"** Ibid.

319 **"Chocolate sem calorias"** Dan Gilbert, entrevista com a autora, 22 de março de 2011.

319 **impotência dos pais e mães norte-americanos modernos** Veja especialmente Mead, *And Keep Your Powder Dry*.

321 **"Quando me vi cara a cara com aquela velha pergunta"** Marjorie Williams, "Hit by Lightning: A Cancer Memoire", em *The Woman at the Washington Zoo*, ed. Timothy Noah (Nova York: PublicAffairs, 2005), 321.

Este livro foi impresso na Intergraf Ind. Gráfica Eireli.
Rua André Rosa Coppini, 90 – São Bernardo do Campo – SP
para a Editora Rocco Ltda.